LEADING WITH QUESTIONS

How Leaders Discover Powerful Answers
by Knowing How and What to Ask -- 3rd Edition

MICHAEL J. MARQUARDT
BOB TIEDE

マイケル・J・マーコード
ボブ・ティード
黒輪篤嗣 訳

世界最高の質問術

一流のビジネスリーダー45人が実践する
人を動かす「問いかけ」の極意

新潮社

『世界最高の質問術』第3版のための序文

相手がこちらの必要としている情報を提供しようとしてくれない。自分のビジョンがチームのメンバーに理解されているかどうかが不安。上司がほんとうはどう考えているのかが気になる。

そんなとき、質問によってそれを明らかにしようと考えたことはあるだろうか。

いうまでもなく、質問をすれば、情報を得られる。しかし質問によってできることは、ほかにもたくさんある。

本書で紹介するように、世の賢いリーダーたちはメンバーの意欲向上にも、チームワークの改善にも、画期的なアイデアや常識にとらわれない発想の促進にも、部下に権限を与えてその能力を引き出すエンパワーメントにも、顧客との関係の構築にも、問題解決にも、リーダーシップの強化にも、組織やコミュニティーの変革にも、質問を使っている。最近の研究や数々の企業の事例からは、傑出した成功を収めているリーダーほど、質問を使って部下を率いていること、より頻繁に質問していることがますますはっきりしつつある。成功している有能なリーダーたちは、質問をしたり、されたりするための環境をみずから作り出しているのだ。リーダーシップ育成機関の世界的権威、センター・フォー・クリエイティブ・リーダーシップ（CCL）が200人ほどの重役を対象に行った調査では、重役として成功できるかどうかは、どれだけ頻繁に質問するか、どれだけ部下に質問をさせられるかに左右されるという結果が出ている。[*1]

成功したリーダーたちの次の言葉を熟読玩味していただきたい。

チャド・ホリデイ（デュポン元会長兼CEO）「誰かに質問されると、わたしは目が覚めるんです。別の視点に立たされます。わたしはいつも同じことを心がけています。それは質問するということです。相手の熱意のほどや、関心のありか、聞く耳を持っているかどうかを見きわめるまでは、こちらの意見はめったにいいません。そういう点がはっきりしないうちは、何もしようがないからです。質問をしなければ、状況や問題を甘く見てしまったり、肝心な点を見落としたりしかねません」

マイケル・デル（デル創業者）「数多くの質問をすることで、新しいアイデアへの新しい扉が開かれます。ひいては、それが競争力を高めることにつながります。［…］ですから、あらゆるレベルで、情報が自由に行き交うようにすることが肝心なのです」

ペンティ・シダンマンラカ（ノキア元人事部長）「質問によって率いることは、わたしにとってリーダーシップの欠かせない一部です。リーダーシップとは、わたしの考えでは、指図することではなく、意欲をかき立て、それまで知らなかった新しい場所を示すことだからです」

エリック・シュミット（グーグル元会長兼CEO）「この会社は答えではなく、問いで営まれています」

ロバート・ホフマン（ノバルティス組織開発部長）「質問することで、わたしはだいぶ変わりました。以前よりどっしり構えられるようになり、ぴりぴりしなくなりました。会話でも、思いつきで話さなくてはならないような状況でも、つねに答えを持ち合わせていないといけないというプレッシャーはもう感じません。おかげで、円滑にコミュニケーションを図れるようになりました。特に、聴く、説得するといったスキルが高まったと実感しています」

これらのリーダーは質問の驚くべき力に気づいた者たちだ。質問はわたしたちを目覚めさせてくれる。新しい発想を引き出してくれる。新しい視点や方法を教えてくれる。自分はすべてを知っているわけではないのだと認めざるを得なくしてくれる。質問には、人や、組織や、コミュニティーを大きく成長させる効果がある。

残念なことに、多くのリーダーはこの驚くべき力を知らない。いかに質問が短期的な結果や、長期的な学習と成功をもたらすかを知らない。もしあなたが質問をリーダーシップのツールにしようとこれまで考えたことがなかったのなら、ぜひ本書を読んでいただきたい。

もちろん、質問するリーダーはたくさんいる。しかし、たいていは次のような「能力を抑圧する」質問しかしていない。

- なぜ予定より遅れているのか。
- 誰が遅れているのか。
- この計画の何がいけないのか。
- それは誰の発案か。

わたしたちは往々にして、「能力を引き出す（エンパワーメント）」質問ではなく、「能力を抑圧する（ディスエンパワーメント）」質問をしてしまう。それらは責任を追及するばかりで、情報を求めるほんとうの質問になっていない。

また、ある答えを言わせようとしているのが見え見えの質問をすることも多い。「まさか反対はしないよね」とか、「チームの一員として行動してくれるよね」といったものだ。そういう種類の質問をしがちな人にも、本書を読んでいただきたい。

つまり、問題は、単に質問の数が足りないということではない。適切ではない質問をしばしばしていることが問題なのだ。わたしたちがする質問は得てして、正直な答えや有益な答えを引き出せるものになっていない。多くのリーダーは、質問への答えをどう聴くのが効果的であるかも知らない。質問しやすい雰囲気を作ることもしていない。

そこで書かれたのが本書だ。本書『世界最高の質問術』では、効果的な質問をするにはどうしたらいいか、質問への答えにどう応じるのが効果的か、どうすれば息をするのと同じぐらい自然に質問が発される雰囲気や文化を築けるかを学ぶことを通じて、リーダーとしての力量を高めていただきたいと考えている。

質問で率いるリーダーに関する調査

筆者ふたりはどちらも長年、世界じゅうで管理職の研修を手がけてきた。特に最近は、質問するリーダーの育成に携わっている。マイケル・J・マーコードはおよそ20年、リーダーシップのコンサルタントとして世界各地で仕事をし、その後、30年以上にわたってジョージ・ワシントン大学で教授を務め、エグゼクティブ・リーダーシップ・プログラムを担当した。ボブ・ティードはCru〔訳注：世界的なキリスト教の宣教団体〕でさまざまな役割を担い、現在は、同団体の幹部養成プログラムを受け持っている。週2回更新しているブログ「質問で率いる（Leading with Questions）」は先日、開設10周年を迎えた。

それらの長きにわたる活動の中で、わたしたちが年々強く感じるようになったのは、成功している企業のリーダーほど、他者や自分に対して、頻繁に質問を発しているということだった。わたしたちは質問がなぜリーダーにとってかくも重要なのか、なぜかくも際立った成功をもたらすのか、どういう質問が最も有効なのか、どういう質問が最もよく使われているのかの解明に力を注いできた。

本書で紹介する45人のリーダーに、わたしたちは次のようなことを尋ねた。

・いつから質問を使い始めたか。そのきっかけは何か。
・質問を使うとき、どういう点に気をつけているか。
・どういう質問が最も役に立ったか。
・質問で率いることは、(A)会社に、(B)リーダーとしてのあなた自身に、どういう影響を及ぼしたか。
・質問を使い始めたことで、あなたはリーダーとしてどう変わったか。

この第3版では、これらの問いへの回答やリーダーのエピソードが織り交ぜられている。本書を読めば、質問するリーダーたちの知恵の数々に触れていただけるはずだ。質問するリーダーとしての経験を本書で語ってくれているリーダーには、デュポン(化学)、マリオット(ホテル)、ポパイズ・チキン(ファストフード)、アルコア(アルミニウム)、ボックス・オブ・クレヨン(コンサルティング)、ノバルティス(医薬)、カーギル(穀物)といった名だたる企業の幹部のほか、ブラジルからフィンランド、マレーシア、英国、モーリシャス、韓国、カナダ、ノルウェー、スイス、シンガポール、米国まで、世界各地の国際機関や国家機関、企業のリーダーも含まれる。またわれわれは、この分野の世界的な権威や第一級の専門家たちによる最新の研究も数多く参照した。45人のリーダーたちの略歴については、巻末の「資料A」に掲載している。

第3版で何が新しくなったか？

この『世界最高の質問術』第3版には、内容のいっそうの充実を図るべく、数多くの変更や加筆が施されている。何よりも今回から新たに、ボブ・ティードというすばらしい共著者が加わった。ボブは、質問の分野で著名な唱道者であり、実践者であり、著述家だ。ブログ「質問で率いる」が開設されたのは、本書の第2版が刊行される直前だった。以来、同ブログには、10年間で500人を超えるリーダーや、質問やリーダーシップの専門家が寄稿している。

われわれはたえず優れた「質問するリーダー」を探していて、見つけるたび、感服させられている。第2版では30人のリーダーを紹介したが、今回、さらに15人のリーダーにインタビューした。本書では、どのように質問の力やインパクトを高めればいいかについて、それらの新たに加わったリーダーたちの知見も、随所に盛り込まれている。

2020年から22年にかけて世界で打ち続いた新型コロナウイルスのパンデミックは、仕事のスタイルをよりバーチャルなものに変えた。第3版では、そのような新しい環境における質問についての研究や実例も掘り下げた。さまざまな条件や状況に応じて、どのように質問すればいいか、何を質問すればいいか、有能な問い手になるにはどういうスキルが必要か、どういう質問を利用すればいいかといった研究だ。過去10年のあいだに、質問するリーダーの育成方法についても、新しい研究やアイデアが見られるようになった。とりわけアクションラーニングの発展は著しい。その点については巻末の「資料B」で詳述する。

本書の内容

本書は3部構成になっている。

第1部では、なぜ質問が個人や組織にそれほどまでに大きな効果をもたらしうるのかを説明する。

まず第1章で、なぜリーダーたちが答えを与えようとばかりし、あまり質問しないのか、また、それにはどのような弊害があるのかを考える。この弊害はときに悲惨な結果も招く。質問はリーダーシップの最強のツールであることも示したい。

第2章では、質問しやすい組織文化を築くことにどのようなメリットがあるかを詳しく述べる。質問しやすい文化においては、個人や組織の学習が促され、意思決定や問題解決力やチームワークが改善し、変化への適応力や対処力が向上する。さらに各個人に自覚や自信が芽生えることにより、それぞれの能力が引き出されやすくもなる。

第2部では、効果的な質問について、実践的なアドバイスをしたい。

まず第3章で、どういうことが質問の妨げになっているかを説明する。と同時に、その妨げを克服して、大きな成果を上げたリーダーたちの実際のエピソードも紹介する。

第4章では、いい質問がいかに能力を引き出し、よくない質問がいかに能力を抑圧するかを示す。さまざまなタイプの質問についての詳しい分析にもとづいて、優れた質問に共通する特徴も明らかにする。

第5章では、効果的な質問の仕方を探る。質問する人間の態度や考え方、質問の頻度やタイミングといったことが質問の効果にどう影響するかを解き明かす。

第6章では、個人のレベルから組織のレベルへと目を転じて、質問に適した組織文化をどう育めばいいかについて、具体的なアドバイスをする。

第3部では、個人やチーム、組織の目標を実現しようとするうえで、リーダーはどのように質問を使えばいいか、いくつかの指針を提供したい。

第7章では、チームの統率、部下との関係の強化、部下の育成、積極的な行動や独創的な発想の奨励に質問をどのように活用できるかを考える。また新人の指導や、目標の設定、勤務成績の評価、会議の運営といった場面での質問の使い方も取り上げる。

第8章では、チームの機能を高める、会議を活性化する、問題を解決する、壁を乗り越える、争いを解決するといったことにどのように質問が使えるかを説明する。

第9章では、なぜ、質問が問題の解決に役立つのかを掘り下げる。

第10章では、社内だけでなく、社外のステークホルダーへの質問にも着目し、どのように質問によって組織全体を強化できるかを明らかにする。質問を使って、どのように組織の戦略やビジョンや価値観に磨きをかければいいかや、どのように変化への対応力を育めばいいかがわかるだろう。

終章では、あらためて、みなさんを質問するリーダーへの道に誘《いざな》い、励ましたいと思っている。

また巻末には3つの「資料」を添えた。「資料A」では、本書に登場する45人のリーダーの略歴を紹介する。「資料B」では、アクションラーニングを取り上げ、なぜそれが質問するリーダーの育成方法として最善であるかを解説する。「資料C」には、質問するリーダー関連の研修や団体、ウェブサイトの数々をまとめてある。

新しい次元のリーダーシップ

質問で率いるリーダーはビジネスを成功に導くだけでなく、働きやすい職場環境も築く。質問を使えば、リーダーは部下の能力を真に引き出して、組織を変えられる。世の中には、質問の力を知らず、むだに重圧にさいなまれ、年じゅう怒っているリーダーがめずらしくない。本書の読者のみなさんには、ぜひスタイルを改めて、飛躍を遂げ、大きな満足を味わってもらいたい。

誰もがもっと質問しなくてはいけないこと、リーダーであればなおさらであることはもはや明白だ。わたしたちは部下やチームや組織、さらには自分自身の成長を助ける質問をもっとする必要がある。[*2] 今の世界で質問は成功に欠かせないものになっている。

無能なリーダーはほとんど質問しない。自問することもない。一方、有能なリーダーは頻繁に質問する。優れたリーダーほど、いい質問をする。逆にいえば、いい質問を心がけることで、優れたリーダーになれるということだ！

世界最高の質問術　目次

第1部　質問の力

第2部　効果的な質問をせよ

第3部　リーダーが知っておくべき質問のこつ
——いつ、どのように質問すればいいか

終章　質問するリーダーになる　283

世界最高の質問術

＊本文中の人物の肩書や企業名は原書に則った
＊＊書籍等の引用は基本的に原書から訳した

第1部　質問の力

第1章　リーダーがこんなに強力なツールを使わないのはもったいない

今の世の中は、ものごとの進むスピードが恐ろしく速く、ついていくだけでもたいへんだ。しかも結果が重んじられる。次々と登場する新技術によって、膨大な量の情報が瞬時に人々の指先に届く。問題を解決するのにも、成果を出すのにも、答えを得るのにも、じっくり時間をかけている余裕がない。「構え、狙い、撃つ」という手順は踏まずに、とにかく「撃て」、繰り返し「撃て」とせき立てられている。リーダーに期待されているのは、断固たること、大胆であること、カリスマ性に富んでいること、ビジョンを示せること、つまり、ほかの者たちが質問を考えるまでもなく、すべての答えを知っていることだ。

しかし皮肉にも、これらの重圧に耐えてがんばろうとすると——あるいは、ビジネス本でもてはやされているビジョナリーリーダーへの誇大な賛辞を鵜呑みにすると——かえって、リーダーシップの成否を左右する大事なことが犠牲になる恐れがある。周りの人間からただちに答えが欲しい、場合によっては、答えならなんでもいいから答えが欲しいと求められたとき、わたしたちはすぐさま解決策を示そうとするのを思いとどまって、逆に相手に質問できるようにならなくてはいけない。

質問には驚くべき力がある。しかしたいていのリーダーはそのことを知らない。質問は短期的な成果と、長期的な学習や成功の両方を生み出せる。問題は、質問することよりも、答えることがリーダーの役割だと思われていることにある。

筆者たちはもう30年以上にわたって、世界じゅうのリーダーに、質問を使うことについて――または質問をせず、回避することについて――インタビューしている。視覚障害者協会(ニューヨーク州ロチェスターに拠点を置く、グッドウィル・インダストリーズ傘下の団体)の会長兼CEOギジェット・ホプフの次のコメントは、典型的なものだ。

「誰かがわたしのところへなんらかの問題を報告に来ると、わたしは反射的に、その問題を解決することが自分に期待されているのだと思っていました」

ホプフは答えを示すのが自分の仕事だと思い込んでいた。それがあるとき、もっとはるかにいい方法があることに気づいた。

「コーチングを受けて、気づいたんです。それまでの自分のやり方はじつは相手の自信を奪うものだった、と。相手にその問題について質問するほうがよっぽど効果的なやり方なのだ、と。[…]他人の問題を解決することがいかに厄介なことであるかがわかりました。わざわざそんなことをせず、本人に自分の問題を解決するチャンスを与えるほうがずっと有益なんです」

残念ながら、わたしたちは子どもの頃から、質問するのを拒まれている。とりわけむずかしい質問はいやがられる。家庭でも、学校でも、あるいは教会でもそうだ。質問すると、失礼とか、軽率とか、でしゃばりとか受け止められる。そのせいで、わたしたちは質問をすることに臆病になってしまっている。質問を口にすることが減るにつれ、ますます質問するのが怖くなり、苦手になる。

やがてリーダーになったときには、質問するよりも答えるほうが重要だと感じ、質問などしたら――あるいは質問に答えられなかったりしたら――部下からリーダーの資質を疑われかねないと考える。しかしそのような態度は組織の停滞につながる。コレクトコープの副社長ジェフ・カルーは、われわれのインタビューで次のように話している。

「自分がやってきたやり方を部下にもさせるほうが、部下を率いる方法としては楽なんです。自分が優秀ならなおさらです」

カルーの観察によると、社員が成功を収めるのにはふたつのパターンがあり、有能な上司に手取り足取り指導してもらって成功するか、自分で経験を通じて学びながら、実績を積み重ね、出世の階段を一段一段のぼっていくかのどちらかだという。

成功している重役ほど、自分は答えを知っていると思いやすい。「これが問題なのは、社員につねに質問し、つねに社員自身に考えさせる環境を築き、維持していないと、おそらくいつまでも進歩しないだろうということです。きのうまでの解決策では、あしたの問題は解決できません。あしたの問題に取り組むときには、それまでとは違ったレベルの考え方をする必要があります。なんといっても、状況がどう変わっているかを知ろうとしたら、現場のマネジャーたちに尋ねるのがいちばんなのですから」

近年、このジェフ・カルーのように、組織が成功できるかどうか、あるいは存続できるかどうかすらも、学習する組織を築けるかどうかにかかっていることに気づくリーダーが増えている。学習する組織とは、変化する環境にすばやく適応できる組織だ。変化する環境においては、あらゆる取り組みが学ぶ機会になり、学習と事業の目標とが必然的に結びつく。この学習する組織は、質問を奨励する文化がないところにはけっして生まれない。

『尋ねるリーダーシップ』（Just Ask Leadership、未訳）の著者ゲリー・コーエンが正しく指摘しているように、21世紀にはリーダーがひとりですべてを知ることは不可能だし、そうしようとすることはリーダー自身のためにも組織のためにもならない。[*1] それよりもリーダーが質問をして、相手から行動と答えを引き出すことが重要だ。社員はおそらくあなたよりもよっぽど自分たちの仕事のことをよく知っている。リーダーは組織内で昇格するにつれ、必ずどこかで、自分が理解していない業務を手がける部下を持つことになる。エネルギー関連会社のアクセス・ミッドストリーム・パートナーズの元ＣＥＯマイク・スタイスはわたしに次のように語った。「組織の一員として貢献するためには、たえず質問する必要があります。質問することで、周りとの連携がよくなり、信頼関係が深まり、責任も果たしやすくなります。ただし、質問の数をただ増やせばいいというわけではありません。いい質問を多くするということです」

部下から質問されて、身構えてしまった経験はないだろうか。あるいは、ここで質問したら、無知をさらしたり、疑っていると思われたりするのではないかと恐れて、質問をためらったことはないだろうか。もしそうなら、あなたはあなたの組織に必要な情報やアイデアの流れをみずから遮断してしまっている。それによって周りの者たちとの関係を損ねている可能性もある。それどころか、質問をしないせいで、深刻な被害や、場合によっては惨事すら招くことがあり得る。

リーダーが質問しないと、何が起こるか

歴史を振り返れば、リーダーが質問しなかったせいで悲惨な結果を招いた例は、枚挙にいとまがない。リーマン・ブラザーズ〔訳注：アメリカの大手投資銀行。当時のレートで約63兆円という負債を負い、２００８年に経営破綻〕も、コダック〔訳注：アメリカの映像機器大手企業、２０１２年に経営破綻〕も、バークレイズ〔訳注：イギリスの大手銀行。２００８年のリーマンショックで巨額の損失を出した〕もそうだし、ビデオレンタルチェーンのブロックバスター〔訳注：２０１０年に経営破綻〕も、エネルギー会社のエンロン〔訳注：２００１年に巨額の粉飾決算が発覚し、経営破綻〕も、書店チェーンのボーダーズ〔訳注：２０１１年に経営破綻〕も、会計事務所のアーサー・アンダーセン〔訳注：エンロンの粉飾決算に関与していたことが発覚し、２００２年に解散〕もそうだ。どの場合も、質問するリーダーを欠いたことに惨事の原因を帰することができる。

タイタニック号やチャレンジャー号やピッグス湾の悲劇の背景を詳しく調べた歴史家たちは、共通の特徴を見出している。関係者やリーダーがなんらかの懸念を抱いていながら、そ

れについて質問しようとしなかった、あるいは質問できなかったということだ。ある者たちは、そんな懸念を抱いているのは自分だけではないかと考え、質問をためらった（実際には、おおぜいの人間が同じ懸念を抱いていたことがのちに判明した）。ある者たちは、きっとほかのメンバーにはすでに答えがわかっているのだろうから、もしそんな質問をしたら、自分の無知をさらして、愚か者として蔑まれたり、足並みを乱す者としていやがられたりするだろうと考えた。質問しなかったばっかりに、タイタニック号は沈み、チャレンジャー号は爆発し、ケネディ大統領はキューバのピッグス湾での侵攻作戦に許可を出した。その結果、おおぜいの命が失われた。

■タイタニック号の沈没

タイタニック号はなぜ沈んだのか。1912年4月14日に起こったこの豪華客船の沈没事故では、1500人以上の乗客乗員が犠牲になった。事故後、大西洋の両側で数々の疑問が提起された。不沈といわれた船がなぜ最初の航海で、北大西洋を航行中に沈没したのか。どこに不具合が生じたのか。なぜ設計者や建造者たちは事故を予見できなかったのか。事故原因の究明調査が始まると、設計者や建造者の中には懸念を感じていた者が少なからずいたことがわかった。しかし誰も同僚に懸念を打ち明けていなかった。なぜ、打ち明けなかったのか。つまらない質問をして、愚か者と思われるのが怖かったからだ。「専門家」たちが船の構造や安全性に疑問を呈していないのなら、問題はないに違いない。いざ出航してからも、近くを航行するほかの船から、タイタニック号の周りに氷山があるという報告が何件も届いた。ロバート・ミッテルステットの『次のミスが命取りに?』(Will Your Next Mistake Be Fatal?、未訳)に書かれているように、「タイタニック号は氷山に注意せよという無線の連絡を何度も受け取っていた。しかしタイタニック号がそれについて情報の更新や詳細を求めた記録は残っていない。もし、いぶかしく思う者がひとりでもいて、近くの船にさらなる情報を求め、質問していたら、結果は違っていたのではないだろうか[*2]」。

■チャレンジャー号の爆発

スペースシャトル、チャレンジャー号は1986年1月28日、打ち上げから73秒後に爆発した。事故原因を究明する調査では、米航空宇宙局(NASA)、モートン・サイオコール社(MTI)、マーシャル宇宙飛行センターの三者のあいだでコミュニケーションが足りなかったことが大きな焦点になった。MTIは、打ち上げ時に不具合が生じた部品を製造していた請負企業で、マーシャル宇宙飛行センターの意向次第で契約を打ち切られる可能性もあった。一方、マーシャル宇宙飛行センターはNASAに資金と支援を頼っていた。事故のおよそ2年前、MTIは、Oリングに問題があることに気づいた。Oリングは接続部分を密閉するための部品で、スペースシャトルの機体においては、固体ロケットブースターから熱いガスが漏れ出て、燃料タンクに破損を生じさせないようにするために使われていた(この破損が事故の物理的な原因だった)。MTIの技術者たちはこの問題を報告し、さらなる製品試験によって、Oリングの信頼性を確かめる必要があると訴えた。試験の結果、やはり信頼性に難があることが明らかになった。とりわけ温度が摂氏12度以下では信頼性が著しく低下した。ではなぜ、1986年1月28日、安全域をはるかに下回る気温マイナス3度という条件下で打ち上げが決行されたのか。それは決定権を持つ経営者たちが、いったん決まったことに疑問を呈するのをはばかったからだ。その朝、テーブルにつくまでは質問するつもりでいた者でさえ、いざとなると、質問を口にできなかった。

■1961年のピッグス湾事件

全員の意見が一致し、いい雰囲気が生まれているときに、それを壊すようなことをいってことを荒立てるのを恐れたせいで、ケネディの側近たちはピッグス湾の作戦に反対できず、致命的な事態を招いてしまった。ピッグス湾の作戦が大失敗に終わったとき、ケネディは「わたしはどうしてこんな愚かなことをしてしまったのか」と自問した。

何があったのか。1961年、米中央情報局（CIA）と米軍指導部は、亡命キューバ人部隊をキューバに送り込んで、フィデル・カストロ政権の転覆を図りたいと考えていた。ケネディは側近との長い協議のすえ、秘密の侵攻作戦にゴーサインを出した。しかしカストロは事前の新聞報道でそのような脅威が迫っていると警告を受けていた。約1400人からなる亡命キューバ人部隊がピッグス湾（現地の言葉ではコチーノス湾）に上陸すると、待ち受けていたのははるかに数で勝るキューバ政府軍だった。空からの援護もなければ、十分な弾薬や逃げ道もなく、1200人近くがたちまち投降し、100人以上が戦死した。CIAの上層部は作戦の成否に関わる空爆を許可しなかったケネディを責めた。また亡命キューバ人部隊が侵攻すれば、それに刺激されてキューバの民衆や軍部が反乱を起こすだろうというあまりに希望的な予測を立てていたことも批判された。作戦の立案者たちは、劣勢に陥った場合には山岳部へ逃れて、ゲリラ戦に切り替えればいいと簡単に考えていた。しかし湾と山岳部とのあいだには、およそ130キロもの沼地が横たわっていることは考慮されていなかった。作戦の不備はほかにもまだまだあった。

心理学者のアーヴィング・ジャニスはこのような現象を「集団浅慮」と名づけた。つまり、悲惨な結果を招き得る愚案であっても、集団力学が働くことにより、集団内の誰ひとりとして質問や意見を口にせず、異を唱えなくなってしまう現象だ。[*3] ケネディの側近たちが愚案に異を唱えるのをためらったのは、集団内に成立しているように見える、あるいは成立することが望まれている合意を壊したくなかったからだ。例えば、大統領特別補佐官アーサー・シュレジンジャーは、事前に大統領に提出していた意見書では、侵攻に強く反対していながら、チームの会議では自分が疑問に感じていることをいい出せなかった。チームの誰もがほかのメンバーは全員侵攻に賛成なのだろうと思っていた。シュレジンジャーはのちに次のように悔いている。「ピッグス湾以来、何カ月も自責の念に苛まれた。閣議室で開かれた一連の重大な会議で、どうしてわたしは口をつぐんでしまったのか。おずおずと何回か質問しただけであとは黙ってしまった。それは本心ではこんなのはばかげていると思っているのに、異議を唱える質問ができないせいだった」[*4]

■日々の惨事を防ぐ

質問や質問する姿勢が重要なのは、歴史的な惨事を避けるためばかりではない。日々のフィードバックや、問題の解決や、戦略の策定や、対立の解消や、チーム作りなど、さまざまな日常の場面でも質問は役に立つ。逆に、質問しなければ支障をきたしてしまうだろう。歴史的な規模の惨事につながるわけではないにしてもだ。セントラル・ペンシルベニア家庭保健協議会の会長兼CEO、シンディ・スチュアートは次のように述べている。

わたしが最初に就職したのは、縫製工場でした。肩書きは「フロア・ガール」といいました。冗談みたいですけど、フロア・ガールというのは、「フロア・レディ」と呼ばれる人の助手でした。フロア・ガールは縫製の各工程を見回って、工員さんたちの手が空いてしまわないようにしたり、各製品が出荷日までに完成するようにしたりする役割を担っていました。といっても管理職という位置づけではありません。今でもよく覚えているんですけど、あるとき、特定の婦人用寝間着の縫製で繰り返し作業の遅れが生じていることについて、工場の経営陣が議論しているのが偶然聞こえてきました。いろんな解決策を試しているのに、問題はなかなか解決しないようでした。わたしは胸の内でこう思ったのを、今でもはっきり思い出せます。「わたしに尋ねてくれればいいのに」と。わたしは問題になっているその工程をいちばん間近で見ていましたから、誰より解決策を見出しやすい立場にいるはずだと感じたんです。でももちろん、わたしが質問されることはありませんでした。

質問をしなかったせいで、この縫製工場の経営陣は、アイデアや情報の貴重な源をみずから閉ざしてしまったのだ。その結果、問題を解決する能力も損なわれた。このときの体験はスチュアートに忘れがたい印象を残した。

そのときにこう決心したんだと思います。将来、いつか自分が人を率いる立場になったら、肩書きがあるからといって、自分がすべての答えを知っていると思い込まないようにしよう、と。20年以上重役を務めてきて、今、つくづく感じるのは、わたしの成功の大部分は、部下の能力を信じたおかげだったということです。リーダーがすべてを知ろうとし、全員にすべきことを指示するというのは、失敗のもとだと、わたしは心から思います。

現実と向き合う

ジム・コリンズの『ビジョナリー・カンパニー② 飛躍の法則』（山岡洋一訳、日経BP社、2001年）でいわれているように、きびしい現実を直視して、問うことができなければ、どんな企業も「偉大な企業」にはなれない。[*5] これはいい換えると、質問できない企業は、歪んだ現実認識にもとづいて事業を営んでいるということだ。経営学者のシドニー・フィンケルシュタインは、慣れ親しんだ現実の見方を問い直すことができない企業を「ゾンビ」とすら呼んでいる。彼にいわせれば、ゾンビ企業は「自分がすでに死んでいることを知らずに歩き回っている屍」だ。そういう企業には「内に閉じこもり、従来の現実についての理解とは矛盾する情報をいっさい拒絶しようとする体質ができあがっている」。[*6,7] しかし、ゼネラル・エレクトリック（GE）の元CEOジャック・ウェルチがいうように、リーダーの成功に欠かせないのは「世界をありのままに見ることであり、世界を自分の期待や願望に沿って見ることではない」[*8]。ピッグス湾事件でも、チャレンジャー号の爆発でも、タイタニック号の沈没でも、責任を問われた者たちは全員、歪んだ現実認識にもとづいて、ことに当たっていた。その原因はいずれも質問しないことにあった。

リーダーシップ論の権威ノール・ティシーによれば、質問を避ける組織やリーダーは学ぶ機会を逸しているという。「これは些細なことではない。多くの重役が学ぶことを放棄してしまっている。彼らは部下との日々のやりとりの中で、たいていは指示を出すか、部下の案や仕事のできについて、いい悪いの判断を下すかのどちらかしかしていない」[*9]。指図するばかりで、質問しない重役は、日ごとに組織を劣化させ、「愚かにし、連携を損ない、意欲を奪っている」。そのような組織では、「知識の伝達はほとんど行われず、ものごとを適切に判断する力は、上層部にだけ備わっていると見なされる。上層部以外の人間は全員、会社に自分の頭脳を持ち込むことを期待されていない」[*10]。

ダウ・ケミカル社のＣＥＯマイク・パーカーは次のように指摘している。「拙劣なリーダーシップの原因はたいてい、質問できない、あるいはしようとしないことにある。わたしはこれまでに何度となく、優秀な人間（わたしよりはるかにＩＱの高い人間）がリーダーとして失敗するのを目にしてきた。彼らは幅広い知識を持ち、弁も立つのだが、質問するのがあまり得意ではない。だから、上層部のことにはとても詳しい一方で、システムの下のほうで起こっていることは知らない。ばかな質問をするのを恐れていることもある。しかし、そんなことを恐れるのは、ばかな質問には大きな力があることに気づいていないのだろう。ばかな質問をすることで、会話は弾むのだ」[*11]

質問は最強のリーダーシップツール

すでに何十年も前、デール・カーネギーはベストセラーとなった古典的名著『人を動かす』の中で、「有能なリーダーは、命令せずに質問する」と指摘している。リーダーシップ論の研究者エド・オークリーとダグ・クルーグは、質問こそが「部下の力を引き出す最強のツールである」と述べる。[*12] オークリーとクルーグの研究によれば、リーダーが効果的な質問をすることに長《た》けるほど、リーダー自身も部下も、互いに納得できる目標を達成でき、力を引き出され、反発を減らせ、創造的な変化をめざそうとする意欲が高まるという。

リーダーシップに関する多数の著作があるハーバード大学のジョン・コッター教授は、リーダーとマネジャーの違いについて、リーダーは適切な質問を考えることに力を注ぎ、マネジャーはその質問への答えを見つけることに力を注ぐと書いている。[*13] 答えを見つけることに懸命になるあまり、適切な質問を考えることをおろそかにしてはならない。成功しているリーダーたちは、正しい質問をしなければ正しい答えは得られないことをよく知っている。

ピーター・ドラッカーは、有能な重役には次のことを実践する傾向があるのを発見した。

- 「何をすべきか」と尋ねる。
- 「目標の達成には何が必要か」と尋ねる。
- 行動計画を立てる。

・決定の責任を持つ。
・意思の疎通に責任を持つ。
・問題よりもチャンスに目を向ける。
・会議を建設的なものにする。
・「わたし」ではなく「わたしたち」と考える。
・まずは聞き、そのあとで話す。[*14]

これらのいずれにおいても重要な役割を果たしているのは、質問だ。キャリア開発を支援するビバリー・ケイとジュリー・ウィンクル・ジュリオーニも、リーダーがすべての答えを知っている必要はないが、リーダーが質問できなかったり、しようとしなかったりするのは致命的だと述べている。[*15]

効果的な質問をする能力は、リーダーにとって最も重要な武器のひとつだ。フォード・モーター・カンパニーの元CEOドナルド・ピーターセンはかつて次のようにいったことがある。「適切な質問をすればするほど、すべての答えを知っている必要がなくなる」

われわれが行ったインタビューでも、成功しているリーダーたちにはやはり、積極的に自分の無知をさらけ出そうとする姿勢や、質問の力を尊重する気持ちがあることがうかがえた。カーギル傘下のモルト・アメリカカズの社長ダグラス・イーデンの次の指摘を読んでいただきたい。

海外勤務から戻ったわたしが、モルト・アメリカズの社長に就任するにあたって求められたのは、抜本的な改革を行うことでした。事業が深刻な不振に陥っているときだったのです。まずはすみやかに、継続するのか撤退するのか、また、もし継続するなら、事業を立て直すために何を変えなくてはいけないのかを判断する必要がありました。わたしは特に意識して質問するリーダーになったわけではありません。いくつもの問いを抱え、その答えを見出さなくてはならない状況の中で、おのずとそうなったのです。低価格の便利なサプライヤーであり続けるべきか、それとも、醸造産業に高品質のソリューションを提供するサプライヤーになるべきか。醸造業者に最も高い価値をもたらすものは何か。泡立ちや味の改善といった技術的なソリューションか、それともサプライチェーンのソリューションか。

醸造業者向けのモルト事業を手がけるのは、そのときが初めてだったので、当然、質問しなければならないことがたくさんありました。部下の中には、わたしにもっと指揮官らしく振る舞って、さまざまなタスクをいかに遂行すべきかを指示して欲しいと望む者もいました。でもわたしはどうすべきかほんとうにわからなかったのです。戦略を示すなどということもすぐにはできませんでした。一方で、わたしのやり方に心地よさを感じてくれる者もいました。やがてみんなが互いに質問するのが上手になるにつれ、長期契約の獲得や、顧客へ提供する価値の向上といったことにつながるソリューションが生み出されました。

現在、それから4年経ち、業績はだいぶよくなりました。成功の大きな要因は、質問する力を身につけたことにあると思います。わたしたちの事業はとても複雑ですから、全員でいっしょに答えを探す必要があります。

ピーターセンもイーデンもためらわずに「自分にはわからない」と口にし、積極的に質問して、周りの人間とともに答えを探った。『ビジョナリー・カンパニー② 飛躍の法則』の著者、ジム・コリンズも次のように述べている。「良好から偉大へと導くということは、リーダーが自分で答えを見出して、立派なビジョンを示し、それによって全員を引っ張っていくことではない。そうではなく、自分の理解の不十分さを知って、質問する謙虚さを持つことである。そのような質問から、望み得る最高の洞察が得られる」[*16]

米海軍の元司令官マイケル・アブラショフも、効果的に質問を使ったリーダーのひとりだ。アブラショフは自身のいう「草の根リーダーシップ」によって、米海軍で最も近代的な戦艦であるベンフォールドの運営を大きく改善させた。その手法は特に凝ったものではなかったが、そこから生まれた成果は驚くべきものだった。アブラショフの20カ月間の任期中、ベンフォールドは割り当てられた予算の75%で運営され、140万ドルが海軍の金庫に戻された。その間、ベンフォールドの戦闘即応性指標は太平洋艦隊史上、最高値を記録した。隊員の昇格率も高まり、海軍平均の2・5倍に達した。ふつうは52日かかる配属前の訓練は、わずか19日で終えられた。前艦長の12カ月の任期中には、28件の懲戒処分があり、23人が免職になった。アブラショフの任期中には、懲戒処分は5件で、免職はなかった。前任者のもとでは、31人が腰痛などの理由で、任務から離脱した。アブラショフのもとでは健康上の理由で離脱した者はふたりしかいなかった。全新兵の3分の1は最初の服務期間の途中で軍を辞めてしまう。海軍では2回めの遠征任務後も軍に残る兵士はわずか54％しかいない。アブラショフ艦長のベンフォールドに乗船した兵士たちは全員、次の遠征の任務にも携わる契約を交わした。この契約の継続だけで、1998年、海軍は160万ドルを節約できた。*17

アブラショフはわずか20カ月でどうやってこのような劇的な変化を引き起こしたのか。本人によれば、たえず質問し、答えを聞き、聞いたことに対処したという。艦長への就任後、アブラショフが真っ先にしたのは、全300人の乗組員全員とひとりずつ面談して、15分から20分、話を聞くことだった。その面談では、次の3つの質問をした。この船でいちばん気に入っていることは何か。いちばん気に入らないことは何か。変えられることがあるとしたら、何を変えたいか。

これらの質問からなんらかのアイデアが得られたら、できる限りすぐにそれを実行した。単に従来の手順に従って、それまでと同じようにやっているだけでは、もはや通用しないことに気づいたからだ。アブラショフはビジョンを明確にし、乗組員を信頼し、全員に自分の仕事への誇りを持たせようとした。

ベンフォールドで自分が望んだ結果が得られなかったときは、誰かを叱りつける前に、自分の内面に目を向けようとしました。またそのつど、自分自身に次のように問いました。自分は成し遂げたかった目標を明確にしていたか。隊員に任務を遂行するのに必要な訓練を十分に受けさせたか。8割のケースでは、わたしにも原因の一端があったこと、わたし

一の行動しだいで、結果が大きく変わっていた可能性があることがわかりました。[*18]

アブラショフはすべての決まりに問いを投げかけた。将校や兵士がなんらかの件で承認や署名のためにやってくると、最初に必ず次のように質問したという。「そのようなことをするのには、どういう理由があるのか、聞かせて欲しい」

もしその返答が、「これまでも、いつもそのようにしてきたから」だったら、わたしは次のようにいいました。「それでは不十分だ。もっといいやり方がないかどうかを探りなさい」と。

しばらくすると、わたしから宿題を出される前に、自分であらかじめ調べてから来るようになりました。「これこれをするのは、こういう理由です」と説明できるようになったのです。あるいは「もっといい方法を考えてみました」といってくることもありました。これは将校たちをいら立たせはしましたが、何でも問える文化を築くことで、つねに新しいやり方を模索する姿勢を養うことができました。[*19]

いい質問をするのがいいリーダー

グーグルが最近、8万人以上の管理職を対象にした研究調査「プロジェクト・オクシジェン（酸素）」を実施し、有能なリーダーを有能なリーダーたらしめている要素を突き止めようとした。この調査で、有能なリーダーに最もよく共通する10の特徴が明らかになった。中でも第1の特徴とされたのは、ほかでもない、質問し、聞くことだった。

命じるのではなく尋ねること、答えるよりも質問することが、21世紀のリーダーシップの卓越と成功には欠かせない。20世紀のリーダーシップ論の第一人者とされ、いまだに影響力の大きいピーター・ドラッカーも次のように論じている。これまではリーダーといえば、命じることに長けた人物だったかもしれないが、これからのリーダーは間違いなく、尋ねることに長けた人物でなくてはならなくなるだろう、と。

世の中の複雑さが増し、変化がますます速くなる状況においては、伝統的なヒエラルキー型のリーダーシップでは、これまではうまくいったとしても、これからはうまくいかないだろう。リーダーが部下に適切な指示を下せるだけの十分な知識を持ち合わせられなくなるからだ。それだけ世界の変化は速くなっている。今日の組織が直面する複雑な問題に対応するのに必要な知識を、ひとりの人間がすべて習得しようとすることにはもはや無理がある。

コンピュータ企業、デル社の創業者マイケル・デルは、質問の力の熱烈な信奉者だ。「数多くの質問をすることで、新しいアイデアへの新しい扉が開かれます。ひいては、それが競争力を高めることにつながります。[…]ですから、あらゆるレベルで、情報が自由に行き交うようにすることが肝心なのです」とデルはいう。[*20] 彼はまた、社内のすべての人間から学ぶことの大切さも強く信じ、社内じゅうから組織的に意見を集めることを通じて、それを実践している。「わたしたちは社内の類似のグループに同じ質問をし、その結果を比較することからも多くのことを学んでいます。[…]あるチームが中規模の組織で大きな成功を収めていたら、そのアイデアを社全体に導入してみるのです」[*21]

リーダーには質問に適した環境を築く責任がある。それは社員が安心でき、組織や人を信頼できる環境だ。十分に安心できない環境では、人はどうしても自分の弱みを見せまいとし、質問に気軽に答えられない。質問が脅威にすら感じられてしまう。また信頼や寛容さがなければ、自分の思いについても、問題についても、積極的に打ち明けようとせず、ひいては助けになってくれるかもしれないリーダーに質問することもない。ハーバード・ロー・スクールの元教授ロジャー・フィッシャーは、次のように指摘している。

「意見をいえば、反論されるが、質問すれば、答えが返ってくる。質問することで、相手にこちらのいい分をわかってもらうと同時に、こちらも相手のいい分を理解することができる。質問は相手に攻撃の目標も、非難すべき見解も与えない。質問は相手を批判せず、啓発する[*22]」

リーダー育成を手がける世界的に名高いコーチ、マーシャル・ゴールドスミスは、質問することがリーダーには必要だと論じ、次のように書いている。

今後は有能なリーダーほど、たえず質問して、助言をもらったり、新しいアイデアを得ようとしたりするだろう。これからのリーダーは、さまざまなステークホルダーに質問して、アイデアや、意見や、提案を請うだろう。貴重な情報源には、顧客（潜在的な顧客も含め）やサプライヤーはもちろん、チームのメンバーや、他部門の同輩や、直属の上司や、管理職や、従業員や、研究者や、業界のソートリーダー（考え方の先導者）といった者たちも含まれるようになる。リーダーが質問に使う手段は、満足度調査の類いから電話や電

子メール、インターネット、対面などまで、多様になるだろう。[*23]

ゴールドスミスは、上に立つ者が質問することには、新しいアイデアや洞察が得られるという明白な利点のほかに、「それより重要ともいえる副次的な利点がある」とつけ加えている。「質問するリーダーは、社員のよき手本になる。リーダーが真剣にものを尋ねる姿勢は、学ぶ意欲や、職責を果たそうとする熱意や、謙虚さを身をもって示すことになり、周囲を感化する[*24]」

よりよい未来のため

カナダの大手電気通信事業者テラスで学習と協働の責任者を務めるダン・ポンテフラクトは、次のように述べている。「会社のよりよい未来を築くために、まず最初にしなくてはならないのは、おそらく、自分がそのために何をすればいいか知っているとは限らないと認めることでしょう。またそれと同じぐらい重要なのは、質問を通じて、社員を目覚めさせ、本気にさせることです。さらには、命じる者という立場で振る舞うより質問するほうが、有益な視点やアイデアをはるかに引き出しやすくなることを理解することです[*25]」

一般に思われているのと違い、有能なリーダーだからといって、すべての答えを知っているわけではない。その代わり、有能なリーダーは質問することを習慣にしている。リーダーシップを強化したければ、肝心なのは質問することと、周りの者たちにも質問するよう促すことだ。

質問のスキルが身につき、効果的な質問ができるようになると、質問を使って、個人や集団や組織を変えられるようになる。次章では、どのようにすればそういうことが可能になるのかを掘り下げ、質問しやすい組織文化を築くことにはいかに数多くの利点があるかを説明したい。

熟考のための問い

1. もっと有能なリーダーになるために、質問をどのように使ったらいいか。
2. これまでに質問をしなかったせいで、どんな問題を招いたことがあるか。
3. これまでにどんないい質問をしたことがあるか。
4. これまでにどんないい質問を受けたことがあるか。
5. 「自分にはわからない」と口にすることができるか。
6. 自分は誰から質問を受けているか。それはなぜか。
7. 周りの者たちの学びを助けるため、どういう質問をすることができるか。
8. 質問を使ってどのように優れた組織を築けるか。
9. 周りの人間に質問するよう促したことはあるか。
10. 質問のスキルをどのように磨けばいいか。

第2章　問う文化はいいことずくめ

次のような言い草は、誰でも耳にしたことがあるだろう。

長いものには巻かれろ。
余計な揉めごとを起こすな。
これっぽちの給料では、いわれたこと以上のことをする気にならない。

もしこのような発言が日常的に聞かれるようだったら、あなたの組織には質問する文化がないと考えていいだろう。質問を嫌う組織では、情報が共有されにくい。たいていの者がなるべく目立たないように振る舞って、与えられた仕事しかしようとせず、リスクを冒そうとしない。正しい答えが重んじられる組織では、好奇心とか、リスクテイクとか、現状への異議とか、間違いを恐れずに挑戦する気概とかいったものは評価されない。[*1] そのような組織には、目に見える形や見えない形で、硬直化や、ことなかれ主義や、保身や、緊張や、惰性や、因習を助長する文化が浸透している。そういう組織はたいてい意欲の低さや、チームワークの悪さや、リーダーシップの弱さといった問題を抱えていて、停滞や衰退を免れない。

リーダーは質問をうまく使うことで、質問が歓迎され、前提が問い直され、新しい解決策が模索される文化を築くことができる。質問は組織内に探求する文化を築き、探求する文化は学習する組織を生む。前にも紹介したが、デル社の創業者マイケル・デルは次のように述べている。「数多くの質問をすることで、新しいアイデアへの新しい扉が開かれます。ひいては、それが競争力を高めることにつながります。[…]ですから、あらゆるレベルで、情報が自由に行き交うようにすることが肝心なのです[2]」

質問からはさらに、責任を自覚する文化も生まれる。質問には、献身的に役割を果たそうとする姿勢を育んで、社内のコミュニティーを維持する働きがある[3]。ジャック・ウェルチは、著書『ウィニング　勝利の経営』(斎藤聖美訳、日本経済新聞社、2005年)の中で、リーダーこそ誰よりも多く、誰よりもいい質問をしなくてはならないと述べている[4]。

質問する文化とは何か?

相手に質問をして、いっしょに答えを探そうとするとき、わたしたちは情報を共有するだけでなく、じつは責任も共有している。質問する文化とは、責任を共有する文化なのだ。このときには、アイデアも共有され、問題も共有され(あなたの問題とか、わたしの問題とかではなく、〝わたしたち〟の問題になる)、結果も共有される。共有の文化を築けば、「あなた対わたし」や「経営者対労働者」ではなく、「わたしたち」の文化が醸成される。

ノキアの元人事部長ペンティ・シダンマンラカは、質問する文化から生み出される価値について、次のように話している。

質問で率いることで、部下にもっと主体的に取り組む機会を与えられます。主体的に取り組むためには、自分で自分を導くセルフリーダーシップを発揮しなくてはなりません。また、質問された部下は、単に命じられたときより、責任を持つようになりますし、意欲的にも、献身的にもなります。自分で答えを見つけたのだという感覚はうれしいものです。質問で率いれば、どんなことにも異議を唱えられる雰囲気が生まれます。質問は、なんでも話せる開放的な文化を育んでくれます。わたし自身は、問いで率いるようになったおかげで、上司という窮屈な肩書きに縛られなくなりました。

リーダーシップ論の世界的なベストセラー『リーダーシップ・チャレンジ』(関美和訳、海と月社、2014年)の著者ジェイムズ・クーゼスとバリー・ポズナーは、リーダーが組織内のあらゆる人々の仕事とその目的に深く関わることの重要性を強調している。リーダーの積極的な働きかけによって、組織のさまざまなメンバーが価値観の形成に携わり、組織内に価値観が浸透する。「価値観の共有とは、声を聞き、理解し、合意を築き、対立を解消することによって得られる。メンバーに組織の価値観を納得して受け入れてもらうためには、本人たちがその形成の過程に関わっている必要がある。結束は作るものであって、強いるものではない」と、ふたりは説いている。*5

リーダーの質問が組織を変えるのは、その質問をきっかけに、メンバーがどういう新しいものを生み出したいと考えているかや、どういう価値観や行動を望んでいるかがイメージとして浮かび上がってくるからだ。リーダーは質問の力とその質問で使う言葉を通じて、組織のビジョンや、価値観や、姿勢や、行動や、構造や、概念を形作るための手段だけでなく、それらのメタファーを示すことができる。

質問する文化には次のような6つの特徴がある。組織に質問する文化が備わっていれば、そのメンバーは、

1. わからないときには、ためらわずに「わからない」という。
2. 質問を拒まないだけでなく、質問をするよう促す。
3. 建設的な質問をするのに必要なスキルを習得できるよう支援されている。
4. 能力を引き出す質問を心がけ、能力を抑圧する質問をしない。
5. 「正しい答え」を求めるよりも、質問し、答えを探す過程を大切にする。
6. リスクテイクを奨励する。

質問する文化が組織にもたらす利点

質問は個人やチームや組織の学習を促進するうえでの土台になるものだ。質問はすべて学びの機会になり得る。そもそも、深い学習のためには、じっくり考えることが欠かせず、じっくり考えるためには、質問が——外からのものであれ、内からのものであれ——欠かせない。したがって、質問を奨励する文化は、学習を奨励する文化でもあるということだ。

「質問思考」という手法を考案したマリリー・アダムスは次のように述べている。「質問を重視する文化には、内部の問題に迅速かつ適切に対応する力と、外部の変化やチャンスに備えて計画を立てる力がある」[*6]。質問する組織ほど、より活発に、より機敏に、より協力的に、より創造的になれる。

質問するという行為は人間の脳にも影響する。試しに、手近にある本を開いて（もちろんこの本でもいい）、その中から節の見出しをひとつ選んで、それを疑問形にしてみて欲しい。例えば、「アクションラーニングは学習の効果を高める」という見出しであれば、「アクションラーニングはどのように学習の効果を高めるのか」にする。どうだろうか。そうするだけで、きっと、その節を読んだときの理解度がぐっと深まり、記憶にも残りやすくなるはずだ。

学習のもとになるのは、好奇心と質問だ。好奇心を抱くとは、要するに、子どものようにたえず「これは何？」という素朴な疑問を持つことにほかならない。この好奇心が質問を通じて具体的な行動につながり、ひいては、あらゆるタイプの学習――公式のものであれ、非公式のものであれ、私的なものであれ――の土台になる[*7]。質問、とりわけむずかしい質問がきっかけとなって、考えること、そして学ぶことは始まるといっていい。

コレクトコープの副社長ジェフ・カルーは、組織学習における質問の役割について、次のように話している。

――コレクトコープは今では学校の教室のようになっています。［…］わたしたちの職場では、誰もがつねにもっといい方法はないかと、質問しています。なんらかの「正解」を求めているわけではありません。自分ひとりでは思いつけない、よりよい解決策を探ろうとしているのです。
きのうまでの解決策では、あしたの問題は解決できません。あしたの問題に取り組むときには、それまでとは違ったレベルの考え方をする必要があります。なんといっても、状況がどう変わっているかを知ろうとしたら、現場のマネジャーたちに尋ねるのがいちばんなのですから。

カルーはここで質問する文化のとても重要な側面に触れている。質問する文化では、問い続けることが促される。大切なのは、答えを見つけることではない。それよりも重んじられるのは、質問し、学び続けることだ。きょう、答えが見つかるかもしれないが、あしたには、それよりももっといい答えが見つかるかもしれない。世界スカウト機構のモハメド・エフェンディ・ラジャブはインタビューで次のようにきっぱりいっている。「正しい答えなどというものはありません」。質問するのは、新しい視点を得るのが目的なのだ。
アクセス・ミッドストリーム・パートナーズの元CEOで、現在はオクラホマ大学教授のマイク・スタイスは、質問を使って何度も社内の争いを解決してきた経験をわれわれに語ってくれている。

争いはたいがい社内のシステム構築を担う部門と、そのシステムを使って実際に業務を行う部門とのあいだで起こります。自由に質問を重ねることでまず見えてくるのは、争い

が単に誤解から生じただけのものなのか、それとも、互いの優先事項の違いに由来する対立がほんとうにあるのかということです。忌憚のない具体的な質問をし合うと、双方ともに、互いの違いや、自分たちの思い込みに気づけて、建設的な妥協案を探れるようになります。こういうやりとりがとりわけ有益なのは、質問をきっかけに、目の前の争いが解決するだけでなくて、もっと長期的に関係をよくするような発見がもたらされるときです。

コノコフィリップスの石油元売り会社の社長マーク・ハーパーも、新しい視点が得られることを質問の最大の利点として強調している。ハーパーは質問を使って、「部下に違う角度からものごとを見る」よう促しているという。さらに次のようにいい添えてもいる。「自分たちの先入観を浮かび上がらせて、それを修正するのは、とても重要なことです」。他者の目にはものごとがどのように見えているのか考え、心を開くとき、学びの扉は開かれる。

マリリー・アダムスによれば、賢明さ、創造性、生産性のどれを取っても傑出しているような組織や、ずばぬけて優れた業績を上げているリーダーやマネジャーたちは、答えをすばやく出すことよりも、質問する文化を築くことで、成功を収めているのだという。さらに、そのような環境のもとでは思考や戦略が深まり、製品やサービス、あるいは業務の手順においてすら画期的な工夫や飛躍的な進歩がもたらされやすいと、アダムスは指摘している。[*8]

アメリカの大手航空宇宙工業会社、ロッキード・マーチンの元会長兼CEO、ヴァンス・コフマンは、質問を使って学習する組織を築いたと述べている。「優れた質問によって、好奇心はぐんぐん育まれます。状況を正確に見きわめようとするときにも、優れた質問は助け分たちは理解しているか」だといい、次のように続けた。

になります」。ロッキード・マーチンにおいて、新しい重役たちが問うべき肝心なことは何かと尋ねると、コフマンは、「どうしてこれはこうなったのか。今の状況に至った理由を自分たちは理解しているか」だといい、次のように続けた。

どんな状況でも、優れた質問によってよりよい計画を立てられ、問題の解決策を見出せます。もしあなたのチームのメンバーが、重要なことは何か、それが重要なのはなぜか、どういう理由で自分たちはあれではなく、これをするのかといったことを真剣に考えるようであれば、とても優秀なチームといっていいでしょう。チームの意思決定の仕方とか、メンバーどうしの連携の具合とかが、安心して見ていられるものである場合には、チームは問題を解決し、すばらしい成果を上げてくれます。

ですが、チームがうまく機能していないなら、わたしはまず、なぜうまくいっていないのかを尋ね、次に、適材を適所に配するためには何を変えればいいかを尋ねます。適材適所が実現しているときには、まじめなチームであれば、誠実さや好奇心や関心は十分に持ち合わせているのですから、なぜ自社がこれをしているのか、どうしてそのような状況に至ったのか、どこへ向かっているのかについて、おのずとみんなで考えようとするでしょう。わたしがチームに磨いて欲しい強みはふたつあります。徹底的な質問と、それと組み合わさった協力的な行動です。[*9]

じつのところ、質問と協力的な行動とはおのずと両立するものだ。質問し、質問に答えるということ抜きには、協力し合うことはむずかしいし、また、質問し、質問に答えることに前向きな姿勢でいれば、意識しなくても協力的な行動が生まれる。

■意思決定と問題解決力の改善

質問する文化のもとでは学習が促進されるのに加えて、意思決定や問題解決力も改善される。質問を通じて、新しい視点が得られたり、ほかの人の視点を理解できるようになったりするからだ。わたしたちは違う視点から問題を眺めるとき、その複雑さに気づく。その結果、解決策の幅も広がる。ヘルスケア・エグゼクティブ・パートナーズのデイビッド・スマイクはインタビューで、意思決定と問題解決において、いかに視点が重要かを力説している。

わたしの経験では、深く関わっている者ほど、勝手知ったる範囲内で解決策を考えてしまい、なかなか新しい可能性を探ろうとできないものです。そういうとき、わたしが質問者となって、新しい角度からものごとを見させることで、視野を広げてやれます。質問はあらかじめ答えの決まっているものではなく、相手にプレッシャーをかけるものでもありません。「強制されている」と感じないときのほうが、誰しものびのびと考えられ、独創的な発想が引き出されやすくなります。また、質問の枠組みが適切であれば、質問する人間はけっして自分たちをじゃまする存在ではなく、チームの成功を手助けする仲間であることにも、気づいてもらいやすくなります。

社内のどの階層においても、リーダーが急いで判断を下さず、まずは質問をして、問題を深く掘り下げるようにすれば、いい判断が生まれやすくなる。自分の能力や意見や理解だけを当てにしないで、問題のいちばん近くにいる当事者に話を聞けば、多くの有益な情報が得られ、よりよい視点に気づけ、ひいては自信を持って行動できる。マスタープランニング・グループ・インターナショナルの創業者で社長のボブ・ビールがインタビューでいっているように、「深い質問をすれば、深い答えが返ってくる。浅い質問をすれば、浅い答えしか返ってこない。質問しなければ、どんな答えも返ってこない」。

質問には、わたしたちの考えを明晰に、論理的に、戦略的にする働きがある。質問をすることで、コミュニケーションや相手の話を聞くことが増え、相手の意図を誤解するのを避けられる。互いに相手の質問に耳を傾けるほうが、思い込みにもとづいた意見や考えを一方的に聞かされるより、真実を見出しやすい。真実は意見からではなく、開かれた心で自由にものを考えることから浮かび上がってくるものだ。互いに質問し合えば、互いが互いの情報源になる。

個人やグループが理解を深めたり、問題を明確にしたり、新しい角度から解決策を探ろうとしたりするきっかけになるのが質問だ。質問は戦略的な行動や解決策につながる新しい洞察やアイデアを引き出す。質問と返答を重ねる中で、問題をより早く解決したり、よりよい判断を下したりするのに欠かせない重要な情報がもたらされる。

フィルターがかかっていない情報を得るのにも、質問は役立つ。リーダーは質問を通じて、問題の直接の原因や解決策を探る（シングルループ学習）だけでなく、隠れた原因や解決策を探ること（ダブルループ学習）も、さらにはそれらの原因や解決策を生み出す文化や考え方を探ること（トリプルループ学習）もできる。

コノコフィリップスのマーク・ハーパーは、質問する文化のまた別の利点を指摘している。質問する文化が浸透している組織では、「信頼関係が深まるおかげで、重要な決定を下すときには、前もってきちんと相談したり、議論したりされる」。その結果、誰もが頭越しにものごとが決められていると感じることがなく、「新たに導入されたことにも、責任を持って取り組める」。

さらに質問には、取り組みが本来の目的から逸れないようにし、肝心な問題が解決されるようにする働きもある。イアン・ミトロフは著書『異常な時代を生き抜くスマート思考』(Smart Thinking for Crazy Times、未訳）で、個人や組織が苦境に陥るのは、間違った問題ばかりを解決しているせいだと論じている。[*10] ピーター・ブロック[*11]やピーター・ベイル[*12]といった組織心理学者が指摘するように、最初に顕在化した問題がそのグループにとって解決しなくてはならない最も重要な問題であることは、じつはあまりない。それらはたいてい単なる症状にすぎず、その改善に取り組んでいるうちに、もっと差し迫った真の問題が顕《あら》わになる。したがって問題を解決するにあたっては、まず質問を使って多角的に検討し、そのうえで、さらに質問を使って真の問題を絞り込む作業から始めなくてはいけない。リーダーはそのことを知っておく必要がある。

リーダーたちの多くは、自分では問題の全体像をはっきりと摑んでいるつもりでいる。どんな問題でも、解決のための第一歩は、何が問題であるかを知ることにあるのだ。これは自明なことながら、必ずしも実践されていない。わたしたちはたいてい問題を聞き知ったり、あるいは直に経験したりするだけで、何が問題であるかは、考えるまでもなくすでによくわかっていると思い込んでいる。しかも、それよりさらに危険なのは、ほかの者たちも全員、自分と同じようにその問題を認識し、理解していると端《はな》から信じ切っていることだ。実際には、もし7人が同じ問題を経験したら、7人はその問題に対してそれぞれに異なる7通りの受け止めかたをするだろう。

質問する文化は、このような典型的な誤った思い込みを防ぐのに役立つ。質問することが習慣づいていれば、おのずとさまざまな視点がチーム内で出し合われ、その結果、問題の全体像がより正確に浮かび上がってくる。そのようなチームは、大局的な視点から問題を捉え、どういう解決策があり得るか隈なく理解したうえで、目標や具体的な戦略を決められる。そうした問題に対する幅広い俯瞰的な視点を得るためには、互いに遠慮なく、新鮮な質問をし合い、その返答をじっくり検討するプロセスが欠かせない。ものごとを探求しようとするときに大事なのは、メンバーにどんどんばかな質問――もっと正確にいえば、新鮮な質問――をするよう促すことだ。

■組織の変革に適応しやすくなる

組織を変革するときには、新しいアイデア、新しいやり方が導入される。質問する文化が根づいていない組織では、変化とか、新しいアイデアとかは、決まって拒絶される。それまで一度も疑問視されたことのなかった既存の考え方ややり方と衝突するからだ。質問することが習慣化されていない場合、新しいことをいい出す者は、誰かのことを怒らせたり、警戒させたりせずに、既存の考え方に異を唱えるという難題に取り組まねばならない。組織内に質問を忌避する文化が浸透していたら、そのようなことを実行するのはむずかしい。いい方にどれだけ気をつけても、目立ってしまい、秩序を乱す行為と受け止められる。そもそも質問すること自体が非常識なこととされているからだ。しかし質問する文化を築けば、質問することはめずらしくなくなり、脅威と見なされなくなる。そうするとむずかしい質問や反論もしやすくなり、ひいては、変化への組織の適応力が高まる。

変化を前にしたとき、人々の意識はそれによって自分がどういう不利益を被るかに向けられがちだ。自分で変化を起こしているという感覚が強ければ、それだけ自分のしていることに大きなやりがいを感じられる。やりがいを感じられると、それだけ誇りや自信が強まり、さらに多くの貢献をしようという気持ちになる。有能なリーダーは部下に適切な質問をし、答えを自分で見つけさせることで、単に変化を受け入れさせる以上のことをしている。つまりみずからは変化を促す触媒の役割に徹して、部下が自分で自分の未来を決められるようにしているのだ。質問は部下に対して、自分が組織の目標にどういう貢献をしているのかを気づかせることで、その目標の実現にさらに尽力しようという気持ちを部下に起こさせられる。

いい質問をすることを通じて、質問した人間自身も変化の必要性を自覚し、変化をもっと受け入れ、もっと積極的に変化を実現していかなくてはならないことに気づく。質問自体がきっかけとなって、リーダーが組織内に変化を起こす触媒の役割を果たすこともある。質問で率いるリーダーは、たいていは質問から生まれる新しいアイデアに賛同し、その推進者になろうとする。変化を推し進めようとするリーダーにとって、新しいアイデアや視点は力強い援軍になるからだ。

■社員の能力を引き出し、意欲をかき立てる

いい質問は、部下をやる気にさせる。したがって質問する文化には、組織全体を活気づける力がある。経営学者マーガレット・ウィートリーが書いているように、部下は質問され、その質問に答えようと深く考える中で、成長し、内発的なモチベーションを引き出される。[*13] 質問をうまく使えば、自由な発想を育んだり、活力を高めたりするのに適した環境を築ける。質問されたときに人が生き生きとしてくるのは、自分のアイデアを聞いてもらえるのがうれしいからだ。

経営コンサルタントのケン・ブランチャードは、部下の自信を挫《くじ》こうとするリーダーがあまりに多いと指摘している。リーダーシップで大事なのは、自分がその場にいるときに行われることではなく、自分がその場にいないときに行われることだ。[*14] 質問する文化を浸透させようとするリーダーは、部下を依存した状態から自立した状態へと導こうとする。ブランチャードが述べているように、いい質問は部下の能力を引き出し、リーダーがその場にいなくても、ものごとがいい方向に進むようにできる。

質問には、協力的で創造的な環境を築く働きがある。部下はリーダーから問われることで、自分自身で何が重要かを見出そうとするようになる。その過程で、自信や誇りが育まれ、力

が身についていく。同時に、新たな計画にも、自分もその立案に携わっているので、責任を持って取り組めるようになる。

また、質問は命令よりも効果的に部下の能力を引き出し、その意欲をかき立てることができる。リーダーが質問する文化を築こうと努めれば、その姿勢がメッセージとなり、部下の心に誇りや自信が芽生える。誇りや自信は、部下の態度を根底から変えさせるうえで、鍵となる要素だ。「わたしはきみたちの考えが知りたい。きみたちの意見は貴重であり、けっしてむだにしたくない」というメッセージが届けば、部下は意欲をかき立てられ、前向きな姿勢になり、やりがいを感じるようになる。

部下が自分で解決策を考え出せるようにするのが、いい質問だ。自分で答えを見つけた部下は、結果に対しても責任を持つようになる。部下に考えを尋ねれば、部下の考えを重んじていることが部下に伝わる。いい質問は、指示待ち型の人間を自分の頭で考える人間へと成長させられる。

■チームワークの強化

会議室に全員を集めるだけでは、すべてのメンバーが協力し合う理想のチームは作れない。製薬会社アボット・ラボラトリーズの薬事事業のグローバル統括責任者で、以前はファイザーでグローバル研究開発事業担当の上級副社長を務めていたスー・ウィットは、ファイザー時代、質問する文化を育むことでチームをひとつにまとめていたという。

わたしがファイザーで開発事業の統合を任されたとき、結成されたチームは、それぞれ所属部門が違う10人のメンバーで構成されていました。そのようなメンバーで開かれた会議は当初、まったくチームらしいものではありませんでした。誰もがいちばん優秀なのは自分だということをいいたがり、ほかのメンバーの話を遮って、自分のことばかりを話していました。本来の議題に話を戻すのだけでも、一苦労でした。そんなチームが変わり始めたのは、わたしが質問するようになってからです。

わたしはデータについて次のようなことを尋ねました。年末までにデータベースをいくつ仕上げる必要があるか。優先順位をつけたほうがいいか。もし、つけるとしたら、何を基準にしたらいいか。どのように優先順位を見直したらいいか。毎回、会議を締めくくるにあたっては、次のような質問をしました。今回の会議では、何がよかったか。もっと改善できる点はどこか。そこでいいアイデアが出れば、さっそく次の会議からそれを取り入れるようにしました。以来、わたしはこの方法をほかの会議でも使い続けています。

どんなチームでも、メンバーは互いに異なるいろいろな知識や、知恵や、独創性や、意欲を持っているものだ。リーダーは会議で質問が当たり前のように口にされるようにすることで、メンバーからその豊かな経験と能力を引き出すことができる。

アルコア・リジッド・パッケージング（テネシー州ノックスビル）の副社長マイク・コールマンは、質問のおかげでチーム作りを成功させられたと話している。

わたしが入社したとき、アルコアはどん底の状態でした。どうにかして経営を立て直さなくてはならず、経営再建チームを立ち上げる必要に迫られていました。わたしはいろいろな候補者にいくつもの質問をすることで、適任者を見つけて、優秀な再建チームを結成することができました。そのときに尋ねたのは、問題は何か、どういう解決策がありうるか、内外の問題をどう処理すればいいかといったことです。どうやって存続し、前進するのか。わたしが求めたのは、「これがわたしが描いたビジョンです。どう思いますか」というような返答です。

スー・ウィットやマイク・コールマンがしたような質問は、グループ内に自分たちは仲間なのだという雰囲気を生み出すことができる。そのような質問を通じて、グループは集合知を認識し、さらにそれを更新していけるのだ。メンバーどうしが互いに質問し合う中で、しだいに答えや戦略についての合意も形成される。互いに相手の視点がよりはっきり理解できるようになると同時に、自分自身の視点もよりはっきりとするからだ。

質問は適切なタイミングで適切な仕方で使われるとき、グループをひとつにまとめる力を持つ。質問を使って、グループの結束を強められるのは、質問はグループにさまざまな効果を及ぼすからだ。まず、対処や、援助や、協力のきっかけとして機能する。またグループのほかのメンバーの問題について質問すると、ふしぎなことも起こる。質問しただけで、その問題への関心が増すのだ。加えて、ほかのメンバーがその質問に答えてくれると、自分の質問に注意を向け、答えてくれたことに対して感謝の念も生じる。

マーガレット・ウィートリーは、リーダーはチームのメンバーとの関係を深めるために時間をもっと割く必要があると指摘している。[*15] リーダーは質問することで、敬意や、聞く姿勢や、気遣いを示すことができるのだ。

チームの目標を明確化するのにも、質問は役に立つ。目標の明確化はいうまでもなくチーム作りの基本中の基本だ。リーダーはメンバーとの関係を深めたければ、まずは質問するのがいい。質問には、他者への共感や気遣いがどれほどあるかが自然と表れる。

■イノベーションの促進

創造性を引き出すためには、答えがまだわかっていないことを問う必要がある。イノベーションが純粋なひらめきの産物であることは、じつはまれだ。天啓のようにまったく新しいアイデアを思いつき、それがイノベーションに結びつくということはめったにない。ほとんどの場合、イノベーションが起こるのは、ものごとを見る角度をふだんとは変えたときだ。イノベーションは質問する文化でこそ育まれやすい。質問する文化では、つねに新しい視点が得られ、ものごとを別の角度から眺められるからだ。イノベーションは、質問が歓迎される環境の中で、優れた問いによって生み出される。

ノキアの元人事部長のペンティ・シダンマンラカも、質問する文化がイノベーションの土台になると考えている。「わたしが最初から答えをいうことはない、わたしはまずは質問するだけだと社員たちにわかると、社員たちも自分たちで質問し合い、自分たちで解決策を探るようになりました。わたしがいないところでも、質問し合うようになったのです」。そのように質問を促すことが、「イノベーションや、創造性や、好奇心を育む環境を築くことになる」という。

同じように、コレクトコープのジェフ・カルーも、部門内で質問する文化を築き始めると、新しいアイデアが次々と出るようになったと話している。

リーダーシップのスタイルを変えたことがほんとうに功を奏しました。それまで考えもしなかった新しい代替案が出てくるようになったんです。部下たちの責任感も強まりました。アイデアの一部、場合によってはすべてが、自分たちのものだからです。それに何より、わたしの担当部門の生産性が高まりました。わたしがリーダーとして成長する一方で、新しいマネジャー陣から画期的なアイデアがもたらされることが増えました。新鮮な視点から環境や状況を見られるようになったおかげです。

質問は部下にリスクを取ることも促せる。歴史に残るような偉大なアイデアはたいていリスクを伴っている。前進しようとするなら、誰かが現状に対して、変えられないかどうか、改善できないかどうか、問う必要がある。

問うべきは次のようなことだ。もしわたしがこれをしたら、何が変わるか。もっとほかの考え方はないか。まだ自分が考えていないことはないか。

例えば、コロンブスは次のように自分に問うたのではないだろうか。「海路でインドへ行くことはできないのか」。あるいはピカソはキュビスムへと移るとき、次のように自問したのではないだろうか。「もっと別の方法で人間の姿を描けないか」[16]

質問する文化が個人にもたらす利点

ここまで話してきた組織にとっての利点の多くは、そのまま個人にとっての利点にもなる。例えば、社員が能力を引き出されて、意欲的になり、成果を上げることは、組織のためになる一方で、社員自身のためにもなることはいうまでもないだろう。それだけではない。そのように深く仕事に携わることには、充実感を得られるという利点もある。また、新しいことを学習するとか、意思決定や問題解決の能力が高まるといったことも、個人に利点をもたらす。そのほかに質問する文化がもたらす利点の中には、主として個人にもたらされ、組織にはあくまで副次的にもたらされるものもある。次にそれを見ていこう。

■自分自身についての理解が深まる

ピーター・ベイルが指摘するように、今日のマネジャーには行動だけでなく、自分を省みる能力、自分を正しく知る自己認識の能力の高さも求められる[17]。自分の個人的な動機を鋭く見つめ、はっきりと認識することは、リーダーシップの要をなすスキルのひとつだ。ベイルによれば、自分で自分に問いかけ、内省する者のほうが、優秀なリーダーになれるという。質問する文化では内省も促される。なんでも遠慮なく質問したり、質問されたりするようになると、それだけ内省もしなくてはいけなくなるからだ。内省を求められることが増えれば、しだいに内省にも慣れてくる。

問いを使ったコーチングの草分けのひとり、マリリー・ゴールドバーグが述べているように、ほとんどの人は自分の内面でどういう問いが発されているかに気づいていない。それらの問いは、その人の思考や、感情や、行動や、結果を方向づけているにもかかわらず、無自覚に発されている。[*18] いかに自分の問いが自分の思考や行動にあまねく、大きな影響を及ぼしているかに、ほとんどの人が気づいていない。しかし、そのような内面で発される問いこそが、わたしたちの人生に対する態度や決断の土台になっているのだ。問うことを奨励する文化の中に身を置けば、おのずと自分を省みるようになり、自分の選択に意識的になり、自分の判断について深く考えるようになる。

わたしたちは内省によって自分のことをよく理解することで、自分がそれをする理由や、しない理由を自覚できるようになる。例えば、「今、これをすることにほんとうに意味があるのか」と問えば、優先順位や価値観について省みることができる。自分の望む変化を起こすため、自分にできることに力を注ぐためには、状況に流されずに、いかに主体的に応じるかが重要になる。あるいは「なぜ自分はこの件にそれほどまでにこだわるのか」といった質問をすれば、自分のこだわりを客観視でき、さらに周りの者たちが何を重要と考えているかを知る手がかりが得られる。周りから自分がどう思われているかという観点から、自分と周りとの関係について理解を深めるうえでも、質問は役に立つ。

意識的に内省する人はそうしない人に比べ、自分の内に秘められた思いにはるかに気づきやすく、したがってその思いに自分がいかに影響を受けているかも自覚しやすい。わたししたちは内省することで、自分の価値観により忠実になれ、より率直になれ、より自分らしくなれ、自分の感情について、より正直に話せるようになる。さらに、自分の短所と長所もよくわかるようになり、より正確な自己イメージを持てるようにもなる。

■自信、柔軟性、素直さが育まれる

好奇心や質問を奨励する文化は、個人の成長を助ける。ひとつには、質問をする者は自信が育まれるということがある。なぜなら、誰かに質問をして、答えてもらうと、その返答自体に、質問や質問者への感謝や敬意を感じ取ることができるからだ。質問がいやがられず、気軽になんでも尋ねられる環境にあるとき、わたしたちはのびのびとでき、自分の長所を知ることができ、自信を持ってことに当たれる。質問をきっかけに同僚や部下たちの能力が引き出され、責任感が強まるのを目にするとき、リーダーも緊張を解かれ、柔軟になれる。

一方、質問が忌避されている組織では、質問することも質問する者も脅威と見なされる。質問をしても、真剣に答えてもらえなかったり、返答を拒まれたりすると、質問した者は軽んじられたようにも、蚊帳の外に置かれたようにも感じる。

質問する文化は、自信を育むことを通じて、新しい課題に取り組む適応力も高める。質問をすることにもされることにも慣れている人間は、流動的な変化にも機敏に応じられ、新しいデータや現実に直面しても、柔軟に考えることができる。焦点がぶれたり、意欲を失ったりすることなく、さまざまな求めに対処できる。不確かな状況にも耐えられる。質問するリーダーは、重圧や危機にさらされても、落ち着いて、冷静に判断でき、窮地に追い込まれても、取り乱さないでいられる。

英国の著名な数学者で哲学者のバートランド・ラッセルは、次のようにいっている。「長年当たり前だと思ってきたことに、ときどき疑問を抱くのは、健全なことである」と。どんな階層のリーダーであっても、みずから質問するとともに、質問を受けつけることができれば、積極的に学んで、自分の至らない点を直していこうという気持ちがあることを示せる。そういうリーダーは、建設的なフィードバックや批判に喜んで耳を傾ける。自分のやり方の悪いところや、どういうリーダーシップの能力を磨くべきかといったことも、ためらわずに聞く。

■意思の疎通を図るのがじょうずになる

職場開発のコンサルタント、ジュリー・ウィンクル・ジュリオーニは質問の威力について次のように話している。「協力にも、競争にも、洞察にも、理解にも、意欲にも、抜群の威力を発揮するのが、質問です。もしリーダーが人並み外れた能力をひとつだけ身につけられるとしたら、わたしは質問の力を磨くことを勧めるでしょう。相手の心を捉えて、深く考えさせられる、すばらしい質問を思いつける力です」[*19]
家事代行サービス、ネイバリーのブランド大使ディナ・ドゥワイヤー＝オーウェンスが論じているように、社員が自分たちは会社に話を聞いてもらっている、自分たちの意見は会社の役に立っていると感じているかどうかは、社員の定着率や生産性や顧客満足度といったことに多大な影響を及ぼす。社員がそのように感じていることで、生産性は平均6％高まるという数字もある。社員は人間であって、モノではない。まずはリーダーが謙虚な姿勢で、部下の声に耳を傾けることだ。そうすると部下たちは公平に評価されていると感じ始める。

組織内に質問する文化が浸透していると、どの階層でもリーダーが部下の気持ちに寄り添いやすく、良好な関係を築きやすくなる。質問したり、されたりすることに慣れている者ほど、相手の話を聞く能力が高く、相手の考えをすんなりと理解できる。そのようなリーダーは、さまざまな経歴の持ち主や異なる文化の出身者たちとも、相手の気持ちをおもんぱかりながら、うまくつき合える。質問で率いれば、厳格に管理できているかどうかはあまり気にならず、部下をもっと信頼できる。その心の自由さが、相手の話をよく聞くことを可能にし、効果的な意思の疎通を可能にする。

「質問のおかげで、心に余裕が生まれて、話をじっくり聞けるようになりました」と、モルト・アメリカズのダグラス・イーデンは話している。「以前よりもはるかに、人に対して身構えなくなりました。今では積極的に人の意見を聞くことができます。質問は議論の焦点がぶれないようにし、会議を効果的に進めるのにも役立っています。出される解決策も増えましたし、何が肝心な問題であるかを突き止めるのも早くなりました」

リーダーは質問すれば、必然的に部下の考えを聞かざるを得なくなる。部下も質問するリーダーに対しては、ものわかりがいい上司という印象を持つので、積極的に質問し、やはりその考えに耳を傾ける。そのようにして詳しく話を聞けば、それだけリーダーの提案やアイデアを支持しようという気になる。

質問するリーダーは複数の人に向かって話をするときも、相手の心を摑み、納得させるのがうまい。たとえ悪いニュースや懸念が持ち上がったとしても、自信は揺るがず、部下からの支持も失わない。リーダーが質問への返答に真剣に耳を傾ければ、部下はリーダーのそのような姿勢に感謝の念を抱く。

■対立への対処がうまくなる

質問するリーダーは対立にも巧みに対処できる。優れた質問のスキルを使って、当事者双方から話を聞き出し、それぞれの立場を理解し、全員が賛同できる共通の解決策を見つけられるからだ。ふつう、断定的な言葉を使うよりも質問するほうが、腹を割った話がしやすくなる。だから質問する文化が浸透している組織ほど、活発な議論が交わされやすく、口にされにくい懸念もみんなに共有される。質問を使うと、自分の意見や立場をいったん脇に置いて、他者の関心や意見を理解しようとすることができる。

エネルギー企業、コンステレーション・ジェネレーション・グループの副社長フランク・アンドラッチは、少なくともこれまでに2度、深刻な対立を質問の力で解決したと話している。

仕事のあらゆる場面で、質問を使うようになりました。同僚との会話や会議の席、電話ではもちろんのこと、書類を読むときにすら使っています。質問の威力を特に実感したのは、最近まで行われていたUSスチールとの契約の変更に関する交渉においてです。解決

策を見つけるための手段として質問を使ったのは、交渉が1年も堂々巡りを続けていたときでした。その適切な質問をきっかけに、真の問題点が俎上に載せられることになり、ようやく合意に達することができたのです。双方ともにその結果に満足しました。

「それとはまた別に」従業員のあいだにはげしい争いが起こって、深刻な分断が生じたことがありました。ある事業が頓挫を余儀なくされるほどの分断でした。このときも質問という手法を使って、両者の対立の原因について論じ合うことで、分断を乗り越えられました。この部門では、質問の使い方を知ったことで、以来、連携が格段によくなりました。

企業の倫理や戦略が専門のハーバード・ビジネス・スクール教授、ジョセフ・バダラッコは、難題にぶつかったときに創造的な解決策を見出すための条件として、「冷静さ」を挙げている。[*20] 今、実際に起こっていることと、自分たちにできることを冷静に見きわめる必要があるからだ。リーダーは質問を使うことで、バダラッコが「静かなリーダーシップ」と呼ぶもののエッセンスを理解し、実践できる。

■組織内の政治に強くなれる

質問するリーダーは、組織内の政治にも通じていることが多い。質問を使うことで、賢く立ち回り、人物どうしの重要な結びつきも敏感に察知できる。

質問は鍵を握る力関係を読み取ったり、理解したりするのにも役に立つ。質問を使って、組織内にどういう動きがあるかを探ることも、社員が個々の課題や組織の方向性についてどう感じているかを把握することもできる。質問するリーダーは、組織の将来により大きな影響力を行使するためには何が必要かを知っている。

バダラッコは著書『静かなリーダーシップ』（高木晴夫監修、夏里尚子訳、翔泳社、2002年）の中で次のように述べている。「政治的な難題についての創造的な解決策が、あるとき突然、完全な形でひらめくことはまずないだろう」[*21]。そういう解決策はたいてい、たえず変化し続け、たびたび意外な展開を見せる出来事の数々を理解し、整理し、活用する中でしだいに見出されるものだ。そのためには質問を使うことが欠かせない。

世界スカウト機構のモハメド・エフェンディ・ラジャブは、質問のおかげで政治的に敏感になれたと話している。「ひとつの質問だけで正しい答えが得られるとは、わたしは思っていません。何が正しい答えかは、政治的、文化的文脈や状況に大きく左右されるのですから」

リーダーは質問を使って未知の世界に分け入っていく能力を磨ける。ロバート・ディルワースが指摘するように、質問を使うと、おのずと相手から新しい発想を引き出すスキルが養われるので、「あしたの課題に飲み込まれている状況で、きょうの問題にきのうの解決策で対処しようとする愚を避けられる」。質問は「いかに自分自身を成長させる方法を見つけるかにおいて、リーダーにふさわしい責任」を果たすチャンスをリーダーたちに与える[*22]。

■学習や成長にいっそう真剣に取り組むようになる

最近のハーバード大学の研究で、質問するという単純な行為が、強固な信頼関係を築くのにも、高い感情的知性を育むのにも、学習を深めるのにも欠かせないことが明らかになっている。[*23] 質問は、相手の成長を助けようとする気持ちがこちらにあることを相手に示すだけでなく、どうやって相手の能力を伸ばしたらいいか、さらには自分の能力をどのように伸ばしたらいいかを知る手がかりにもなる。質問を通じて、リーダーの感情的知性は育まれる。したがって質問することで、自分の教える力や助言する力や指導する力も、同時に磨かれていく。

質問によって相手の学習を助けているうちに、リーダー自身が熱心な学習者になっていることもめずらしくない。学ぶことに時間を割き、学ぶことのおもしろさを周りにも伝える人物、学ぶ意欲に溢れた人間を増やすことの重要性をはっきりと認識する人物になっていることがよくある。社員は質問を通じて、リーダーから期待されていることを正しく理解できるようになり、その結果、以前よりもみずから進んで学ぼうとするようになる。また質問を通じて、困難だがやりがいのある達成可能な目標を設定できるようになり、継続的な学習の大切さに気づく。

製薬会社アボット・ラボラトリーズのスー・ウィットは次のように話している。

これまでものを学ぶうえで質問がとても役に立ってきました。わたしは学ぶのが好きで、問いを通じてたくさんのことを学びました。質問するというのが、わたしに合ったスタイルなんです。自分ですべてを知っていなくてはならないとは、わたしは思いません。ですから、自分の周りにこれだけ優秀な人材を揃えているわけです。わたしの仕事は、自分の

――慣れ親しんだ範囲の外にある課題に取り組むことにあります。緊張をやわらげたり、みんながいっしょに楽しく働けるようにするのにも、質問を活用しています。

ジョン・モリスはたえず問い続けることで初めて、自分たちのほんとうの実力や、持っているすばらしい資源に気づけると述べている。また問い続けることで初めて、自分たちが何に直面しているかがはっきりし、変化を受け入れたり、それに対処したりしやすくなるという。[*24]

■リーダーシップを強化できる

ジム・コリンズのベストセラー『ビジョナリー・カンパニー② 飛躍の法則』で、偉大な企業のリーダーは謙虚さと不屈の精神の両方を持ち合わせていることが紹介されている。[*25] コリンズが調査した企業の優秀なリーダーたちは、肩書きを得たからといって、自分がなんでも知っている知恵者になるわけではないと認識していたという。優れたリーダーが概して謙虚なのは、自分には知らないことがあると知っているからだ。彼らは、少々質問するだけでは十分なデータを得られないこと、何をおいてもまずは質問すること、誰にでも質問することが成功には欠かせないことを知っている。

ハーバード・ビジネス・スクール教授ジョセフ・バダラッコの調査によると、質問するリーダーには、コリンズのいう「第5水準のリーダー」の特徴である謙虚さが備わっているという。[*26] 質問するリーダーは現実主義者であり、自分がしたことを過大に評価しない。問題があれば、質問を使って、深く掘り下げることに時間を費やす。

組織の成功のためには、誰もが欠くべからざる役割を担っていること、必要でない人間はひとりもいないこと、上から下まで全員が相手の役に立とうという意識を持たなくてはならないことを、質問するリーダーは認識している。

第2部のテーマ

ヘッジファンド世界最大手ブリッジウォーター・アソシエイツの創業者レイモンド・ダリオはわれわれのインタビューで、「将来、成功を収めるかどうかを判断するうえで、信頼できる指標になるのは、いい答えよりもいい質問のほうです」と話している。では、それほど重要で、数々の利点がある質問する文化は、どうすれば築けるのか。それが第2部のテーマになる。

まず次章で、質問の妨げとなるものをいかに取り払えばいいかというところから話を始めたい。そのうえで第4章では、さまざまなタイプの有益な質問を紹介するとともに、どういう質問が役に立ち、どういう質問が役に立たないかについて説明する。続く第5章では、どのように質問するのが最善か、質問の仕方について考える。そして最後に第6章で、組織全体に質問する文化を浸透させ、全員の能力を引き出すにはどうすればいいかを論じる。

熟考のための問い

1. 質問する文化とはどういうものか。
2. 質問する文化にはどういう利点があるか。
3. 自分はどのように質問する文化を築くことができるか。
4. 質問が歓迎され、前提が疑われ、新しい解決方法が探られる文化を築くため、自分はどういう戦略を取り、どういう行動を起こすことができるか。
5. 質問を使ってどのように信頼や、熱意や、関与を引き出せるか。
6. 同僚や部下の能力を引き出すためには、どういう質問を使えばいいか。
7. 質問を使ってどのように自覚や自信（自分も、周りの人も）を深められるか。
8. 質問を使ってオープンで柔軟な姿勢を示すためにはどういう方法があるか。
9. 相手の話をよく聞いたり、意思の疎通を円滑にしたりするためには、どのように質問を使えばいいか。
10. 質問を使ってどのように効果的に対立に対処できるか。

第2部　効果的な質問をせよ

第3章　質問するのがむずかしいのはなぜか

第1章で紹介したシンディ・スチュアートの話を覚えておいでだろうか。縫製工場の「フロア・ガール」だったスチュアートは、あるとき、工場の経営陣が生産ラインの障害について話しているのを耳にした。「いろんな解決策を試しているのに、問題はなかなか解決しないようでした。わたしは胸の内でこう思ったのを、今でもはっきり思い出せます。『わたしに尋ねてくれればいいのに』」

残念ながら、わたしたちの多くはこの経営陣と似たようなことをよくしている。問題を抱え、有効な解決策が見つからない状況に置かれながら、ほかの者たちに質問し、考えを聞くということをしないのだ。

第2章で述べたように、誰とでも遠慮なく質問し合うことが、組織のためにも個人のためにもなる、いいことずくめのすばらしいことだとしたら、黙っていても自然と質問が口にされるはずではないか。それがなぜ、なかなか質問できないのか。われわれは世界じゅうのリーダーたちとこの点について論じ合い、数々の回答を得てきた。質問を困難なものにしている要因は主に4つある。

1. 自分を守ろうとして、本能的に質問を避ける。
2. いつも急いでいる。
3. 質問の経験や機会、訓練、手本を欠くせいで、質問したり、質問に答えたりするスキルを持っていない。
4. 質問(特に従来の考え方や方針に異議を唱える質問)がいやがられる社内文化や職場環境に身を置いている。

自分を守ろうとする本能

何が適切か、あるいは何が最善かを必ずしも知っているわけではないと、みずから認めることは、リーダーに課せられた課題の中で最もむずかしいことのひとつだろう。リーダーは正しい答えを持っていることに慣れているせいで、答えを与えるという習慣をなかなか捨てられない。

自己イメージや、他者の目に映る自分のイメージを守りたいという気持ちがわたしたちにはある。恐れのような不快な感情から自分を守ろうともする。質問をして無知をさらけ出せば、そういうものがすべて危険にさらされるのだ。

しかし、誰もが初めからそうだったわけではない。質問するというのは、人間に生まれつき備わっている能力だ。3歳児の親に尋ねてみるといい。いかに子どもたちが質問好きか、教えてくれるだろう。ところが不幸にも、たいていの人は親や教師や上司から質問を拒まれる。拒まれるだけではない。へたに質問をすれば、ばかにされる。幼い頃から、わたしたちは質問するのをいやがられて育つ。特に異を唱えるような質問は嫌悪される。家庭でも、学校でも、教会でもそうだ。質問は無礼とか、無思慮とか、でしゃばりとか見なされる。そのせいでわたしたちはしだいに質問をするのが怖くなってしまう。そうして質問することが減ると、ますます質問しづらくなり、苦手になる。

だから当然、自分がリーダーになったときには、尋ねる側の人間ではなく、答える側の人間になりたいと考える。フロア・ガールから今や非営利団体の会長兼CEOになったシンディ・スチュアートは、われわれにこう話している。「いってみれば、わたしたちは答えを知っている人間になるようしつけられてきたんです」。ものを尋ねるとか、尋ねられたことに答えられないとかいうことは、リーダーになる資格がない証拠と見なされる。わたしたちが質問されるのを恐れるのは、質問が尋問や取り調べのように感じられるからだろう。これまでの人生の中で、正しく答えられなかったら体面が保てないという恐れを何度も経験している。だから、そのような状況に置かれるのを反射的に避けようとしてしまいがちだ。

世界的に名高い経営者リカルド・セムラーが指摘するように、世の経営者たちは自社の目標を知っているとか、自分たちの商売を理解しているとか、自分たちの使命を高々と掲げるとかいったことを過大評価している。このような姿勢はマッチョで、勇ましいものでこそあれ、みずからを誤った方向へ導くものだ。支配を捨てて、自由や創造性や適応を取る勇気が、質問するリーダーには求められる。[*1]

『効果的なコミュニケーションのための5つの秘訣』(5 Secrets to Effective Communication、未訳)の著者、サンディー・チャーノフはわれわれに次のように話している。

「たいていの経営者は尋ねるのを恐れています。そんなことをしたら頼りないと思われてしまうと思い込んでいるからです」[*2]

あいにく、現代の世界ではものごとが高度に複雑化している。経験やスキルをどれだけ持っていようとも、もはやひとりの人間がすべての答えを知ることはどうやっても不可能だ。

恐れはまた別の形でもわたしたちに質問するのをためらわせる。わたしたちはときに、質問をしたら、自分の望まない答えが返ってくるのではないかという恐れを抱くことがある。自分に問題の一端があることを指摘する答えとか、期待をかけていたプロジェクトが頓挫していることを示唆する答えとかだ。まったく答えを予測できないことを質問すれば、返ってきた答えによって、自分の考えを変えざるを得なくなったり、気乗りしない行動を起こさなくてはいけなくなったりするかもしれない。うれしくないものである可能性がある情報は、知らないままでおこうとしたくなるのが人間の性《さが》だ。ゆえに、わたしたちは質問するのを避ける。脅威となる答えが返ってきそうな質問なら、なおさらだ。アルコア・リジッド・パッケージングの副社長マイク・コールマンは次のように話している。「質問できない人は、自我に問題を抱えているんです」

この恐れに惑わされないために必要なのは、いうまでもなく、勇気だ。勇気はどんな場合も行動であって、思考ではない。いくら考えても勇気は生まれない。行動することで生まれるものだ。質問することはいつも易しいとは限らない。補足説明を促すきびしい質問をしたり、徹底的な自己省察を求める質問をしたりする場合には、とりわけむずかしいだろう。リーダーは勇気を持ち、自分に忠実であり続ける必要がある。相手の肩書きや経験、性格といったものにひるんではいけない。

勇気には、現在の考え方ややり方に異を唱える（場合によってはそれを破壊する）質問であってもためらわないことも含まれる。変化を起こそうとすれば、「古い習慣や考え方を疑い、改めることを求められる。なぜならそれこそが新しいものを生み出すための条件であるからだ」[*3]。勇気が欠かせないのは、よりよい答えを探し続けるためには、つねに自分たちの従来の考えや立場を捨て去る必要があるからだ。ある答えは別の答えよりも正確であったり、適切であったり、有益であったり、道徳的であったりする。よりよい答えを見つけるという困難な作業に取り組むためには、好奇心に加えて、勇気が必要になるのだ。ピーター・ブロックが述べているように、未来を切り拓く者は孤独だ。そこには大きな責任も伴う。しかし勇気を持って質問することで未来を切り拓こうとしなければ、切り拓ける未来も切り拓けないだろう[*4]。

ときに、前提とされることや定説とされること（自分で信じていることも含め）を疑わなくてはいけない場面がある。質問するリーダーは、自分には何がわかっていないかを踏まえて、あえて挑発的な問いや刺激的な問いを投げかけることも必要だ。わたしたちは相手の議論をまっさらな心で聞くわけではない。「自分の」意見にはこだわりを持っている。自分がある程度長いあいだ持っていた意見を、ほかの人の意見を聞いたことで変えるのには、たいていは相当な勇気を必要とする。楽ではないが、批判的思考を働かせて新しい答えを試してみるよう、自分に強いなくてはならない。古い答えと新しい答えとのせめぎ合いこそが、わたしたちの成長の土台になる。

わたしたちが日々向き合っている質問は、たいていの場合、初めから答えがわかっているものばかりだ。しかし、誰も答えを知らない質問をしなくてはいけないときがある。これには勇気が要る。なぜなら、質問をし、自分ではその答えを知らないと認めるのは、一般にはリーダーに期待されている行為ではないからだ。わたしたちは「知らない」を実践する意志と勇気を持たなくてはならない。「知らない」あるいは「正しくない」リーダーにみずから進んでなろうとするべきだ。もし、厄介な答えが返ってきそうな質問をするのにためらいを感じるなら、米国防総省の本土防衛ビジネスユニットのトップ、スザンヌ・ミルクリングの次の言葉を思い出して欲しい。

「厄介ごとに見舞われるのは、質問すべきことを質問しなかったときだ」

リーダーの中には、リスクを冒せないと思い込み、質問することを恐れるせいで「行動しない→いい訳する→自分に都合のいいように相手の意見を解釈する」という悪循環にはまり込んでいる者が多い。考え抜かれた自己弁護や、あれこれの説明や見解によって、理想的な自己イメージを守ることはできる。

しかし、そのようなイメージに固執すれば、他者の視点から自分を眺められない。他者の視点を理解しようとするうえで、この視野の狭さは妨げになる。よかれと思ってやっているのに、なかなか望むような結果に結びつかないという空回りの状態にみずからを追い込んでしまうからだ。[*5]

一般的に、恐れを抱いているリーダーは、部下にばかり目を向け、もし結果が悪ければ、部下のせいにしようとする。リスクの回避に意識が集中していては、なかなか自分自身を見つめて、「ほかに自分にできることはないか」、「この事態に自分はどのように関わっているのか」といったことを深く考えようとしない。情報の欠如のせいで、そのようなリーダーは状況がわからず、周囲の人間に混乱をもたらす。そうすると周りの人間も、そんなリーダーを避けて仕事をしようとか、リーダーの目の届かないところで自分自身の目標を追求しようとかいう気を起こす。積極的にリスクを取るリーダーとは、質問すべきことを質問するリーダーのことでもある。

いつも急いでいる

組織の中でリーダーに選ばれる理由はさまざまだが、主な理由のひとつには、問題の解決で実績を上げ、結果を出す能力に長けていることがある。ここから生まれるのが、速やかに問題を解決することに過度に重点を置いた行動パターンだ。ToDoリストに次々と「済み」の印をつけていくことがめざされる。デュポンの元会長兼CEO、チャド・ホリデイはこのような性急さの中に、重役たちが質問を不得手にしている原因があると指摘している。「質問を続けるのには、自制が欠かせません。わたしたちは断定的に指示してしまいたいという大きな誘惑に駆られます。急いでいて、すぐに済ませたいときなら、なおさらです。今朝、わたしは2週間前に終わっているはずのものがまだ終わっていないことに気づきました。とっさに頭に浮かんだのは、部下に『すぐにやれ』と命じることでした」

しかし、彼はその衝動を抑えて、事情を尋ねた。「こうすることでいい結果が得られるんです」。このような自制が世のリーダーたちには不足していることが多い。

質問を使うときには、情報を共有するだけでなく、責任を共有することも大事だ。部下にするべきことを指示するのではなく、勇気を持って、何をする必要があるか尋ねること、そのうえで障害となるものがあればなんでも真剣に取り除こうとすることが、リーダーには求められる。そうすることで初めて、優れたアイデアを引き出すと同時に、部下たちに当事者意識を持たせられる。着陸の失敗に立ち会わせたかったら、離陸の場にも立ち会わせるべきだろう。

ボックス・オブ・クレヨンの創業者マイケル・スタニエはこの衝動を「アドバイス・モンスター」と名づけている。例えば、誰かがあなたに何かの話をし始めたとしよう。あなたは状況や人物について知らなくても、背景をまったく把握していなくても、10秒もすると、心の中のアドバイス・モンスターにせっつかれ始める。「ふむふむ、なるほど。ここはひとつ、わたしがアドバイスしてやらないといけないな」と。

心の中のアドバイス・モンスターがこのように喜び勇むと、たいてい次の3つの問題を引き起こす。

（1）解決すべき問題を間違える。
（2）いいアドバイスをしたと思っているのは自分だけで、実際にはそのアドバイスはほとんど役に立たない。
（3）自分は他者を助けるために、あらゆる答えを持っていなくてはならないという責任感のせいで、最終的には疲弊し、いらいらし、途方に暮れる。

スタニエによれば、この内なるアドバイス・モンスターを黙らせるには、むやみにアドバイスするのをやめて、話を聞くことと、好奇心に火をつけるような質問をすることを習慣づけるといいという。自分自身がいつも好奇心を持っていられれば、相手を救うことによってではなく、相手が自分で進むべき道を見つけるのを手助けすることによって、おのずと相手の能力を引き出せるだろう。[*6]

適切な質問をするのは、易しくはない。とりわけ自分たちが行き詰まっているときや難題と向き合っているときにはそうだ。質問をすると、余計に時間がかかることがある。新しいアイデアを求めていれば、なおさら時間がかかる。そんなことをするよりは、さっさと断定し、答えを示すほうが楽だと、ほとんどのリーダーは思っている。質問に時間をかけようとする自制心もなければ、そういう発想もない。質問をするのは、とりわけ新鮮な質問をするのは、かなり骨が折れる。しかし、経営コンサルタント、レグ・レバンスが述べているように、「無知やリスクや混乱といった状況のもとで、次に何をするべきかが誰にもわかっていないとき、新鮮な質問をすること」こそ、優れたリーダーシップの要をなす能力だ。[*7]

ニューロ・リーダーシップ・インスティチュートのCEOデイビッド・ロックは、たえず即答を求め、短時間で独創的な洞察を得ようとするリーダーたちの現状を指摘している。残念ながら、洞察はそうすぐに得られるものではない。ロックたちの調査で示されているように、創造性に溢れた洞察はせかせかした状況からは生まれない。ロックはわれわれに次のように話している。

開かれた心というのは、静かな心です。洞察には、数多くのニューロンとニューロンの結びつきが関わっています。洞察は、長く忘れていた記憶や、互いに関係のない記憶どうしの結びつきからもたらされることが少なくありません。いい換えると、洞察はより弱い、よりかすかな結びつきで成り立っているということです。脳内では何百万個ものニューロンがたえず互いに声をかけ合っているので、わたしたちは音の大きい信号しか、聞き取ることができません。ですから、外の世界に注意を向けるのでなく、自分の内面を見つめるときのほうが、洞察は得やすくなります。しばし雑事を忘れて、深い考えにゆったりと耽るときです。

わたしたちはリーダーとして解決しなくてはならない問題に出くわすと、たいがい脳を効果的に働かせるのに必要なことと正反対のことをしてしまう。すなわち、自分にプレッシャーをかけたり、カフェインを大量に摂取したり、資源を集めようとしたりしてしまうのだ。さらに悪いことに、グループでブレインストーミングを始めることもある。ブレインストー

ミングなどしたら、心の中の雑音が増えてしまうので、かえってよくない。脳内が騒がしくなって、自分の考えすらも聞き取れなくなる。部下の生産性を高めるにはどうするのが最も得策かを知らないせいで、意図せずして、年じゅう、部下の能力や創造性を低下させてしまっている。集団で考えるときには、いきなり議論せず、まずは、みんなで何が問題かをはっきりさせるといいというのが、デイビッド・ロックの考えだ。問題がはっきりしたら、少し時間を取り、単純だが退屈ではない反復的な作業を各メンバーにしばらくさせる。そうすることで、脳に無意識のうちに解決策を考えさせることができるという。ロックはコンサルティングを手がけた会社について、次のように話している。「経営者たちは洞察について正しく理解し、いくつかの実践方法を教わると、チームとともに複雑な問題を解決する能力を100〜500%も向上させられました」

リーダーはつねに熟考する能力を失ってはいけない。たとえ不確実な要素に囲まれているようなときでもだ。この能力は、スポーツの試合中、プレーに集中しながら同時に試合の全体も俯瞰している一流選手の能力と似ている。活動の中で行われる瞑想のようなものといってもいいかもしれない。『最前線のリーダーシップ――危機を乗り越える技術』(竹中平蔵監訳、ハーバード・MIT卒業生翻訳チーム訳、ファーストプレス、2007年)の著者ロナルド・ハイフェッツとマーティ・リンスキーは、大局観を持つリーダーになるためには、自分たちのもとで起こっているさまざまな現象を見渡せるよう「バルコニーに立つこと」が必要だと説いている。一時的に群集の喧噪を上から見下ろすこと、活動を続けながらも心のうちで一歩下がって、「今ここでどういうことが起こっているのか」と問うことは重要だ。[*8]

質問のスキルを持っていない

質問する能力は全員に生まれながらに備わっている能力だ。幼児のときには、言葉をしゃべれるようになる前から、声を発したり、体を動かしたりするたび、無意識のうちに2つのことを繰り返し質問している。

(1) 自分がじょうずにできていることは何か。

(2) もっとじょうずにできることは何か。

自分の考えを言葉にできるようになってからは、周りの人間に手当たりしだい質問するようになる（どれぐらい質問するのが好きかは、2歳児の親に尋ねてみるといい）。「これは何?」、「どうして?」、「どうして違うの?」、「どこ?」と。やがて、そのあまりのしつこさに親が音を上げて、もういい加減にしなさいといい始める。少し大きくなると、同じことを周りのほかの人間からもいわれるようになる。教師からも、ほかの子どもからも、親戚からも。その結果、わたしたちは質問するのをやめ、人生で最も大切なスキルを失い始める。

筆者たちはじつはふたりとも祖父である。孫たちが親から与えられたダメージを少しでもやわらげてやるのが、祖父たるわれわれのいちばんの責務だと心得ている。つまり、質問を拒まれるという体験によるダメージだ。孫に会うたび、「質問は大歓迎だ！　おじいちゃんには、なんでも聞いていいぞ」と声をかけている。すると、遠慮なく質問してくる。どうしてひげが白いのか。どうして雲は落ちてこないのか。どうしてあそこで遊んではいけないのか。孫たちはいっしょに質問を楽しんでくれるおじいちゃんの存在をやはり喜んでいるようだ。

しかし、それはともかく、世の中には質問する能力を失っている人がとても多い。単に、長いあいだ質問していないという理由のせいでだ（3歳のときに親から、もういい加減に質問するのはやめなさいといわれて以来、質問していないせいで）。学校の授業や職場の研修で、歴史やら、数学やら、コンピュータやら、多様性やら、リーダーシップやらについては何千時間もかけて教わっても、質問についてはまったく教わらない。質問するということ、とりわけ、いい質問の仕方ということは、どんな教育課程にも組み込まれていない。勤務評定でそういう能力が考慮されることもない。わたしたちは自分の質問の巧拙について、フィードバックを受けた経験もなければ、質問するリーダーの手本になる上司――質問のスキルや力や利点を身をもって示してくれる上司――が周りにいることもめったにない。

コノコフィリップスの石油元売り会社の社長、マーク・ハーパーは、マネジメントの手段として質問を使いこなせるようになるまでにはしばらく時間がかかったと話している。「最初は、なかなか思うようにいかず、困惑しました。いい質問の仕方がわからなかったんです。わたしの場合、誘導尋問のような質問をしがちでした。逆に、決定を下さなくてはいけない場面で、質問してしまうこともありました」

このハーパーの話からもわかるように、いざ質問すると、思いどおりにいかず、困惑することがある。わたしたちは往々にして、質問することで、相手を身構えさせてしまう。こちらとしてはごく素朴な質問のつもりで、「なぜそうなったのか」と尋ねても、部下は自分の怠慢を責められたかのような反応を返してくる。あるいは上司が下した決定について、悪意のない質問をして、反抗と受け取られ、上司を怒らせてしまう。いい換えると、たとえ質問をしても、あまりじょうずに質問していない、正直で友好的な反応を引き出せるような質問をしていないということだ。

質問のスキルが身についていないと、せっかくの質問もわかりにくいものや、不正確なものや、あるいは安易なものになってしまう。へたな質問はかえって話をまわりくどくし、目標の実現を妨げ、高くつく失敗を招く。マリリー・ゴールドバーグが指摘するように、リーダーがどのように質問するかしだいで、質問は「誘いとも、要請とも、あるいは攻撃とも」受け取られる。[*9] 質問は諸刃の剣であり、挑発や威嚇にもなりうる。だから使うにあたっては、十分にその使い方に習熟していなくてはならない。[*10]

いい質問をするために欠かせないスキルは2つある。

第1には、どういう質問をすべきかを知るということ。質問はすべて同じというわけではない。第2には、どのように質問するべきかを知るということ。効果的な質問の仕方については、第4章と第5章で取り上げるつもりだ。

質問がいやがられる社内文化

個人がどう振る舞うかは、環境や文化に大きく左右される。例えば、わたしの振る舞いは、教会にいるときとアメフトの試合の観戦中とではぜんぜん違う。同じ人間でも、置かれた状況が変われば、振る舞いはまったく違ったものになる。同じように、父親という立場のときと、大学時代の同級生といっしょにいるときとでも、振る舞いは違う。同じ人間でも、役割が変われば、やはり振る舞いは違ったものになる。だから、上司に質問するよりも、自分の子どもに質問するほうがはるかにしやすいという人もいるだろう。

社内文化によっては、質問することが忌避されていて、危険な場合がある。そこでは波風を立てるような質問や、誰かの面目を失わせるような質問はとりわけいやがられる。

そういう場所では、わたしたちは上司に質問するのが怖くなる。社内文化やその文化の中で期待される役割のほかに、米国人の場合には、社会学者ダニエル・ヤンケロビッチを初め、数多くの文化人類学者が指摘しているように、「せっかち」な社会の中で暮らしているという要因もある。[*11] なんらかの問題に直面すると、米国人はすぐに「どうすればいいか」と考えがちだ。深く考えたり、内省したりすることは時間の無駄だと思っている（一方で、プリンストン大学の自室でしばしば虚空を見つめていることが多かったアインシュタインのような人物も、米国では称賛されているのだが）。

また、悪い知らせを聞くのを避けようとする文化が浸透している企業も多い。シドニー・フィンケルシュタインの『名経営者が、なぜ失敗するのか？』（橋口寛監訳、酒井泰介訳、日経BP社、2004年）には次のように書かれている。「いい知らせをなんのチェックもせずに受け入れ、問題がありそうなときにだけ詳しく調べるという重役陣は少なくない。エンロンでも、ワールドコムでも、数多くのドットコム企業でも、株価が上がり続けていたおかげで、方針や現状を精査することは避けられていた」。[*12] 取締役会が質問せず、疑問を持つのを避ければ、それは社内全体に、どんなことにも疑問を持たず、おとなしくしていろという強力なメッセージを送ることになる。

新しいアイデアがなかなか出てこないのは、組織の中で確立されている従来のやり方や考え方とそれが衝突してしまうせいであることが多い。質問するリーダーに求められるのは、相手を身構えさせたり、怒らせたりすることなく、先入観の数々と向き合うことだ。当たり前になっている考え方や思い込みを浮かび上がらせて、それらが正しいものであるかどうかを検証しなくてはならない。異を唱える質問にはリスクが伴う。ときには確執も生じるし、関係が不安定にもなる。問題の根底にあるものに取り組もうとすれば、深く根づいている規範をひっくり返さなくてはいけないからだ。質問するリーダーは自信をもって、思い込みや前提に切り込んでいかなくてはならない。

フロリダ州タンパ市の市長を2期務めたパム・イオリオは、質問を使いこなし、質問の手本をも示した政治指導者のひとりだ。人口30万の都市のリーダーとして、危機管理や、政治的分断の解消といった面で優れた手腕を発揮した。退任時の支持率はなんと87％にのぼった。イオリオは市長という重責をまっとうするうえでいかに質問が役に立ったかについて、次のように話している。

初めて市長になったときには、いろいろなことができる地位に就いたことに興奮して、しゃべりすぎてしまいました。会議では、わたしばかりがありとあらゆる考えやら、案やらをまくしたて、ほかの出席者はほとんどひとことも発言しないというありさまでした。ある日、側近に問題があれば教えて欲しいと尋ねたんです。すると、こういわれました。「あなたはとても強い立場にあります。あなたがしゃべっているあいだは、ほかの人間は

自分の意見を口にできません」と。リーダーシップとは本来、聞くことなのだと、このときに気づき始めました。なかなかすぐには変われませんでしたし、いまだにときどき話しすぎてしまうこともあります。でも、今では、視点の違う人たちが集まる場に加わるときには、最初に胸のうちで「相手にとって最も重要なことは何か」と問うようにしています。

イオリオは注意深く相手の話に耳を傾けていると、「相手にとっていちばん重要なことがどこにあるのかを感じ取る」ことができたという。それが質問を考えるうえで助けになった。また交渉の可能なことと不可能なことを見きわめたり、会議が終わったときに出席者の全員が少なくとも何らかの点では満足できるようにしたりするのにも役立った。

リーダーはたえず「余白のチャンス」を探さなくてはいけない。つまり、既存の事業部のスキルとはマッチしないせいで見過ごされているが、成長をもたらす可能性がある新しい分野だ。またいわゆる「戦略的意図」、つまり具体的な企業目標や、高い目標の実現へと至るための具体的な道筋を見出す必要がある。ウォルマートでは、「正しくない」と感じることを全従業員が探して、疑問を投げかけるよう促されている。この取り組みは「ETDT(Eliminate The Dumb Things＝おかしなことは取り除け)」と呼ばれる。

リーダーシップの研究者ロナルド・ハイフェッツとマーティ・リンスキーが指摘するように、部下は上司から正しい答えを与えられることを期待している。厄介な質問をされたり、むずかしい選択を迫られたりすることは期待していない。[*13] したがって、ほんとうのリーダーシップを発揮しようとするなら、まずはリーダーらしくないことができるかどうかが問われることになる。目の前の問題に取り組むために、自分の信用と地位を危険にさらさなくてはならない。上司に対する部下たちの期待を改めさせようという気持ちがなければ、いつまでも社会の慣習に支配され、それに内在した限界を乗り越えられないだろう。どのようにチームや組織の中で質問する文化を築けばいいかについては、第6章で説明する。

質問しづらさと向き合う

これらの恐怖心や、時間的なプレッシャーや、スキルの欠如や、質問を忌避する社内文化が組み合わさった結果、多くのリーダーたちがほとんど質問をしなくなってしまっている。質問するのはせいぜい切羽詰まったときぐらいだ。しかしわれわれがインタビューしたリーダーたちの例に示されているように、そうではないリーダーもいる。

エネルギー企業コンステレーション・ジェネレーション・グループの副社長フランク・アンドラッチの場合を見てみよう。彼はわれわれに次のように話している。

仕事のあらゆる場面で、質問を使うようになりました。同僚との会話や会議の席、電話ではもちろんのこと、書類を読むときにすら使っています。質問を使うようになって以来、もっと正確にいうと、どんな会話にも注意深く耳を傾けて、情報を引き出すための質問を考えるようになって以来、より多くのことを学んだり、知ったりできるようになり、理解力が増したと、自分では感じています。加えて、会議でも会話でも、重役として口を挟むことが格段に減りました。「脳のスイッチ」を質問モードに切り替えた効果は絶大です。

―おかげでリーダーシップを大きく高めることができました。

コレクトコープの副社長ジェフ・カルーもやはり指示から質問へと切り替えたリーダーだ。

自分がこれまで教えるのではなく、命じることで、あるいは質問するのではなく、答えを与えることで部下を率いていたことに気づいたのは、リーダーシップの360度評価を受けたときでした。[…] この評価をきっかけに、わたしは部下の管理の仕方を変えました。今では、問題の解決策をこちらからは示しません。どうすれば改善できるか、ほかにどういうやり方があるかといったことを部下に質問しています。

コレクトコープは今では学校の教室のようになっています。わたしはすべての問題に答えを与える人物ではなく、部屋の隅にいるグループのまとめ役です。以前よりもチームの成長に大きく貢献している実感があります。部下たちも自信を深めています。自分たちで問題の解決策を決められるとわかっているからです。わたしはそのサポート役に徹しています。

質問するという単純な行為によって、組織に大きな変化が起こることを体験している重役は多い。例えば、ノバルティスの組織開発部長ロバート・ホフマンはわれわれに次のように話している。

質問のおかげで、社内政治の現実を以前よりもはっきりと把握でき、社内の状況や方針の重要性に気づけるようになりました。今では積極的にリスクを取って、チャンスを生み出そうとしています。従業員や、顧客や、そのほかの関係者の気持ちも、以前よりよく理解できるようになり、他者の成長ということにも強い関心を持てるようになりました。部下の能力を引き出すという方向性がいっそう強まっています。

世界的なリーダーシップコンサルティング会社カラベラの社長トム・ラフリンは、質問を取り入れることで個人的な成長を実感しているといい、次のように話している。

質問はリーダーとしてのわたしを１８０度変えました。わたしはもうすべての答えを知っている必要がありません。おかげで、考え方が変わりました。以前は、表面的な現象の解決策を探そうとすることが多かったのが、今ではほんとうの問題に取り組めるようになりました。真の問題が何であるかを見きわめられるようになったおかげで、問題をほんとうに解決する力も高まりました。

質問のおかげで、以前よりもいいコーチやいいメンターになれていると思います。質問を使うと、自分が今どこにいるのか、どこに向かうべきなのかが確かめられます。自分の感情や直感や理解をいい表すのに質問は使えます。部下からの信頼も深まりました。部下たちの表情も以前より生き生きとしています。

質問を使いこなせるようになると、自分自身が成長するだけでなく、チーム全体の成長も促せる。米国防総省の本土防衛ビジネスユニットのトップ、スザンヌ・ミルクリングは次のようにいっている。「みんなの同意を取りつけるのに質問を使い、チームの意思の統一を図っていいます。共通の理解を育んだり、プロセスのすべての段階に意識を向けさせたりするのに質問は有効です。自分自身とメンバーに問いかけることで、全員が状況についての理解を深めることができます」。ジョン・モリスは、「たえず問い続けることで、自分たちのほんとうの実力がわかり、自分たちの持っているすばらしい資源に気づけるようになるのです。また問い続けることで、自分たちが何に直面しているかもよりはっきりと見えてきて、変化を受け入れるのも、変化に対処するのもしやすくなります[*14]」と話している。

ひとことでいうなら、デュポンの元会長兼CEO、チャド・ホリデイがいっているように、「重要な問題に取り組むときは、質問を使わなくてはならない」ということだ。

本章では、質問をしづらくしている要因を掘り下げ、それらが克服可能であることを示した。多くのリーダーたちの証言もそのことを裏づけている。やればできるのだ。質問することに慣れ、どういう質問をすればいいかがわかり、質問への答えを引き出すことにもその答えに耳を傾けることにも習熟できれば、質問はわたしたちの強力なリーダーシップのツールになる。質問の技量を磨けば、質問を使って、部下の成長を助けることも、チームを築くことも、問題を解決することも、組織や職場の環境を変えることもできる。次章からは、質問がどのようにそれらのことを可能にするのかを見ていきたい。

熟考のための問い

1. 自分が質問できないのは、どういう恐れのせいか。
2. 質問するのに必要な時間をどのように作るか。
3. 質問のスキルをどのように磨くか。
4. 質問する勇気と自信をどのように身につけるか。
5. 自分であらかじめ答えがわかっていない質問もためらわずにしているか。
6. 望まない答えが返ってくるのを恐れているか。
7. 答えがわからないことがあっても、どうすればリーダーとして平気でいられるか。
8. 質問をいやがる社内文化はどのような方法で変えることができるか。
9. 質問や熟考の手本をどのように示すか。
10. ほかの人が質問することへの恐れを克服しようとするのを、どのように手伝うことができるか。

第4章　いい質問をせよ

言葉の力を十分によく知り、理解することはリーダーにとってとても重要なことだ。どういう言葉を選んで使うかには、その人の考え方が象徴的に示される。リーダーシップ論のベストセラー著者、ジェイムズ・クーゼスとバリー・ポズナーが指摘するように「言葉には、わたしたちが生み出したいと思っていることや、部下に期待していることのイメージを喚起する力がある」[*1]。組織が何をめざしているかは、リーダーが口にする質問を通じて部下に伝わる。リーダーがどういうことに最も関心があるかを示す指標となるのが質問だといっていい。質問には、自分が自分の考えをどれぐらい真剣に信じているかが表れる。

リーダーが質問するうえで何が重要かは、文脈による。つまり、その質問によって何を成し遂げたいかによる。どのような質問をするかには、どのような価値を大切にするべきかや、それにどの程度の労力を費やすべきかについての見解が示される。したがって、部下に誠実さや信頼を重んじてもらいたいなら、そのことを踏まえて質問しなくてはならない。顧客や、顧客満足度、品質、イノベーション、成長、個人の責任といったことについての関心も質問には示される。

質問は何に意識を向けるかを大きく左右する。リーダーが質問すると、部下はその答えを求めて、頭の中で探求の旅に出る。その旅は、質問がよければ、前向きで生産的なものになり、創造的な解決策や、新しい洞察や、新鮮な発想につながる。しかし質問がまずければ、後ろ向きで非生産的なものになり、自己弁護や自信喪失につながる。

能力を引き出す質問と抑圧する質問

第3章で述べたように、質問がかえって面倒を引き起こすことがあるのは、ひとつには、間違った質問、つまり相手の能力を抑圧する質問をするせいだ。能力を抑圧する質問では、相手がなぜすべきことをしなかったか、できなかったかに注意が向けられる。そういう質問は、頭ごなしに相手に責めを負わせることで、自己弁護や受け身の姿勢を引き出してしまう（リーダーが責任を逃れるために意図的にそういう質問をすることもある）。まずい質問をすれば、相手に意欲を失わせ、受け身にさせるばかりで、自発性を養うことはできない。例えば、それは次のような質問だ。

- どうして計画より遅れているのか。
- どうしてこの計画はうまくいかないのか。
- 誰が足を引っ張っているのか。
- どうしてそんなこともわからないのか。

わたしたちが何を生み出すかは、何に注意を向けるかで決まる。リーダーが能力を抑圧する質問をすれば、成功へと至る道の入り口は閉ざされてしまう。そのような質問は、部下が誤解に気づいたり、目標を達成したりするのを阻むのだ。うまくいっていない部分に着目した質問をすれば、相手は自尊心を損なわれ、問題のことでくよくよしやすくなる。いったん自己弁護を始めた部下は、自分のことを問題の一部と見なし、問題を解決するのは自分の役割ではないと考えてしまう。

一方、能力を引き出す質問は、部下に自分で考えさせ、自分で答えを見つけさせる。そこからは、結果に対して自分で責任を持とうとする意識が芽生える。そのような質問は、自分が全体にどう貢献しているかを理解するのにも役立つ。能力を引き出す質問は、前向きな姿勢や自尊心を育むと同時に、障害を取り除き、未知の可能性へと心を開かせ、発見や、創造や、革新を促す。

そうした能力を引き出す質問は、チーム内の意思の統一促進を通じて、個人にもチーム全体にも最高のパフォーマンスを発揮させる。意欲をかき立て、信頼し合える環境を築くこともできれば、部下たちに自分たちが何を望み、何を必要としているかを突き止めさせ、明確化させ、表明させることもできる。そのような質問を続ければ、部下たちは積極的にリスクを取り、連携を深め、変化を受け入れられるようになる。能力を引き出す質問がチームに活気をもたらすのは、すでに成果が出ていることや、元気づけられること、チームの支えになること、あるいはどうすれば共通の目標を明確化したり、実現したりできるかといったことに意識が向けられるからだ。また能力を引き出す質問は、どういう利点があるかに気づかせ、目標を達成するための行動も引き出す。

デイビッド・マルケは米海軍の原子力潜水艦「サンタフェ」の艦長を務めていたとき、部下がネガティブな返事をしなくてはならないような質問は避けるべきだと気がついたという。例えば、「任務は完了したか」といった質問だ。こう質問された部下は、任務を終えていなければ、「いいえ、まだ終わっていません。もう少しで終えられそうなのですが」といったような返事をせざるを得ない。そういう質問ではなく、ポジティブな返事ができる質問をすべきだと、マルケは勧めている。例えば、「任務の進捗状況を教えて欲しい」といった質問だ。これなら相手を追い詰めることがない。部下はどこまで任務が進んでいるかを話すことができる。なおかつ、自分がそれまでにやり終えたことを報告できることで、気分もよくなる。マルケの言葉を借りれば、大事なのは「相手にイエスといわせろ！」ということだ。[*2]

「どうして計画より遅れているんだ」とか、「どうしてこの計画はうまくいかないのか」といった能力を抑圧する質問をせず、リーダーは次のような質問をするべきだと、マリリー・ゴールドバーグは説いている。

- 現段階で、この計画をどのように感じているか。
- これまでに成し遂げたことの中で、いちばん満足していることは何か。
- 今後、この計画をどのように進めていきたいか。
- これらの目標の中で、いちばん達成しやすいのはどれか。最も達成するのが困難なのはどれか。

- これらの目標をすべて実現できたら、顧客に——自社に、チームに、自分に——どういう利益があるか。
- 目標を実現させるうえで、鍵を握る要素は何か。そのためにどういうサポートが必要か。[*3]

リーダーシップに関する多数の著作があるトム・ジグラーは、いみじくも次のように述べている。「正しい質問をするのが、最も肝心なことだ。あなたを正しい答えへと導いてくれるのは、正しい質問なのだから。人生は短い。間違った質問をしている暇はない」

いい質問とは

いい質問からはあらゆるすばらしい成果が生み出される。では、リーダーにとって、どういう質問がいい質問になるのか。もちろん、これにはひとつの正しい答えがあるわけではない。とはいえ、いい質問の恩恵にあずかった経験がある人なら、いい質問には次のような特徴があることに同意するだろう。

- 重要なことに関心を向けさせ、潜在的な力を引き出す。
- 深い熟考を促す。
- 長いあいだ当たり前と思われ、もっといい新しいやり方が取り入れられるのを阻んでいたことに疑問を投げかける。

・勇気と長所を引き出す。
・発想の転換につながる。
・優れた解決策への扉を開く鍵が含まれている。
・状況がよりはっきりと見えるようにする。
・心を開かせるとともに、ものごとを深く見つめさせる。
・先入観に目を向けさせ、なぜ自分がそうしているのかを考えさせる。
・前向きで、力強い行動を促す。

経営コンサルタントのレグ・レバンスが指摘しているように、「無知やリスクや混乱といった状況のもとで、次に何をするべきかが誰にもわかっていないとき」に発される「新鮮な質問」がいい質問だ。[*4] いい質問は、無私なものであり、質問者の賢さを見せつけようとか、質問者に都合のいい情報や反応を引き出そうとかいう意図を伴わない。ふつうは協力的なものであり、洞察をめざすものであり、通説に異を唱えるものだ。また、たいていは謙虚であり、分かち合いの精神にもとづいている。

質問をきっかけに、熟考や学びが深まるのがいい質問だ。好奇心にあふれたリーダーは、非公式の話し合いをうまく活用する。台本とか、議題とか、取り組みのリストとかをあらかじめ用意していない話し合いだ。それらの代わりに、「どんなことを考えているか、少し聞かせてくれないか」とか、「これを理解するのを助けてくれないか」とか、「どういうことに気をつけるべきだろうか」といった能力を引き出す質問で話し合いを始める。

コノコフィリップスの石油元売り会社の社長マーク・ハーパーは、よく次のような質問をするという。

- 実行できる代替案はあるか。
- この提案の長所と短所は何か。
- 懸念していることを詳しく聞かせてくれないか。
- 何を目標にしているか。
- 改善案はあるか。
- いつまでにどういうことをするつもりか。

質問がよいほど、有益な洞察が得られ、よりよい解決策が見つかりやすい。質問は、尋ねる相手に合わせて変えるといい。米国防総省の本土防衛ビジネスユニットを率いるスザンヌ・ミルクリングは、質問の選び方について、次のように話している。

わたしにとって最も価値があるのは、部下に自分を見つめさせ、他者からどう見えるかを考えさせる質問です。部下に「その計画はどのように進めるつもりか」と尋ねれば、ストレートな答えが返ってきます。これは直接的な質問です。このような質問では、部下になんらかのことをするよう指示ができ、質問への答えが直接的に、まっすぐに返ってきます。

理屈で考えるタイプの部下の場合には、本人にひととおり考えさせる必要があります。ですから、「ジムの案を最初に試してみるのはどうだろうか。彼はきみの仕事を円滑にしてくれるのではないだろうか」といった質問をします。そういう部下にはゆっくりと自分の理屈で考えさせ、その考えをわたしやほかの者の前で言葉にさせると、本人の中でそれまで考えたこともなかった問いが浮かんできます。理屈で考える人には、具体的な事柄に目を向けさせる必要もあります。彼らは観念的に考えますが、具体的に考える人たちを説得しなくてはいけないこともあるわけですから、具体的、直接的に考える人たちのことも理解できるようにさせなくてはいけません。

リーダーの育成を手がけるワークマターズの社長ガイル・ランツは、次のような問いがリーダー自身には必要だとアドバイスしている。

1. 最も重要なことは何か。
2. チャンスに変えることができる問題はどれか。
3. 部下は何を知る必要があるか。
4. 顧客にとっていちばん困ることは何か。
5. 新たにどのような取引先を見つけるか。
6. どうすればもっと戦略的になれるか。
7. 迅速かつ賢明な判断を下すにはどうすればいいか。

元の質問	いい換えた質問
何をするか	何をしたらよいか
誰が知っているか	知っている人はいるだろうか
何をめざすべきか	どのような結果をめざせるか
理由は何か	どういう理由が考えられるか
どこを見るべきか	どのあたりを見ればいいか

8．どのようなリーダーシップのスキルを磨くべきか（磨くことができるか）。
9．成功しているかどうかは、どのように判断すればいいか。
10．自分がいちばん恐れていることは何か。それにどう向き合うか。

多くの場合、いい質問をするのには、単純に前の質問や、前の質問への返答を踏まえて質問するのがいちばんいい。それが最も簡単で最も効果的な、いい質問をする方法だ。相手の話を注意深く聞いて、答えを限定しない自由な質問をすれば、相手はおのずと前向きになり、鋭い洞察や効果的な行動へと導かれる。

ゆるさの威力

次のふたつの質問を比べて欲しい。
（1）これを修正するために何をすべきか。
（2）これを修正するために何ができるか。

違いは何か。そう、（1）では、「べき」が使われ、（2）では「できる」が使われているのだ。チームに「何をすべきか」と尋ねれば、チームのメンバーは正しい答えを思いついてからでないと発言できないと感じるかもしれない。しかし「何ができるか」ともう少しゆるく尋ねれば、思いついたことをもっと気軽にいいやすくなる。

ゆるい尋ね方をすれば、それだけさまざまな可能性を口にしやすくなる。

効果的な質問の種類

効果的な質問とは、質問の目的を果たすと同時に、質問する人とされる人のあいだに良好な関係を築ける質問だ。いうまでもなく、リーダーは状況に応じてさまざまな質問をすることができる。個人やグループに問題の理解を深めさせたり、問題を別の角度から見させたりする質問もできれば、共通の目標を築く質問や、戦略を練るための質問、有効な対策を講じる質問もできる。質問は問題や解決策を考えさせるだけでなく、問題を解決する者どうしのあいだによりよい関係を築かせるものでもあるべきだ。

質問は開かれた質問と閉じられた質問の2種類に大きく分けられる。閉じられた質問とは、「はい」と「いいえ」のような、具体的な短い返答を求める質問だ。一方、開かれた質問では、答える側がかなり自由にどう答えるかを決められる。次のふたつの質問を比べて欲しい。質問の内容は同じだが、返ってくる答えはだいぶ違ってくるだろう。

- 売り上げはどのような状況か。
- 売り上げの目標は達成できたか。

■開かれた質問

開かれた質問は相手に考えを広げさせ、自分たちにとって重要なことや、明らかにしたいと感じることを掘り下げさせる。また、自己弁護や正当化ではなく、熟考や問題の解決を促す。「相手に視野を狭めさせず、もっと自由な返答を引き出すのに、開かれた質問はきわめて効果的です」と、世界スカウト機構のモハメド・エフェンディ・ラジャブは話している。

偏りのない開かれた質問は、相手への敬意も示せる。相手に「自分のストーリー」を自分の言葉で話すよう促すものだからだ。信頼関係を築くのにも、情報を集めるのにも、理解を深めるのにも、開かれた質問は役に立つ。開かれた質問をするときには、聞きっぱなしではなく、返答にじっくりと耳を傾けることも忘れてはならない。それには時間がかかることもあるだろうし、深く理解するために別の質問が必要になることもあるだろう。

開かれた質問は、たいていは「なぜ（why）」や「いかに（how）」という語から始められる。あるいは「~についての考えを聞かせて欲しい」といった表現が使われる。相手に分析的、批判的に考えさせるのが、開かれた質問だ。最終的には、いい開かれた質問であれば、議論が起こる。以下は、開かれた質問に使える便利なフレーズの例だ。

- ~についてどう思うか。
- ~についてもっと詳しく話してくれないか。
- どんな可能性が考えられるか。もし~なら、どういうことが起こるか。
- それをあきらめたら、何を失うことになると思うか。

・これまでにどういうことを試したか。
・次に何をしたいか。

質問の範囲の広さによっては、さらに別の質問を使って、尋ねることをもっと具体的にする必要がある。例えば、「今回の戦略計画についてどう思うか」などは、かなり範囲の広い質問なので、相手は答えるための取っかかりがなくて戸惑うかもしれない。そういう場合には、戦略計画の具体的なひとつの側面に的を絞ることで、答えやすくできる。例えば、「主にどういう障壁やチャンスが見込まれるか」といった具合だ。

■「なぜ」と尋ねる質問

開かれた質問の中で最も重要なのは、おそらく「なぜ（why）」と尋ねるタイプの質問だろう。何層にもなった原因と結果や目的と前提を深く掘り下げることができる質問だからだ。問題を解決するためには、表層の下に隠されている部分に目を向ける必要がある。リーダーと部下のどちらにとっても、この「なぜ」の質問は簡単ではなく、心理的な負荷も強い。しかし、現状に至った原因を探るためにはそういう質問が欠かせないし、また質問された側はそれによって確実に学習を深められる。

「なぜ」の質問はきわめて強力で、いろいろな目的に使える一方で、問い詰めるような響きが感じられて、相手を身構えさせてしまうことがある。質問された人間が内心でうろたえて、「何がいけなかったのだろうか」とか「自分の有能さを示すためにはどうすればいいか」

といったことを考えてしまう場合もありうる。そのような危険がある場合には、「いかに(how)」や「何(what)」の質問に切り替えるほうがいい。「なぜ」と問わずに、「どういう経緯でそのような判断に至ったのか」や「そのような選択をした理由は何か」といった問い方にしよう。

とはいえ、第三者がしたことについての「なぜ」ならば、相手を身構えさせる心配はない。または相手が関わっていない特定の状況について質問する場合も、「なぜ」を使っても、相手を警戒させることはないだろう。

そもそも「なぜ」は、きわめて自然な質問だ。子どもの頃は、誰もが年じゅう「なぜ」と質問していた。ところが成長するにつれ、「なぜ」の質問が苦手になる。自分や他人の権威、あるいは専門知識を疑うことになるからだ。「なぜ」と質問するとき、リーダーは自分の声の調子に十分気をつける必要がある。「なぜ」は好奇心や情報の探求を示すものでなければならず、怒りや不満を示すものにしてはいけない。

「なぜ」の質問の中には、熟考を促したり、斬新な視点でものごとを見させたりすることで、大きな効果をもたらすものもある。「なぜ、そう考えるのか」や「なぜこれはうまくいったのか」といった質問は、古くからある問題を新しい観点から考えさせるのに役立つ。

トヨタでは、社員が「なぜ」を5回繰り返すことで、考えを深めている。これは因果関係を把握しようとする思考法の一種だ。「なぜ」と問い、原因がわかったら、さらにその原因にも「なぜ」と問う。それを5回繰り返す。その5回を通じて、具体的に原因を突き止めることができる。この5回の「なぜ」は、問題を解決するのにきわめて有効な方法だ。

デュポンの元会長兼CEO、チャド・ホリデイもトヨタのこの手法に通じる話をしている。「核となる『なぜ』を突き止めるには、『なぜ』を3回は繰り返す必要があると思うんです。『なぜ』を繰り返すことには絶大な効果があります。たいていの人は、最初の『なぜ』には浅い答えを返します。例えば、安全はとても重要で、すべてとはいわずとも、大半のけがは避けうるものだとわたしたちは考えています。誰かが機械で指をけがしたとしましょう。その場合、けがをしたのはなぜかと問います。その問いに、指を機械に突っ込んだからという答えが返ってくれば、突っ込んだのはなぜかと問います。その問いに、機械が故障したからという答えが返ってくれば、さらに、故障したのはなぜかと問います。そうすると、定期的にメンテナンスをしていなかったからだとわかります」

■さまざまな開かれた質問

開かれた質問にはいくつもの種類があり、さまざまな場面で使われている。以下に、開かれた質問の具体的な例をいくつか紹介しよう。

- 新しい地平を切り拓いて、洞察をもたらし、これまでと異なった角度から探求させる質問。例：まだ探っていないことは何か。どのような情報源が役に立ちそうか。
- メンバー間で問題についての思いを共有し合う、気持ちに関する質問。例：この仕事を辞めることをどう思うか。

・さらなる熟考や説明を促す質問。例：あなたは上司に難点があるといっている。その難点の原因は何だと思うか。

・特定の問題について深く掘り下げ、徹底的に分析したり、きびしく問いただしたりする質問。これは情報を得るためだけでなく、相手の視野を広げさせるのにも役立つ。「描写する」、「説明する」、「明らかにする」、「詳しく話す」といった言葉を使うことで、より深く、より広く、問題に切り込める。例：これが起こった原因について、詳しく話してもらえるか。

・基本的な前提を疑う新鮮な質問。例：ほんとうに〜でなくてはいけないのか。いつもしていることは何か。これは今までに試したか。

・つながりを見出し、全体を把握する質問。例：これらの行動からはどういう結果が生まれたか。

・症状ではなく、原因を突き止める分析的な質問。例：なぜこれは起こったのか。

・状況を明確にし、あいまいさをなくす質問。ただしこの質問は場合によってはしづらいこともある。例：それは具体的にどういう意味か。具体的にそれはどのように実現できるか。状況についてもっと詳しく説明してもらえるか。

しつこく質問するのは、攻撃と受け取られることが多いが、必ずしもそうなるとは限らない。スザンヌ・ミルクリングは次のように話している。「部下にしつこく質問するのは、部下がいいところを見せたいと思っているからでもあり、わたしが部下のいいところを見たいと思っているからでもあります。部下に自分で学んで欲しいというのが、質問するときのわたしの気持ちです」。部下がいいところを見せるのに、しつこく質問することがどのように役立つのかとわたしが尋ねると、彼女は次のように答えた。「部下がへまをするのは、思いもよらない質問をされていないからです」

■開かれた質問の使い方

開かれた質問は、内容面の問題にも、手法面の問題にも使える。この2つの問題についての質問は、役割が違う。クイン・スピッツァーとロン・エバンスはそれらを次のように区別している。問題解決や意思決定のためのデータについて問うのが内容の質問、どのように問題を解決するか、またはどのように意思決定するかに着目するのが、手法の質問である、と。どちらもいい問題解決や意思決定のためには欠かせない。[*5]

たいていのリーダーは内容の質問を多用している。意識せずとも思いつくものだからだ。一方、手法の質問をするためには、意識してそうする必要がある。適切な手法の質問から始めれば、相手は洞察を促され、自分の考えを正確に説明するのに適した言葉を見つけやすくなる。逆に、内容の質問から始めると、相手の答えを方向づけてしまい、答えの幅を狭めてしまう恐れがある。したがって、手法の質問から始めて、そのうえで内容の質問をするのがいい。

リーダーによっては、開かれた質問をすることにためらいを感じることがある。開かれた質問をすると、返答者によってやりとりが別の場所へと導かれることがあるからだ。いい換えるなら、開かれた質問においては、答える側にやりとりを方向づける力が与えられるということだ。主導権を握りたいリーダーは、開かれた質問より閉じられた質問を使いたがる。閉じられた質問では、短い答えしか求められず、質問する側が話題や次の質問を決められるからだ。閉じられた質問は習慣化していることもある。しかし開かれた質問ができるようになれば、部下が自分でじっくりと考えて、いいたいことをいえるようになるので、組織全体に大きな恩恵がもたらされる。部下が何を考えているかや、部下の立場ではどのように感じられるかが、開かれた質問への答えからは見えてくる。

リーダーはどんどん開かれた質問をするべきだ。「なぜ」や「いかに」を尋ねる開かれた質問は相手に考えさせ、話させることができる。こちらが驚くほど、多くの話を引き出せるだろう。そのうえ、こちらはただ話を聴くだけでも、相手は自分の考えを尊重してもらえたと感じて、満足を覚える。豊かな返答につながりやすい開かれた質問には、例えば次のようなものがある。

- ほかにどういう選択肢が考えられるか。
- まだ利用したことのない手段は何か。
- それをしたらどういうことが起こると予想されるか。
- もし何もしなかったら、どういう事態になるか。
- ほかにどういう選択肢を持っているか。
- 何がわたしたちの行動を阻んでいるのか。

・もっと詳しく聞かせてくれないか。
・どのように答えを見つけたらいいだろうか。
・～の場合、どうなるだろうか。
・～のことはこれまでに考えたことがあるだろうか。
・今週の最大の成果は何か。

■閉じられた質問

閉じられた質問は、具体的な答えを求める質問だ。「はい」か「いいえ」を答えさせる質問のほか、限られた選択肢の中からひとつを選ばせるような質問も含まれる。「何（what）」、「いつ（when）」、「いくつ（how many）」が問われたり、賛否が尋ねられたりすることが多い。例えば、次のようなものがそうだ。

・何人が影響を受けるか。
・この決定に賛成か。
・いつ会うか。
・それはいつか。
・プランAとプランBのどちらがいいか。

前に述べたとおり、開かれた質問では、可能性や気持ちや理由・原因が探られることが多い。それに対し、閉じられた質問では、「何」、「いつ」、「どこ（where）」などに焦点が当てられる。具体的な返答を求める質問なので、たいていはすばやく、短い答えが返される。

閉じられた質問が役に立つのは、会話の最初と最後だ。会話を始めるときに、簡単な閉じられた質問をすると、相手は返答がしやすいし、自分のことを過度に明かさずにすむ。例えば、会話の最初には、「少し話したいのだが、今、時間はあるか」といったような閉じられた質問をすることができるだろう。会話を締めくくるにあたっては、閉じられた質問をすることで、話し合った内容や今後の方針を確認し合える。販売員は最後によく次のような閉じられた質問を使って、契約を取りつけようとする。「今、サインをいただければ、明日にもお届けできるのですが、いかがでしょうか」

相手のいっていることが要領を得ない場合にも、適切な閉じられた質問を使えば、すぐに状況をはっきりさせられる。先に述べたように、開かれた質問を使うことでもはっきりさせられるが、閉じられた質問を使うほうがたいていは手っ取り早い。「もっと早く進めるべきだといっているように聞こえるが、そのように受け取っていいか」とか、「このプロジェクトのメンバーから外して欲しいということか」といった質問だ。そのような質問をすることで、開かれた質問によって始められた話し合いを地に足の着いたものにし、あいまいさを取り除き、グループを前進させられる。

もちろん、それらの質問はすべてさらに質問を重ねることでフォローアップできる。フォローアップの質問の効果は、最初の質問以上に大きい。なぜなら、それによって状況についての理解を深められ、なおかつ、相手にこちらが注意深く聞いていることを示すこともできるからだ。また、前に少し触れたダブルループ学習やトリプルループ学習にもつながる。

リーダーがすべきではない質問

能力を抑圧する質問のほかに、リーダーがすべきではない質問が2種類ある。それは相手にこちらの意図する返答を強いたり、促したりする「誘導的な質問」(例えば「自分ひとりの判断でそれをやったということなのだね」のような)と、いくつもの質問を連ねて、相手を惑わし、最終的にこちらの要望が満たされるようにする「雑多な質問」の2種類だ。

誘導的な質問には、質問の中に答えが含まれる場合(「ジョンに責任があることには同意するね」)と、どういう返答が期待されているかを示唆する言葉がつけ足される場合(「ジョンについてはどう思う。わたしには彼がチームプレーをしているとは思えないのだが」)、期待される返答を促すなんらかの飴や鞭が含まれる場合(「ほかの全員がジョンに問題があると考えている。きみはどう思う」)がある。

誘導的な質問がよくないのは、それがほんとうに情報を知りたくて口にされるものではなくて、相手を従わせよう、説得しよう、強要しようという意図がほとんどむきだしになったものだからだ。質問の形をしているが、実際にはまったく質問ではない。質問する側とされる側のあいだに力関係がある場合、誘導的な質問は疎外や無力化といった効果をもたらす。たとえ両者のあいだに力の不均衡がなくても、誘導的な質問をすれば、関係は損なわれる。

雑多な質問は、尋問されているような気持ちを質問された側に抱かせることがある。特に閉じられた質問が使われる場合にはそうだ。このような質問をされた者の心には、質問した人間に対し、もっぱら個人的な思惑から尋ねているのではないか、ほかの人の幸福とか意見とかに関心はないのではないかという――たいていは正しい――疑念が芽生える。

いい質問の見つけ方

アルベルト・アインシュタインは偉大な科学者であると同時に、おそらく史上最も偉大な問い手でもあった。次のような言葉を残している。「何より重要なのは、問うことをやめないことです。好奇心には、それ自体に存在理由があります[*6]」。アインシュタインは、問うことの大切さをよく知っていて、あるときには次のようにも述べた。もし問題に取り組める時間が1時間あったら、最初の59分間はいい問いを立てることに費やす、と。アインシュタインが質量と速度とエネルギーの関係について立てた問いは、のちに $E=mc^2$ という史上最大の発見につながった。

アインシュタインは物理学者としてだけでなく、じつはバイオリニストとしても一流で、子どもたちにバイオリンを教えていた。あるとき、同僚から、どうして子どもにバイオリンを教えたりなどして、時間を「むだに」しているのだと、尋ねられたことがあった。そんな時間があったら、研究に使ったほうがいいではないか、と。アインシュタインはこれに次のように答えた。「時間はむだにしていないんだよ。わたしが子どもたちにバイオリンを教えるのが好きなのは、子どもたちがすごくすばらしい質問をしてくれるからなんだ!」。またアインシュタインは、自分が新鮮な問いを立てられるのは、子どものように問うことができるからだとも、しばしば述べている。

マスタープランニング・グループ・インターナショナルの創業者で社長のボブ・ビールは、これまでに5000人以上の重役のメンターを務めてきた。ビールがよく使う質問は次の7つだという。

1. 理想についての質問。例：長期的には、何を理想と考えているか。
2. すばやく大局を摑ませるための質問。例：今後90日で、50％の改善をもたらす計測可能な取り組みを3つ行えるとしたら、何をするか。
3. すばやく来年に意識を向けさせる質問。例：来年、計測可能な目標をひとつだけ達成できるとしたら、何に取り組むか。
4. 生涯の夢を見つけさせる質問。例：あなたの一生でいちばん大きなことを成し遂げるため、どのような計画を立てるか。
5. 相手を成長させるための質問。例：得意なことの中で、あなたのいちばんの強みになることは何か。最も得意なことは何か。
6. 友人の相談に乗るように悩みを聞く質問。例：きょう、気が重いことは何かあるか。
7. キャリアカウンセリングの質問。例：なんでもしたいことができると仮定して、時間もお金もスタッフも必要な教育もすべて揃っていて、絶対に成功するとわかっていたら、何をするか。[*7]

最初からいい質問ができるリーダーはいない。いかにしていい質問を見つけるかは、すべてのリーダーの課題だ。そのための試行錯誤に終わりはない。「学習する組織」の理論で知られるピーター・センゲは、いい質問をするためにはどういうことに目を向ければいいかについて、次のように説いている。

- 状況を把握する——より大きな文脈を感じ取って、現在のビジネス環境を広範囲に見渡すとともに、その輪郭を摑む。状況の悪化や好転の兆しに注意する。
- 核となる問いを見つける——問いを分類して、問いどうしのあいだにどういう関係があるかを考える。隠された深いテーマを突き止める。
- どういうことが可能かを思い描く——「大きな問い」への答えが見つかったら、どのような状況が生まれるかを考える。できる限りくっきりと、どういうことが可能かを思い描く。
- 実行可能な戦略を練る——実行可能な戦略は、切実な問いへの答えと、その問いから喚起された展望から生まれる。*8

本書では、リーダーたちが実際にさまざまな目的で使ったすばらしい質問の数々を随所で紹介している。ぜひそれらも参考にして欲しい。次章では、そのような質問を最も効果的に使うにはどうすればいいかを考えたい。

熟考のための問い

1. いい質問をするにはどうすればよいか。
2. 可能なことのイメージはどのように描くことができるか。
3. 自分が質問を使って何を成し遂げたいのかを理解しているか。
4. 部下の能力を引き出すために、どのような質問をすることができるか。
5. 能力を抑圧する質問をもっとポジティブな質問に変えるにはどうすればいいか。
6. もっと多くの開かれた質問をするためにはどうしたらいいか。
7. 自分が最もよく使っているのは、どういう種類の開かれた質問か。最も使っていないのは、どういう種類の開かれた質問か。
8. 相手にとって何がいちばん重要であるかを理解するため、どういう質問をすればいいか。
9. 自分が閉じられた質問を使うのは、いつがいちばんいいか。
10. 自分の周りの人々の成功を手助けするには、どういう質問を使えばいいか。

第5章　質問の技法

質問の技法に熟達したリーダーは、目覚ましい成果を上げられる。よくない質問をすれば、必要な情報を得られないのは確かだが、いい質問をするためにどれだけの努力をしても、質問の仕方がまずかったら、せっかくのいい質問も台無しになる。態度、考え方、頻度、タイミング、環境、文脈といったことがすべて、質問の効果に影響する。いかに適切なときに、適切な仕方で、適切な相手に質問するかは、質問の中身と同じぐらい重要だ。いい質問をほんとうに活かすためには、質問の技法をマスターすることが欠かせない。

学習型vs判定型――質問するときのマインドセット

マリリー・アダムスが指摘するように、どのようなマインドセット（思考のパターン）を持つかによって、世界の見え方は違ってくる。何を自分の限界と感じるかも、自分にはどういう可能性があると感じるかも、マインドセットに左右される。マインドセットはわたしたちの行動の幅を定め、目に見える形でも見えない形でも、あらゆる領域で結果に影響を及ぼしている。自分自身や他者にどういうことを問うかを決めるのも、マインドセットだ。さらに、自分自身や他者をどのように観察し、理解し、受け入れるかも、個人のマインドセットによって決まる。[*1]

アダムスによれば、質問するときのマインドセットには学習型と判定型の2種類があるという。学習型のマインドセットを持った質問者は、自分の置かれた状況に積極的に対処しようとする。学習しようという意識があるとき、わたしたちは未来の行動を決める指針として、過去の出来事を理解しようとする。学習型のマインドセットを持ったリーダーはたいてい楽観的であり、新しい可能性や、有望な将来や、十分な資源といったことを前提にものを考える。その振る舞いは楽観や、可能性や、希望に満ちており、周りにもいい感化を及ぼす。

一方、判定型のマインドセットは、受動的だ。判定型のマインドセットを持ったリーダーは、過去に意識が向きがちで、過去の出来事を学習につなげようとせず、誰かを称賛したり、あるいは——こちらのほうが多いが——責めたりするための材料に使う。判定しようという意識が強いと、他者と協力して解決策を見出すよりも、問題の責任を誰かに帰することに関心が向きやすい。判定のための質問は、勝者と敗者を生み出し、往々にして、攻撃するか守るかという思考に人を陥らせる。また、すでに自分は答えを知っていると思い込んでいることが多いのも、判定型の考え方をするリーダーの特徴だ。

判定よりも学習しようという意識を持ったリーダーは、柔軟に考えることができ、つねに双方が満足できるように心がけて話をする。双方が満足できるときにこそ、創造的な解決策は生まれやすくなる。そのようなリーダーのもとでは、協力的で、独創的な関係が築かれやすい。学習型のマインドセットを持ったリーダーは、判定型のリーダーよりも、新しいことを積極的に受け入れるし、自分の意見にも固執しない。自分は正しくなくてはならないという窮屈な考えもない。

「質問するときは、柔和さを心がけるのが大切です」と、アルコア・リジッド・パッケージングの副社長マイク・コールマンはいう。「責めるような口調にならずに、原因を探るということです。確実に根本的な原因を見つけられるところが、質問するという手段の長所だとわたしは確信しています。質問の仕方にはとても気を遣います。すでにこちらの考えは決まっているとか、相手を攻撃しようとしているとか、計画を阻もうとしているとかいったことを、自分の表情や仕草から感じ取られてはいけません。そのようなことが感じられる態度を示してしまったら、十分な返答、あるいは完全な返答は得られなくなります。相手は面倒に巻き込まれるとか、愚か者と思われるとかいったことを心配し始めて、質問そのものへの受け答えに集中できなくなるでしょう」

マリリー・アダムスによれば、マイク・コールマンの事例に見られるこの学習型のマインドセットは計り知れない効果をもたらし、難局の打開や大変革にもつながるものだという。場合によっては、学習型のマインドセットを保つのはたやすくないこともあるが、その見返りは大きいし、関わるすべての人が恩恵に浴せる。学習型のマインドセットは、客観的な思考、創造的な解決策、ウィンウィンの関係につながる。このマインドセットを持ったリーダーは、本物の質問をする。つまり、あらかじめ答えを知らない質問だ。マイク・コールマンは次のようにも話している。「間違った質問の使い方をしているリーダーが多いように思えます。わたしが質問を使うのは、知識を得るためか、教えるためです。すでに知っていることは尋ねませんし、相手を困らせるために質問することもありません。そんなことをすれば、質問の目的が損なわれてしまいます」

一方、判定することが習慣づいているリーダーのもとでは、部下たちは受け身になる。たえず判定におびえ、力不足と見なされるのではないかと心配しながら仕事をしているからだ。そのようなおびえがあると、ミスをしても隠そうとし、自分の行為を正当化しようとする。助けを求めようともせず、自分の弱点を極力さらすまいとする。これらは悪循環を招く。

130〜131頁の表には、学習型と判定型のマインドセットのそれぞれの特徴とそれに伴って生じる部下との関係をまとめた。両者の違いは、質問のスタイルや中身の違いとなって現れる。

学習型のマインドセットを持ったリーダーがする質問として、アダムスは次のような例をあげている。

- これにはどういうよさや利点があるか。
- これによってどういうことが可能になるか。
- これに関して、わたしたちに何ができるか。
- どうすれば順調に進められるか。
- このことから何を学べるか。

以下はそれとは対照的な、判定型のリーダーがする質問の例だ。

- なぜ失敗したのか。
- どうしてこんなことをしているのか。
- 責任は誰にあるのか。
- なぜうまくやれないのか。

努めて学習型のマインドセットを心がけることで、新しいことを受け入れやすくなり、同時により効果的に質問できるようになる。学ぼうという姿勢があることや、新しい情報や洞察を得たいという気持ちがあることが周りの人間に伝われば、こちらの質問にもっと率直に、真剣に答えてもらいやすくなる。その結果、情報やアイデアの流れがよくなれば、問題解決力も、チームワークも、イノベーションを起こす力も強化されるだろう。

学習型のマインドセットを選ぶ

プレッシャーの大きいビジネス環境で判定型のマインドセットを捨て去るのはむずかしいこともある。そもそも経営者は結果への責任を負っている。従業員にやるべきことを確実にやらせなくてはならない。望んだ結果が得られなかったり、状況が悪化したりすれば、何が、なぜ、起こっているのかを突き止める必要がある。しかし「何が」と「なぜ」を突き止めるのは、「誰が」を突き止めることではないことに気をつけなくてはいけない。実際、有能な

判定型マインドセットと学習型マインドセットの特徴

考え方

判定型	学習型
批判的（自分自身にも、他者にも）	受容的（自分自身にも、他者にも）
受動的、反射	能動的、熟考
知っていると思っている	知らないことを大切にする
責める	責任を持つ
融通が利かない	柔軟で適応力がある
二者択一の発想	両方を活かす発想
独善的	探求的
自分の視点だけ	他者の視点からも考える
前提を守る	前提を疑う
断定や意見が多い	好奇心が強く、質問が多い
可能性は有限と考える	可能性は無限と考える
基本的な姿勢は、保身	基本的な姿勢は、好奇

誰もが両方のマインドセットを持っており、どんな場面でも
自分でどちらかを選択できる

リーダーは、「何が」と「なぜ」の質問に正確な答えを得ようとする場面では、「誰が」の質問は控えるべきであることを知っている。どうしても「誰が」を問題にしなくてはならないときでも、判定する上司としてではなく、協力的なコーチとして、問題に取り組むのが最善だと、心得ている。

コーチング（指導）は、指図とは正反対のものだ。ああしろこうしろというのではなく、巧みに質問を重ねることで、部下が自分で問題について考え、自分で解決策を見出せるよう手助けする。いっしょに答えを見つけようとするリーダーの協力的な態度は、部下とのあいだに信頼関係を築くのに役立つ。また部下から支持を得やす

部下との関係

判定型	学習型
勝者と敗者の関係	ウィンウィンの関係
別々という感覚	つながっているという感覚
違いを恐れる	違いを大切にする
論争	対話
非難	検討
知ろうとするのは ●正しいか、間違っているか ●賛成か、反対か ●違い	知ろうとするのは ●事実 ●考え ●共通点
意見を反抗と見なす	意見を奨励する
努めてしようとするのは、攻撃か防御	努めてしようとするのは、解決や創造

誰もが両方のマインドセットを持っており、どんな場面でも
自分でどちらかを選択できる

出典：マリリー・G・アダムス『〈増補改訂版〉すべては「前向き質問」でうまくいく――質問思考の技術』（鈴木義幸監修、中西真雄美訳、ディスカヴァー・トゥエンティワン、2024年）を参考にして作成

くもする。コーチは部下に自分の強みを理解させ、盲点に気づかせる。部下が自分で状況判断したときには考えていなかった別の可能性や選択肢を提示してやることができる。そのようなリーダーは部下の話に注意深く、じっくりと耳を傾ける。とりわけそれが自分には好ましく思えなかったり、賛成できなかったりする話のときにはいっそう真剣に聞く。新しいデータを見せられれば、ためらわずに自分の意見を保留する。

そういうリーダーには、有益な質問をしよう、公平な心でそうしようという態度や性向が身についている。その関心は誰が正しいかには向けられない。誰が最初によりよい解決策を見つけたかは重要

ではない。大事なのは、よりよい解決策を探すことだ。あなたが部下に対して、自分はパートナーとしてこの探す作業に携わるつもりであり、この作業はみんなを豊かにすることをめざすものであるということを振る舞いによって示せば、部下はあなたの質問を互いにとって必要不可欠な手段だと考えるようになるだろう。

製薬会社アボット・ラボラトリーズで薬事事業のグローバル統括責任者を務めるスー・ウィットは、上司と部下という堅苦しい関係をやわらげ、コーチとして部下と接するためにどのように質問を活用したかを話している。

質問をうまく使うことで、地位の力がもたらすネガティブな影響を軽減できました。わたしは部下からものすごく多くのエネルギーをもらっていました。それは質問を使って、彼らにわたしの地位を忘れてもらうことができたからです。質問は、対話を生みます。プロジェクトが当初の計画からずれてしまったとき、わたしは部下に、そのような選択をした理由を考えるよう促しました。すると部下たちは自分でいろいろと考え、話してくれました。

わたしがよく尋ねたのは、「なぜこの方法を選んだのか。それは目標の達成にどのようにつながるのか」ということです。「誰」や「いつ」の質問より、（単純ながら効果的な）「なぜ」と「何」の質問を頻繁にすることで、彼らが舵を取るのを効果的に手助けできました。「誰」や「いつ」については、こちらからある程度、答えを与えられますが、「なぜ」と「何」の答えはこちらから与えることはできません。

コーチングを実践し、学習型のマインドセットを選ぶうえでは、次のようなことを心がけるといい。

- 対応するときに、相手の考えや、気持ちや、現状に判定を下さない。
- どんなに経験を積んでいても、あえて自分を初心者と見なす。
- 自分の公式の役割（職位）ばかりを考えず（そうすると自己防衛的な態度を取ってしまいやすい）、観察者、研究者、あるいは記者の役割を担う。
- さまざまな視点、特に相手の視点から、状況を眺めてみる。
- 双方が満足できる解決策を探す。
- 自分にも相手にも寛容になる。
- 明確化するための質問をする。
- 変化を当たり前のものとして受け入れる。

質問の仕方

質問の仕方で考えなくてはならないのは、適切な言葉を選ぶことだけではない。質問はそれを取り囲む文脈全体によってなされるものだからだ。じつは、質問の仕方で最も重要な点については、すでに論じている。それは判定を下すためではなく、学習プロセスの一環として質問するということだ。質問する意図が学習にあることをはっきりと相手に示せれば、それだけでもう、その質問によって有益な返答を引き出せることは約束されている。

逆に、批判的な態度で質問すれば、どれだけ前置きに言葉を費やしても、どれだけ言い方を工夫しても、態度から伝わるメッセージを消し去ることはできないだろう。ヘルスケア・エグゼクティブ・パートナーズのデイビッド・スマイクは、次のように話している。「質問の仕方が適切なら、質問者は自分たちのやろうとしていることにいちいち口を出すじゃまな存在とは見なされず、自分たちの成功を支えるチームの一員と思ってもらえます」

本気で学ぼうと思っていても、昔からのくせは容易にはなくならない。自分の質問そのものを問い、それがほんとうに望ましいものになっているかどうか、確かめる必要がある。質問には得てして自分の価値観や好みや偏見がにじみ出てしまうものだ。自分の質問のくせを自覚し、分析し、改めるという態度とスキルを身につける必要がある。質問をする前に、心の中で、相手の視点からその質問を見直して、それが相手の助けになるかどうか、少し考えてみるといい。もしその質問が相手にどのように受け止められるかがわからなければ、正直にそういおう。例えば、「じつは、どういうふうに質問したらいいか、わからないのだが——」と切り出してもいいだろう。むずかしい質問をするときには、そうすることで、質問の仕方が招く緊張をやわらげられる。

地位の力が働く組織環境では、質問をするのが犯人捜しのためではないことも、あらかじめ十分に明確にしておくべきだ。例えば、なんらかの事故が発生した場合、いきなり「なぜこういうことが起こったのか」と質問せず、次のような前置きをするほうがいい。「どんな事故も必ず分析して、原因を探ることが大切だ。そうすることで似たような事故の再発を防げる」と。そのように質問の枠組みを示してからなら、つまり未来を見すえた質問であることを示してからなら、（過去や責任ではなく）事故の再発防止に焦点を当てて、「なぜこういうことが起こったのか」と尋ねることができる。そうした質問の仕方をすれば、率直な答えが返ってきやすく、ひいては有益な情報を得やすくなる。

前向きな質問をする

リーダーの質問の仕方として最も望ましいのは、前向きな質問をすることだ。これにはデイビッド・クーパーライダーが提唱する「アプリシエイティブ・インクワイアリー（ＡＩ）」を使うという方法がある。[*2] ＡＩとは、「人間というシステムを最もよく機能させるためにはどうすればいいかを探求する営み」と説明される。[*3] 長所や、成功や、価値や、希望や、夢について質問したり、対話したりすること自体に、質問する側にも、質問される側にも変革を起こす力があるというのが、個人や組織を変革するための手法であるＡＩの土台をなしている考えだ。ＡＩにおいては、質問を使って、肯定と理解にもとづいた双方向のやりとりがなされる。

だから賢明なリーダーは、何が悪かったかを問うのではなく、何がうまくいったか、ほかにどういうやり方がありうるか、どうすればもっとよくできるかを問う。これによりチームは、何がないかよりも、何ができるかを探るよう導かれる。不満や憤りではなく、改善や継続的な学習に意識を向けることができるのだ。リーダーが寛容で前向きであれば、それだけ多様で斬新な答えが返ってきやすい。

30年以上ビジネスリーダーに助言をしているイアン・クーパーは、相手を褒め、良好な関係を築ける質問の重要性を強調している。本心から出た褒め言葉は、どんなときにも相手を喜ばせ、それが誠実でその場にふさわしいものである限り、良好な関係を築くための強力なツールになるのだ。例えば、それは次のような質問だ。「みんながきみの働きぶりに感心しているのは知っているか」。「きょうの商談では、お手柄だったね。きみのおかげで話がまとまったのに気づいていたかい」。「どこであんなことを学んだんだ。すばらしいのひとことに尽きるよ」。もちろん、質問という形を取らずに、ストレートに褒めることもできる。しかし、質問にすれば、相手から返事を引き出すことができ、そこから必然的にポジティブな会話が生まれる。たとえ相手が照れくさそうな表情を見せても、そのようなやりとりにはたいていは誰もがいい気分にさせられるものだ。[*4]

質問されたとき、わたしたちは何を尋ねられたのかを自分で判断して、即座に答えることが多い。それが的外れな答えであっても、相手は失礼になるのを恐れて、なかなか「そういうことを尋ねたのではない」とは言い出せない。質問がわかりにくいときには、素直にその旨を伝えて、詳しく説明してもらうのがやはりいちばんいいようだというのが、筆者たちの結論だ。

質問のタイミング

質問するのに最適な頃合いを見計らうには、熟練を要する。質問するのは早すぎても、遅すぎてもいけない。早すぎれば、まだ個人やグループに経験が足りず、有益な返答をするのに必要なデータが十分に蓄えられていない。したがって質問をしても、理解を深めることができない。逆に遅すぎれば、学ぶチャンスを逸し、メンバーたちも努力しているのになかなか進展がないことに不満を募らせる。最適な質問のタイミングを見きわめられるようになるには経験が必要だ。経験を積むにつれ、勘所が摑め、自信を持って判断できるようになるだろう。

質問の手順

特別な手順を踏まなくても、質問はできるものだし、実際、たいていはわざわざ特別な手順が踏まれることはない。会話の最中に、ふとどちらかが思いついて質問し、相手がその質問に答え、また会話が続けられるというのがふつうのパターンだろう。しかしむずかしい問題に取り組まなくてはならず、あらかじめ段取りを決めたい場合には、次のような手順を踏むといいだろう。

（1）緊張をほぐし、会話を始める。
（2）話したい内容について説明し、質問のための下準備をする。
（3）質問する。
（4）返答に注意深く耳を傾ける。
（5）対処する。

これらの中で最後の「対処する」は特に重要だ。

■会話を始める

まずは当たり障りのない質問で相手の緊張をほぐし、話の糸口を摑む。第4章で述べたように、簡単な閉じられた質問（「少し話したいのだが、今、時間はあるか」など）がここでは役に立つことが多い。相手を打ち解けさせるのに、答えやすい開かれた質問（「きょうの調子はどうだい」など）を使うこともできる。親しみのこもった口調を保ちながら、質問の下準備へと進む。

■質問の下準備

質問に先だって、今回する話の背景や事情を説明する。ここで主に話すのは自分自身のことであり、相手のことではない。前にも述べたとおり、自由で率直な答えや、開かれたやりとりを引き出すためには、判定型のマインドセットではなく、学習しようという意識を持ち、未来の行動を決める指針として、過去の出来事を理解しようとする学習型のマインドセットが不可欠だ。

話をするのはあくまで学習のためであって、判定のためではないことを、この段階ではっきりと伝える。心を開いて、いくらか自分の胸の内をさらけ出すとうまくいくことが多い。例えば、「売り上げが期待したほど伸びていないのが、いささか心配なんだ」とか、「今、取り組んでいるこの新しい計画には、ほんとうにわくわくしている」といった具合だ。ポイントは、相手にこちらの立ち位置を知らせる点にある。もし気がかりな問題があるなら、その問題を自分が見たとおりに、できるだけ客観的に説明する。次の段階に進む前に、その説明に対する相手の意見や感想も聞かせてもらう。もし新しい案を出して欲しいなら、そう伝える。

相手との今回のやりとりから自分がどういう成果を期待しているかを説明するのも、質問の下準備のひとつの方法になる。例えば、それは次のようにいうことができるだろう。

- このような問題が発生した原因について、理解を深めたいと思っている。
- 新商品が顧客のあいだでどのように受け止められているかをもっとよく知りたい。
- わたしが立てた今回の計画について、きみがどう感じているかを知りたい。

あなたの目的が判定ではなく学習にある限り、目的をはっきりと述べても、相手を怖がらせることはないだろう。いい質問をするために大切なのは、ジェイムズ・クーゼスとバリー・ポズナーによれば、自分の質問の中にどういう「探求」が含まれているかを考えることだという。あなたは相手に何を考えさせたいのか。あなたは何を学習したいのか。探求のマインドセットを持つと、相手のことを気にかけていることを示すことができる。昔からよくいわれるように、あなたに気にかけてもらっていなければ、相手はあなたにどれだけ知識があるかなど、気にかけない。[*5]

このときに支援や助言をすることばかり考えるのはよくない。そういう態度はかえって反発や依存、受け身の姿勢を招いてしまいやすい。いずれも望ましくない反応だ。どうしてうまくいっていないのかに焦点を当てるのではなく、どうすれば目標を実現できるかをいっしょに考えるという態度を心がけたい。

J・T・ディロンは名著『質問と教育』（Questioning and Teaching、未訳）の中で、自分がその答えに何を求めているかを発見することによって、自分の目的についての問いに答えることができると述べている。「自分はなぜその情報を必要としているのか。わたしが知りたいと思っていることは何なのか。答えがわかったら、それによって何をするつもりなのか。自分がやろうとしていることがその答えによってどのように明らかになるのか」話の目的を明確にできたら、いよいよ肝心の質問をする段階へと進むことになる。[*6]

■質問する

ここで大事なのは、第4章で論じたように、質問によって能力を抑圧するのではなく、能力を引き出すということだ。返答の幅が狭い閉じられた質問をするより、開かれた質問をするほうが、前向きで、積極的な返答を引き出しやすい。誘導するような質問は、すぐに誘導の意図を見透かされるだろう。

「効果的な質問をしたければ、本物の質問をしなければなりません」と、セントラル・ペンシルベニア家庭保健協議会の会長兼CEOシンディ・スチュアートは話している。「質問の中にすでに自分の望む解決策を組み入れている人がよくいます」。言葉巧みに相手を操って、特定の解決策を受け入れさせようとするのは、たいていは逆効果だ。「困難な問題を前にしたときは、職員にみずから解決策を考えさせ、自発的に取り組ませるほうが、いい結果が生まれやすいものです」。スチュアート自身が使った質問の中では、次のようなものが特に効果的だったという。

- その解決策はどのように目標や目的の実現につながるか。
- 何を成し遂げようとしているか。
- 顧客は何を期待しているか。
- 戦略目標の達成にどのように役立つか。
- 組織のコアバリュー（中核となる価値観）とどのように結びつくか。
- どのような要素を考慮して、その解決策を考えたか。

質問するときは、質問している相手とその質問のことだけを考える。関係のないあれこれの心配事で気を散らしてはならない。相手の話を聴きながら、次に尋ねることや、次にいうことを考えるのもよくない。どれだけいい返答が得られるかは、質問の中身だけではなく、どのように質問を口にするか、特に質問のリズムとタイミングにも左右される。終始いいリズムを保てるよう心がけたい。視線もさまよわせてはいけない。このようなスキルにとって重要なのは、心から相手の話に興味を持ち、相手には判定されているとか、尋問されているとか、誘導されているとかいったことを思わせないようにすることだ。「それは知らなかった。初耳だ。もっと詳しく聞かせてくれないか。ほかにどんなことがあったんだ」というような言葉を使って、相手が話しやすくするのもよい。

質問するリーダーには、好奇心がある。リーダーがいい質問ができるのは、興味を持つときだ。居丈高な態度ではけっしていい質問はできない。前にも紹介したが、かのアインシュタインも次のようにいっている。「何より重要なのは、問うことをやめないことです。好奇心には、それ自体に存在理由があります」。誰しもすでによく知っていることを調べたり、探ったりはしない。わたしたちが質問するのは、よく知らない領域の事柄についてだ。質問という営みのためには、本物の好奇心と、新しい可能性や新しい方向性や新しい理解を受け入れる心の柔軟さが必要になる。バスケットボールの伝説の名コーチ、ジョン・ウッデンがかつて次のようにいっている。

「真に役に立つのは、すべてわかったと思ったあとに学んだことだ」

質問には必ずしも豊かな声量はいらない。むしろ静かにいったほうがより強力であることが多い。意見を述べるのであれば、大きな声で力強くいうほうが効果的かもしれないが、質問はそうではない。穏やかな口調が基本だ。横柄になってはいけない。

質問の数はひとつずつを心がける。複数の質問を同時にして、相手の頭をパンクさせたり、混乱させたりしてしまうことがよくある。ひとつの質問への答えが返ってきてから、次の質問をしよう。矢継ぎ早に質問をしてしまう人は多い。理由はいろいろだ。主導権を握りたくてそうすることもあれば、質問する機会が今後もあるかどうか、あるいはいつになるかがわからなくてそうすることも、どういう質問をするかを十分に考えていなかったせいでそうすることも、最初の質問に思いどおりの返答をさせたくてそうすることもある。

そのような質問の仕方をしては、返答の質は下がる。人によっては次々と質問されると、尋問されているように感じて、返答を拒みたくなるかもしれない。質問者が未熟だったり、せっかちだったりすると、相手にたたみかけるように質問を浴びせて、真実を知りたいという気持ちよりも、支配欲を露呈してしまう。

あくまで会話をしているのであって、尋問をしているのではないことを忘れてはいけないし、会話の展開しだいでは自分が質問されることにも備えていなくてはいけない。相手の返答だけでなく、自分の話しぶりにも耳を澄まそう。

もし自分が早口になっていることや、返ってくる答えがどんどん短くなっていることに気づいたら、いったん休憩を取るか、話のペースを落としたほうがよい。また、相手からいい質問や重要な質問をされたときには、その質問にもリーダーとして喜んで向き合い、十分に時間をかけるべきだ。その際は、相手のいっていることをよく聴いて、質問の意図を正しく摑めるようにしよう。口にされた言葉だけでなく、ほのめかされていることや、返答の内容と口調にどういう意味が込められているかにも注意したい。

自分の先入観や、思いつきや、判定はいったん保留することも重要だ。次の質問を先に考え始めないようにも気をつけなくてはいけない。そのためには相手が話し終えるまで、じっくりと待つことが求められる。

リーダーは質問への答えをせかさないよう気をつけなくてはいけない。いい質問ほど、返答するのによく考える必要があり、時間がかかるものだ。重要な質問であれば、なおさら答えるのに熟考と沈黙を必要とする。リーダーは質問への答えがすぐに返ってこなくても、ゆったりとした態度でいたほうがよい。質問した相手に考える時間を与え、自分が沈黙に満足していることを態度で示そう。沈黙は相手に対して、こちらが返答と継続を期待していることを示せる。相手は時間と沈黙を与えられることで、自分の中で深く考えてから、質問に答えることができる[*7]。

質問に長けた者は、すべての質問に即答が必要であるわけではないことを知っている。質問によっては、じっくりと思案を巡らす時間を相手に与えなくてはいけない。時間をかければ、質問をされた相手の心の中でそのあいだに考えが深められ、のちに同じ質問をしたときには、たっぷりと答えを聞けるだろう。返答にきびしい締め切りを設けたら、自由にものを考えられなくしてしまう。時間の許す限り、次のようにいうのがいい。「2、3日後にまた会って、あれこれ検討しよう。そのあいだに、もう少し考えてくれないか。いくつか案を出してもらえたら、いっしょに考えてみたい」

ニューロ・リーダーシップ・インスティチュートのCEOデイビッド・ロックはわれわれのインタビューで、質問が最も効果を発揮するのは、急いだり、即答を強いたりしないときだと話している。相手の脳に脅威ではなく報酬を感じさせるには、リラックスした状態で考えさせることが必要だ。場合によっては、質問への返答よりも、質問そのものと質問によって引き起こされる熟考にこそ、力と価値があることも覚えておこう。

万一、返答するのを拒まれたら、黙っているのが賢明だ。相手に考えるための時間を与えよう。相手自身に、なぜ今、あなたがそういう質問をしているのかを十分に考えさせ、そのうえで質問への答えをじっくりと考えてもらうことが必要だ。わたしたちは世界を他者の視点から見ようとすることを忘れてしまったり、なかなかそうできないことがある。

■返答に耳を傾け、興味を示す

ヘンリー・デイビッド・ソローは次のように書いている。

「わたしがいちばん誇らしい気分にさせられたのは、自分の考えを尋ねられて、答えをじっくりと聴いてもらえたときだ」

質問への返答には注意深く耳を傾けよう。感謝の言葉も添える。「ありがとう」のひと言で、次に質問したとき、さらに多くの答えや深い答えを返してもらいやすくなる。質問を通じて、相手の考えるプロセスを尊重すれば、相手が長く抱いている思い込みについて自問するのを手助けすることになる。じょうずに質問するのは、じょうずに助言するよりもはるかにむずかしい。また、長年、経営者たちは答えを持ち合わせ、助言をすることを高く評価されてきた。しかし、その答えというのは、自分たちの都合に合わせたものである。わたしたちはもっと部下自身に答えを考えさせ、部下にとって最も役に立つ答えを見つけさせる必要がある。

ピーター・ドラッカーなどが指摘しているように、コミュニケーションでいちばん大切なのは、「口にされていないことを聞き取ること」だ。そのためには注意深く、じょうずに話を聴かなくてはならない。質問から最大限の成果を上げたければ、聴く力を高めることが欠かせない。相手の話を一心に聴くことができるのは、すばらしい能力だ。

わたしたちはある状況のもとで怒りや苦しみを感じていても、感情を押し殺してしまうせいで、自分でその怒りや苦しみに気づいていないときがある。そのような感情に気づいて、言葉にすることで、自分自身についての理解は深まる。話をさえぎったり、先走って問題を解決しようとしたりせず、部下の話にじっくりと耳を傾けることで、部下に自分で自分の答えを見つけさせることができる。途中で口を挟むのは、たとえ善意からであっても、部下から発言の機会を奪って、自分を話の中心に置こうとすることにつながる。部下が最後まで話し終えたことを確信できたら、そのときに初めて、自分が聞いて思ったことや、気づいたことを話そう。

ノバルティスの組織開発部長ロバート・ホフマンは、聴くことがなぜ重要であるかについて、次のように話している。

わたしの念頭にあるのは、コヴィーの「7つの習慣」の第5の習慣です。ご存じでしょうか。「まず理解に徹し、そして理解される」というものです。相手の心情に寄り添って話を聴き、相手の考え方の枠組みの内側に入ろうとすることで、「理解する」という目的のために、相手の話に耳を傾けられるようになります。これが何より大切なことです。質問を使わなければ、相手の立場を正しく理解できません。それができたうえで、やはり質問を使って、わたしは相手に自分の考えや案をはっきりと伝えるという作業に移ります。

部下たちはわたしと完全に対等の立場で関与できることに、心から満足しているようです。わたしは部下の話を聴いたり、部下に判断を委ねたりすることを通じて、また、そうするときの態度を通じて、対等であることを示しています。部下はわたしから質問されることにも、返答をきっかけになんらかの対処がなされることにも、ほんとうに満足しているようすです。

リーダーシップ研究の第一人者で経営者としても名高いフランシス・ヘッセルバインは次のように述べている。

「必要とされるのは、ピーター・ドラッカーがいう『話さず、聴け』を実践するリーダーだ」

部下を安心させ、ひとつにまとめられるリーダーは、聴くという手法を使って、排除ではなく受容しようとする。つまり合意を築き、違いを尊重し、共通の概念や言葉や土台を見つけようとする。[*8]

質問したときに、相手の答えをしっかりと聴いていることや、相手のことを気にかけていることを示すための方法はいくつもある。以下に例を紹介しよう。

- 質問を口にしたら、いったんこちらから話すのをやめ、相手がよく考えてから、答えられるようにする。
- 質問したら、こちらは話さずに、聴き手に徹する。
- 目をそらさず、頷きながら聴くとともに、「氷山の一角」にも注意する。つまり、こちらから促されさえすれば、もっと情報や意見を提供したいという気持ちが相手にあることが、その表情や仕草、全体の印象、あるいはあいまいな発言から、読み取れないかどうか、気をつける。黙っているというのは、ただ話さないことではない。目を合わせることでもあり、じっとしていることでもあり、ゆったりと答えを待つことでもある。

・相手の話を正しく理解したいと真剣に思っていることが、相手に確実に伝わるようにする。新しい結論を受け入れる用意があることを示す質問をする。多くの場合、状況を明確にするための質問をして、自分が状況を正しく理解していることを確認する必要もある。

・話をさえぎらず、辛抱強く聴く。口を挟めば、返答や相手に関心を持っていないと思われる恐れがある。

・考えながら話に耳を傾け、単に言葉を聞くだけでなく、感情も読み取る。

・聞いたことを自分の言葉でいい直して、自分の理解が合っているかどうかを尋ねる。

・純粋な興味から聞くように、大事なことを質問する。せっかく問題を多角的に掘り下げようとしても、「ほら、やっぱりしくじった。わたしのいったとおりだ」という決めつけるような態度では台無しになる。

・相手の主張の説得力を高めるのに役立つ論拠を、最初に相手から提示されたものとは別にさらに求める。

・相手に論拠の弱点を探る許可を求める。いっしょにその主張を検討するよう促すためだ。

・自分たちは同じ目的（知識を深め、成果を上げること）のために協力している者どうしなのだということが感じられるようにする。

・偏見のない開かれた質問をして、相手の見方に敬意を示す。

・「これは誰の責任か」といった質問ではなく、「これは何の役に立つか」や「わたしは何を知ればいいか」といった質問をすることで、話の的を絞る。
・相手が質問に答えることを通じて、学習できるようにする。

リーダーは話をさえぎらないよう気をつける必要がある。状況を完全に把握するのがリーダーの務めだ。注意深く観察し、こまめにノートを取れば、誰が何を、どのように、いつ、誰にいったかを把握しやすくなるだろう。相手の考えを引き出すためには、一心に相手の話に耳を傾ける必要がある。そのように能動的に話を聴くことで、より広い、より全体的な視点が得られる。

リーダーは何よりもまず人の話を真剣に聴かなくてはならない。そうすることで自分が率いている人々の思いを突き止め、明らかにできる。有能な質問者になるためには、自分から答えを示そうとせず、答えを待つことが肝心だ。判定を下すことなく、ものごとをどこまでも広く、深く知ろうとする好奇心を持つことで、個人やグループや組織のためになる重要な質問を数多く思いつけるようになる。

■対処する

質問と返答のやりとりのあとは、それに応じた対処をすることがきわめて重要だ。あなたの質問に率直に、まじめに答えた相手には、その答えにもとづいてあなたがどう対処したかを知る権利がある。また、質問に正直に答え、業務についての不満や方針についての懸念などを口にした者は、そのことがそれ切りになってしまったら、放っておかれたと感じるだろう。質問したあとになんらかの対処をしなければ、リーダーシップに支障をきたすことになる。セントラル・ペンシルベニア家庭保健協議会の会長兼CEOのシンディ・スチュアートは次のように話している。

わたしが身をもって学んだ重要なことがひとつあります。それは幹部陣にも肝に銘じてもらいたいと思っていることなのですが、質問するだけのリーダーは、やがては不誠実で信頼できない人物と見なされるようになるということです。質問を通じて学習し、対処し、変えるということがなければ、質問の効果は発揮されません。質問しておきながら、その答えを軽んじるリーダーは、すぐに信用を失います。わたしが質問を使うのは、職員から学びたいと真剣に思っているからです。だから答えを聞いたら、必ず対処します。その対処によって、業務なり、工程なり、手続きなりに目に見える変化が起こります。

リーダー育成を手がけるマーシャル・ゴールドスミスは次のように書いている。

「リーダーにとって質問や学習は、単なる知的な営みに終わってはいけない。そこから意味のある、有益な変化が生まれなくてはならない。多忙をきわめる日々の中で、効率的かつ効果的に対処するすべを身につけることにより、リーダーは重要なステークホルダーたちに、その返答から有益な行動が生まれたことを示すことができる」[*9]

質問への返答を受けて、なんらかの対処をしなければ、その質問は単なる口先だけだったと思われてしまう。場合によっては、シンディ・スチュアートがいうように、不誠実で信頼できない人物と思われることになる。

アルコア・リジッド・パッケージングのマイク・コールマンも対処すること（彼の言葉を借りれば「お返しをすること」）が不可欠だと述べている。「返答を聞き、よく理解したら、それに対してお返しをすることが重要です。情報なり、行動なりによって、返答への見返りを示す必要があります」

肝心なのは真剣に聴き、学ぶこと

本章では、効果的に質問するための戦略やテクニックをいくつも紹介したが、質問の技法の根幹をなすのは、小手先の技術ではない。最終的には、学びたいという思いがどれほど真剣であるか、虚心に返答に耳を傾けようという気持ちがどれほど真剣であるか、どれほど真剣に対処しているかが問われる。それらの面でほんとうに真剣であるなら、会話も質問もおのずとよどみのないものになるだろう。

熟考のための問い

1. 自分は判定するための質問と学習するための質問の違いを理解しているか。
2. 質問するとき、どのように学習型のマインドセットを持てばいいか。
3. 学習型のマインドセットであることを示すためには、どのような質問をすればいいか。
4. よりよい質問をするために自分はどのようなことを心がけているか。
5. 質問するべきタイミングであるかどうかをどのように判断することができるか。
6. 相手を責めずに問題の原因を探るにはどうしたらいいか。
7. 質問の下準備のためにはどういうことをすればいいか。
8. 自分が返答に興味を持っていることを示すにはどうすればいいか。
9. よりよい質問ができるよう、相手の話を注意深く聴いているか。
10. フォローアップの質問をどのように効果的に使っているか。

第6章　質問する文化を築け

質問するリーダーがめざすのは、社内の文化を「命じる文化」から「質問する文化」へと変えること、質問を自分たちの第一のコミュニケーションツールにする必要があることをみんなに気づかせることだ。第2章で述べたように、そのような文化の変革を実現できれば、大きな恩恵を享受できる。そしてその質問する文化を築く手段としても、やはり質問以上に頼りになる手段はない。米国赤十字社中西部支社のCEOマーク・ソーンヒルがいうように「質問には、社内の文化を社員に無力感を覚えさせるものから社員の責任感を育むものへと変える力がある」。質問型のリーダーシップスタイルで同社の采配を振るソーンヒルは、次のように話している。「質問は部下たちの能力を引き出し、その姿勢と生産性に劇的な変化をもたらしました。マネジャー陣とわたしが互いをよりよく理解できるようになったのも、質問のおかげです」

質問する文化を築くうえでリーダーが果たす役割

リーダーはどのように質問する文化を築くことができるのか。強力な学習する文化、質問する文化を築くことができる戦略には、次のようなものがある。

- 隗より始めよ。質問する文化はトップから始めなくてはならない。トップが頻繁にいい質問をすることで、模範を示す。
- 社員が現状に異を唱え、リスクを取り、怖がらずにどんどん質問できる環境を整える。慣例になっている業務や、方針や、手続きの中には、たとえかつては役に立っていても、今ではもう無益と化しているものが多い。
- 組織の価値観や手順と、質問の利用を結びつける。
- 社内のあらゆる活動（公式及び非公式の会議、営業の電話、クライアントとの会合、プレゼンテーションなど）に質問を組み込むことで、質問する機会を最大限に増やす。
- 質問をした人が報われ、評価されるようにする。リスクテイクを奨励し、失敗を許容する。
- 質問のスキルを高めるための研修を実施する。

これらの戦略を実行することで、前に紹介した質問する文化の6つの特徴は強化される。

■リーダーが範を示す

多くの有能なリーダーがみずから質問の使い方の模範を示している。バドワイザーで知られるビールメーカー、アンハイザー・ブッシュの元会長兼CEO、オーガスト・ブッシュ3世は、9人からなる取締役会で率直さを奨励し、各取締役に必ず意見と論拠を用意して会議に臨むよう求めていた。そして会議でむずかしい問題が持ち上がると、みずからあえて反対の立場から質問をして、相手の考えを引き出そうとした。ブッシュ3世によれば、アンハイザー・ブッシュの成功の大きな要因は、質問し、学習する文化を築いたことにあったという。[*1]

米ブリストル・マイヤーズ・スクイブ（BMS）の会長兼CEOを務めたチャールズ・ハイムボールドは、同社を学習する組織へと育てた経緯を語っている。同社の幹部陣はもっぱら質問し、命令するのは控えたという。「BMSの優秀なリーダーたちは、命令するよりもいい質問をするほうがはるかに効果的であることを知っている。たいていは部下に正しい答えをみずから与えようとするより、専門知識を持っている者や、相談するのに最もふさわしい社内外の人物を紹介する[*2]」

BMSのリーダーたちは「岩の下をひとつひとつのぞき込む」ように、たえず質問して回った。社内だけでなく、社外でも広範囲に意見やアイデアを探し求めた。経営幹部たちは、さまざまな競合企業やサプライヤー、顧客、学者、研究機関を訪ねては、新しい情報や意見を集めた。部下にも、同行するなり、あるいは自分で出かけるなりして、同じことをするよう促した。BMSが活気にあふれた組織になったのは、その結果だった。BMSの社内には、イノベーションを育む文化の特徴である意欲と興奮が満ち満ちている。

チャド・ホリデイもデュポンのCEO時代、つねに質問を重視していたという。「最高幹部の会議では、まず初めに、その会議で答えを見つける必要がある重要な問いを3つ決めました。そして会議の最後には、いい答えを見つけられたかどうかを問いました。3つの問いを決めるのは、会議のリーダーの役割でした」と語っている。

リーダーは質問することだけでなく、学び、変わろうという強い意志を見せることでも、質問する文化の手本を示せる。心理学者エドガー・シャインが指摘するように、リーダーに相当の意欲と自信がなければ、学習と変革に必ず伴う「痛み」を乗り越えることはできない。[*3]また学習と変革が日常になるにつれて、自分にも部下にも不安が生じる。リーダーには自分と部下のその不安を抑制できるだけの精神的な強さも必要になる。経営学者マーガレット・ウィートリーは次のように論じている。「リーダーは思考や内省、自由な発言の擁護者にならなければいけない。部下が行動だけでは賢くなれないことを知らなくてはいけない。優れたリーダーは部下に学習を求める。おとながどのようにものを学ぶかを理解していて、その努力を高く評価し、学習を生きるすべと考えている」[*4]

質問するリーダーはよき教師にも、よき学習仲間にもなれる。リーダーはありとあらゆる場面で、教えるチャンスや学ぶチャンスを見出せるようになるべきだ。質問を使えば、部下とのどんなやりとりも学習の場に変えられる。有能なリーダーはここぞというときには、自分の予定に組み込まれていなくても時間を取って、部下にリーダーシップを教える。アクションラーニングを実践することも、リスクを取ることも、従来とはまったく違う答えを探すことも、新鮮な質問をすることも、すべて、学習する姿勢やスキルを部下に示すことになる。長期的に成功を収めている組織ではたいていそういうことが見られるのは、それによってあらゆる階層で継続的にリーダーシップが育まれているからだ（企業の成功の要因は、コア・コンピタンスとか、現代的なマネジメントツールの利用とかばかりにあるわけではないのだ）。質問するリーダーはあらゆる階層のリーダーを強化することができる。

■現状に異を唱える意欲や環境を生み出す

成功しているリーダーは自分で質問するだけでなく、誰もが質問したり、されたりできる環境を築くことにも力を入れている。これはつまり、社員が会社や仲間を信頼でき、安心して質問できる組織風土を醸成するということだ。そのような安心感がなかったら、たいていの人はあえて危険を冒そうとしないし、ひいては、質問することも、自分の立場を脅かしそうな質問に答えることも躊躇する。また、信頼や透明性がなかったら、なかなか自分の気持ちを打ち明けたり、問題を指摘したりしないだろうし、リーダーに質問するのも控えるだろう。その質問が自分の助けになるかもしれないのに、だ。

質問された部下が「厄介なことになった」と感じるようでは、部下に素直に質問に答えてもらうことはできない。したがって質問するにあたっては、時と場所を慎重に選ぶことも重要だ。部下が集団の前では、批判を恐れて、意見をいいたがらない場合には、最初は個別に会って質問する必要があるかもしれない。そのほうがお互いに率直な話がしやすいだろう。

また場所についていうなら、誰でも自分のホームグラウンドにいるときのほうがリラックスできるものだ。部下の仕事場まで出向いて質問すれば、それだけ相手をリラックスさせられ、のびのびと話してもらいやすくなる。やがては、部下も自信を持つようになるだろうし、信頼関係も深まるだろう。そうなれば時や場所にあまり関係なく、質問するのも、されるのも恐れなくなるはずだ。

マリオットを長年率いたビル・マリオットが以前、ときの大統領アイゼンハワーと会ったときのエピソードをわれわれに披露してくれたことがある。それは大統領からキジ狩りに誘われたときのことで、とても寒くて風の強い日だったという。大統領の側近が「大統領、きょうは何をなさりたいですか」と尋ねると、アイゼンハワーはビルの目を見つめて、次のように尋ねた。「きみはどう思う」。ビルは「大統領、きょうは寒すぎます。暖炉のそばで過ごしましょう」と返答したそうだ。このやりとりを振り返って、ビルがわれわれにいったのは、「きみはどう思う」というひと言が偉大なリーダーシップの鍵を握っているということだった。

「アイゼンハワーが第二次世界大戦で米国を勝利に導けた要因もそこにあったんです。アイゼンハワーはいつも側近からの進言を受け入れたわけではありませんでしたが、側近は彼が自分たちの意見に関心があるのを知っていました。わたしもリーダーとして、マリオットの社員が何を考えているか、自社をどういう方向へ進めたいと思っているかには、関心を持たなくてはいけないと肝に銘じています[*5]」

部下は急に質問されたり、責めるような質問をされたり、あるいは即答を求められたりすると、「厄介なことになった」と感じてしまう。第5章で紹介したように「学びたいという一心から、前向きな質問をし、相手に返答のための時間を与える」を質問のガイドラインにするのがいい。

安心して質問できる環境をほんとうに築きたかったら、部下の成長ということを本気で考えなくてはいけない。部下を、目に見えて会社に貢献する労働者としてだけでなく、固有の価値を持ったひとりの人間と見なす必要がある。リーダーはひとりひとりの成長（個人としても、職業人としても、あるいは精神的にも）に心を配らなくてはいけない。そこには部下の学習を手助けすることだけでなく、部下の考えや提案に個人的な関心を示し、意思決定に関わるよう促すことも含まれる。リーダーがそのような個人的な関心を示すことで、安心して質問できる環境は生まれる。

人気ポッドキャスト「オール・ビジネス」の司会者ジェフリー・ヘイズリットはかつてリーダーになったとき、すべての答えを知っているのがリーダーだという誤った思い込みを抱いていた。彼はすぐに180度発想の転換をしなくてはいけないことに気づき、いい質問をすることこそリーダーの役割だと悟った。以下は、彼が学習する文化を築くうえで役に立ったという12の質問だ。

1. 今の仕事で誇りに感じていることは何か。
2. わたしがしていることの中に、きみの成功の妨げになっていることはあるか。
3. この現状に対して、わたしたちは何をするべきだと思うか。
4. わたしをリーダーとしてどのように思うか。
5. 今回の経験からどういう教訓が得られるか。
6. わたしがもっとするべきことは何か。もっと控えるべきことは何か。
7. 今回のことを振り返って、もっとうまくできた（別のやり方があった）と思えることは何か。
8. わたしのコミュニケーションの能力をどう評価するか。また、そう評価する理由は何か。
9. 今の仕事でいちばん好きな部分はどこか。いちばんむずかしい部分はどこか。
10. 事業を改善するため（会社を成長させるため）の提案はないか。
11. 顧客はどういう反応を示しているか。
12. わたしたちのしていることの中で、もう役に立っておらず、やめるべきことは何か。[*6]

■対話を通じて、質問する文化を築く

リーダーは対話を通じても、現状に異を唱えることを許容していること、推奨すらしていることを示せる。対話とは、主張と質問とのバランスが取れたコミュニケーションの形態だ。その土台には、わたしたちは権威を持つ人物（権力とか、伝統とか、知力とか、宗教とかによる）の解釈に頼らずに、もっぱら論理と理性を使って世界を理解できるという考えがある。対話では、メンバーの集合知が引き出され、状況を断片としてではなく全体として捉えることが可能になる。また、解決策を提示するよりも質問をすることのほうが重んじられ、自分の考えを押しつけることよりもみんなで考えを共有することがめざされる。対話の要をなしているのは、何よりも信頼関係だ。

対話は、相手を信頼し、気遣う質問から成り立つ。また頻繁に質問し合うことで、信頼関係を育みもする。なぜならそこでは自分の質問や意見が十分に考慮されていることが実感できるからだ。対話という概念の中心には、互いのやりとりを通じて、相手の有用な一面だけ

でなく、全体に目を向けるという考えがある。理解を深め、共通の意義を見出すことが対話の狙いだ。質問は社内文化を「能力を抑圧する」ものから「能力を引き出す」ものへと変えるのに役立つ。

対話とリーダーシップのコンサルティングを手がけているウィリアム・アイザックスが指摘するように、対話は組織を改善するとか、コミュニケーションを強化するとか、コンセンサスを築くとか、問題を解決するとかいったことのための単なる手段ではない。対話においては理解と実践が密接に結びついていて、共通の意義の核が育まれる。

「わたしたちは対話をしているときには、おのずと相手といっしょに考えられるようになる。それは問題をともに分析するとか、知識を共有するとかいった意味でだけでなく、いわば集団的な感性が芽生え、思考や感情や行動が、個人のものであると同時に全員のものになるという意味においてもだ[*7]」

わたしたちは対話を通じて、行動のパターンを調整し、足並みの揃った行動を起こせるようになる。部分が全体のどこに位置づけられるのかが見えてくるようになる。

対話を実施するにあたって気をつけたいのは、すべての人の発言が真剣に耳を傾けられ、尊重されるようにするということだ。対話に参加する全員に、批判や分析はひとまず保留して、問題を自由に掘り下げることに専念するよう促そう。相手の話を注意深く聴くことは、人と人との個人的な関係を深めると同時に、集団的な知性を使って世界を理解することにつながる。そのような知識の共有を通じて、しだいに情報がみんなのあいだに蓄積されていくことで、イノベーションの種、すなわち、思いもよらぬすばらしいアイデアを生み出す新しい洞察はもたらされる。

対話を促せば、個人の知的な能力だけでなく、チームや組織の知的な能力も引き出せる。自分が何を前提にしてものを考えているかには、誰しもなかなか自分では気づけず、それに気づくためには他者の助けを必要とする。どんなに頭のいい人でも、あるいはどんなに仕事のできる人でも、もちろん上に立つ人であっても、それぞれ自分の視点から世界を眺めていて、他者の視点を知ることで初めてその自分の視点を知ることができる。マーガレット・ウィートリーはこれに関して、次のように指摘している。

質問や対話は組織に「大きな蜘蛛の巣状のつながり」を作り出すが、断定は組織に分断を生み出す、と。[*8]

■価値観や手順によって質問が排除されないようにする

組織の価値観のせいで質問する文化が育まれないこともある。例えば、〝忠誠心〟に高い価値を置く組織の場合がそうだ。そういう組織には、リーダーの発言にいっさい疑問を持たないことが忠誠心であると考えている者が多い。こうした会社で質問する文化を築こうとする場合、まずその組織で重んじられている忠誠心がどういう種類のものであるのかを明確にする必要がある。組織や真実への忠誠心であれば、質問する文化を損ねはしないだろう。しかし、現在の上層部を支えることが忠誠心の中身だったら、質問する文化を築くのは不可能かもしれない。

リーダーは質問を使うことで、価値観についての対話に部下を引き入れることができる。

まずは次のように尋ねればいい。わたしたちの価値観は質問を促進するものだろうか、と。もし、そうであるなら、わたしたちはその価値観にほんとうに従っているだろうかと、さらに問う。そうでないなら、自分たちの価値観を再検討し、もっと有益な価値観を見つけるべきではないだろうかと問う。

リーダーシップを探求することは、内面を見つめ、自分が何者であるかを探求することでもあると、ジェイムズ・クーゼスとバリー・ポズナーは指摘している。人を率いるうえで肝心なのは、自分が何を気にかけ、何に価値を置いているかを発見することなのだ、と。[*9]

このことは組織のレベルでも当てはまる。質問する文化が根づいている組織では、やはり自分たちが何者であるのか、何ができ、何に秀でているのかが探求されている。

以下は、組織の中で継続的に探求されるべき重要な問いだ。

- 自分たちの原動力は何か。
- 自分たちの課題は何か。
- 自分たちの励みになるものは何か。
- 自分たちのビジョンや価値観にどの程度の確信を持っているか。
- 不確実さや逆境に直面したとき、前に進み続ける勇気を何から得ているか。
- 落胆や、失敗や、後退にどのように対処するか。
- 自分たちの強みと弱みは何か。
- 組織の発展のためには、どのような能力を向上させる必要があるか。

・自分たちの信頼関係はどの程度、強固か。
・意欲や自信をどのように保てばいいか。
・難局にどのように備えているか。
・業務の遂行の仕方について、どのような方針を持っているか。
・今後10年間、どの方向に進むべきだと考えているか。

これらの問いは、チームであれ、部門であれ、組織全体であれ、自分たちが実際には何者であり、集団として何に価値を置いているかを発見しようとするうえで、すべての人の役に立つ。

価値観についての共通の理解は、こうした対話を通じて生まれる。組織の価値観は日々の営みによって確立されるものであり、宣言によって確立されるものではない。もし公式になんらかの価値観を掲げているなら、社員たちにその価値観について話し合わせ、質問する文化を築こうとするうえで、その価値観がどのような影響を及ぼしているかを問うといいだろう。

所定の業務手順が質問する文化の創出を妨げていることもある。例えば、ちょっとしたことを決めるのにも何重もの審査と承認を求める組織は、社員に向かってたえず、きみたちに判断を任せることはできないと告げているようなものだ。そういう組織では、社員は自分たちの考えが重要視されていないことをよく知っているので、質問も歓迎されないだろうと考える。

■質問できる機会をフルに活用する

一日のあいだにはいくらでも質問する機会はある。質問しなければ、窓は開かれず、見解や展望は探求されない。せっかく質問する文化を築いたり、強化したりできる機会があっても、活かすことができない。ジム・コリンズによれば、優良な企業を偉大な企業へと発展させられるのは、いつでも、どこでも、つねに機会を見つけては質問するリーダーだという。*10

わたしたちは忙しさにかまけて、質問するのを怠ってしまうことが多い。現代の組織では、熟考は高く評価されない。称えられるのは、もっぱら決断力と行動力だ。会議で急ぎ足で話し合いを済ませたり、部下に判断を急がせたりすれば、そのたびに質問の可能性をつぶすことになる。デュポンを率いていたチャド・ホリデイは次のように話している。「デュポンには管理職が6000人以上いますが、そのひとりひとりが毎日、4、5件の決定を下さなくてはなりません。彼らに行動の前に適切な質問をさせることができれば、デュポンは膨大な時間とお金を節約できるでしょう」

ウィートリーは、リーダーが最も重要なことをみずからに問えるようになるためには、次のような問いを使って、問う時間をもっと作らなくてはならないと述べている。

- 部下たちには互いに協力しようという意識がどれぐらいあるか。
- 自分の熟考の時間は減っていないか。
- 揉めごとや、悲嘆や、苦しみに直面したとき、部下は自分に相談しようとするだろうか。

・考えを深めるためには何をすればいいか。[*11]

質問する機会はいくらでもある。例えば、視覚障害者協会の会長兼CEOギジェット・ホプフは次のように話している。「誰かが問題や質問を持って、わたしのところに来ると、わたしは必ず逆に問い返すようにしているんです。あなたはそれについてどう考えますか、と」

ほとんどのリーダーは今よりもはるかに頻繁に、もっとさまざまな状況で質問をするべきだ。ただし、タイミングには気をつける必要がある。場違いな質問は避けなくてはいけない。質問するのに適しているのは次のような場面だ。

・問題解決セッション
・企画会議
・勤務評定
・新人の研修
・スタッフ会議
・顧客との面談
・役員会議や全社会議
・公開会合や地域集会
・質問者に報いるとき

この最後の「質問者に報いる」には、称賛することや尊重すること、感謝することが含まれる。質問する文化を築こうとするリーダーは、人でも世界でも、その最良の部分を見出すことができ、部下の長所や、功績や、能力や、素質に目を向け、人や組織の価値を高められる機会をたえず探している。リーダーは批判的な質問スタイルではなく、建設的な質問スタイルの見本になるべきだ。部下を肯定するリーダーであれば、おのずと肯定的な質問をする。そのような質問からはより有益で前向きな答えが生まれる。

部下が何事かを成し遂げると、リーダーはそれを高く評価しながらも、同時に「改善すべき点」をきびしく指摘しなければ、自分の役割を果たしたことにならないと感じてしまいがちだ。思いやりがあり、部下のひたむきな努力を買うリーダーであれば、失敗を許し、失敗から学ばせようとする。失敗したら叱責されるという恐れがあっては、部下は無難にやろうとし、リスクを避けてしまう。それでは会社の発展に貢献できない。

リーダーは共感力によって、質問した相手と心を通わせることができる。社員はみんな、ひとりの人間として扱われるべきであり、敬意を払われなくてはならない。部下を率いるならば、つねに部下の善意を信じるべきだし、相手の人格を否定してはいけない。たとえ行為や成績には褒められない部分があってもだ。部下をお荷物とか、厄介者とか見なすリーダーは、敬遠されたり、恐れられたりすることはあっても、部下の心を掴むことはできない。

質問するリーダーはひとりひとりに敬意を払い、全員の幸せを気遣う。全員に成功して欲しい、そこから学んで欲しいと願っている。相手の心情に思いを馳せ、その助けになろうとする能力はきわめて重要なものだ。リーダーは、同僚や部下には潜在的に高い能力があり、「誰も想像しなかったもの」を生み出す力があると信じたほうがいい。そのような姿勢は部下のリーダーに対する信頼を育むだけでなく、同僚どうしや部下どうしのあいだでより率直な話がされやすくもする。

■急がない、プレッシャーをかけない

ニューロ・リーダーシップ・インスティチュートのCEOデイビッド・ロックは、長年、脳の仕組みや、質問や熟考が脳にどういう影響を及ぼすかを研究している。経営者やリーダーは問題を解決しようとするとき、往々にして、そのことにめいっぱい時間と労力を注ぎ込んだり、コーヒーを何杯も飲んだり、あるいはこれがいちばん悪いが、おおぜいの人間を集めて、ブレインストーミングを行ったりしてしまう。こういうことはどれも脳に必要なこととは正反対のことだという。

経営者の役割は、社員に時間を与えて、問いへの答えを見つけさせることにある。ロックは次のように話している。「グループで解決策を探るときには、まずは何が問題であるかをはっきりさせます。次に、問題がはっきりしたら、各メンバーに、単純だが退屈ではない反復的な作業をしばらくさせます。そうすると脳が無意識のうちに答えを探してくれるのです」

■質問の仕方を学ばせる

質問することの利点や、質問しなかったせいで招かれた惨事（第1章で紹介したタイタニック号やチャレンジャー号、ピッグス湾の事例など）を話して聞かせることも、質問を促すことにつながる。質問によってどのようにチームや組織が変わるかがわかる事例やエピソードがあれば、それも紹介しよう。質問や学習やイノベーションに適した社内文化を築く方法や理由についても、本書などを参考にして、話すといい。また巻末の資料Cでは、質問の能力を鍛えるのに役立つサイトや団体を紹介しているので、そちらもご覧頂きたい。

■質問されることに不慣れな部下への対応

日常的に質問を使い始めるにあたって、ひとつ注意したいのは、部下の中にはリーダーの態度が変わったことに戸惑ったり、いぶかしく感じたりする者がいるかもしれないということだ。それまでリーダーの役割が問題を解決したり、情報を提供したり、あらゆる答えを持っていたりすることだった場合、リーダーシップのスタイルが急に質問型へと変わったら、リーダーに依存していた部下たちは当然、不安を覚えるだろう。リーダーには秘密の狙いがあるのかもしれないとか、質問は何かの罠ではないかとか感じるかもしれない。

そのような懸念や疑念にどのように対処したらいいのか。組織改革の専門家クリス・クラーク＝エプスタインは、包み隠さず、正直に話せばいいとアドバイスしている。*12 リーダーシップのスタイルを考え直したのだと、質問するリーダーの可能性を追求したいのだとシンプルに告げればいい。そうすれば、質問しても相手を驚かせないし、何かを企んでいるわけではないことも伝えられる。

相手を責めようとするのではなく、知りたいという一心から、能力を引き出す質問をして、好きなだけ返答のために時間を与え、虚心にその返答に耳を傾け、さらにその後、必要な対処をするなら、部下の不安はしだいに薄れ、秘密の狙いなどないこともわかってもらえるだろう。

加えて、リーダーが質問の手本を見せると同時に、安心して質問したり異論を唱えたりできる環境を築き、質問を歓迎するならば、部下の自立を促すことにもつながるだろう。

■命令依存の克服

あなたの部門や組織の管理職の中には、第3章で論じたようなさまざまな理由から、質問する文化への移行を、自分たちの権威を損ねるものと受け止める者もいるかもしれない。そういう管理職たちは専門的な能力を発揮し、「正しく」あることで、それまで出世してきた。したがって彼らには、質問するリーダーシップへの移行は、自分たちがそれまで成功してきたやり方を根底から否定することのように感じられる。「わからない」とか、「知らない」とかいう言葉は、恐ろしくて口にできないのだ。あるいは、そんなことをしたら部下をコントロールできなくなるという理由で、質問を使うという手法を拒む者もいるだろう。質問がやぶ蛇になることを心配する者もいるかもしれない。

人間は変化そのものをいやがるというより、変化を強いられるのをいやがるものだ。だとするなら、管理職たちに質問型のリーダーシップに切り替えてもらうのにも、そうせよと命じるのではなく、そうしてはどうかと尋ねるほうがいい。命じれば、どうしても相手を身構えさせ、反発を招いてしまう。相手に変化を強制することになるからだ。とりわけその命令が相手自身に変化の必要があることを告げるものである場合には、なおさら反発されやすい。なぜなら、相手に別のやり方でやるよう命じ、なぜそうすることが重要かを説明すると、それによってある言外のメッセージを、たとえそのつもりがなくても、送ってしまうことになるからだ。「わたしのやり方のほうが優れている」とか、「おまえは劣っている」とか、「おまえのやり方は間違っている」といったメッセージがそこには含まれてしまう。質問するリーダーが部下にも質問で率いるようにさせるためには、やはりそこでも質問という形を取るのが賢明だ。

また、強い断定的ないい方をしなければ、なめられてしまうというよくある考え方にも縛られないよう、管理職たちを導いてやる必要がある。ゲリー・コーエンの『尋ねるリーダーシップ』によると、社員の95%は命じられるより尋ねられるほうを好むことが調査結果に示されているという。意思決定のプロセスに部下や同僚を参加させることが、意欲や刺激や独創的な問題解決に満ちた環境を築くことにつながる。質問すれば、相手に敬意を表することになるし、敬意を表せば、相手も自分に敬意を表してくれる。至って単純なことだ。*13

質問で率いることや質問する文化を築くことのよさをわかってもらうには、次のような質問をするといい。

- 部下が自分で問題を解決してくれるほうが、あなたのところに問題を持ち込まれるよりいいとは思わないか。

・自分が人からものを尋ねられたら、どう感じるか。
・なぜあなたは質問で率いることにためらいを感じているのか。

これらの質問やこれに似た質問を使えば、相手を言い負かすとか、議論するとかいうのではなく、対話することができる。もしこのような質問に答えるのを拒まれたときは、黙っているのが得策だ。相手に考える時間を与えよう。相手には、なぜあなたが今そのような質問をしているのかについて、あれこれとじっくり思案したうえで、どう返答するかを考える時間が必要だ。わたしたちはときに相手の視点からものを見ようとするのを忘れてしまったり、面倒に感じたりすることがある。自分の視点で重要に思えることばかりを見てしまう。それは相手にとっては重要なことではないかもしれない。

人間は変化を押しつけられると反発しやすいが、アイデアでも変化でも、自分がその創出に関わっていれば、おのずとそれを支持しようとするものだ。前に述べたとおり、質問はすばらしい未来へと人の目を向けさせる。リーダーは質問を使うことで、部下にさらなるプレッシャーをかけるのではなく、後押しを与えることができる。

最初の一歩を踏み出そう

エドガー・シャインによれば、リーダーの最も重要な役割は、組織やその組織内の各集団の文化を築くことにあるという。つまり価値観や行動、ビジョンや基本的な理念を伴った社内文化を築くこと、質の高さやリスクテイク、チームワーク、倫理的な行動、成功、結果を重んじる社内文化を築くことだ。[*14] リーダーの質問は、そのような文化を築くための最も効果的な手段になる。優れたリーダーの質問は、部下を刺激し、状況を明確にし、意欲をかき立て、生産的な対立を生み出すとともに解決もする。

どんな会社であっても、質問を大切にすることで社内文化を強化できる。そのためにはリーダーが手本を示し、質問を重んじる価値観を浸透させ、安心して現状に異を唱えられる環境を築き、質問の機会を増やし、質問者に報い、部下に必要な訓練を受けさせなくてはならない。

質問する文化を築くためにほかにするべきことはあるだろうか。コノコフィリップスのマーク・ハーパーは、最初の一歩を踏み出すことだと話している。

「これから質問を使って率いようと思っている人たちへのアドバイスは、最初の一歩を踏み出そうということです。わたしのところでは、すばらしい結果が出ています。質問で率いるというのは誰にでもお勧めできる手法です」

熟考のための問い

1. この組織を質問する組織、学習する組織にするために、自分には何ができるか。
2. どのように質問を使えば、質問する文化の手本を示せるか。
3. この組織には、質問する文化にそぐわないどういう価値観や手続きがあるか。
4. 社内の人々が質問する機会を増やすためには、どうすればいいか。
5. どのように質問を促し、質問に報いればいいか。
6. 対話を促進するためには、どういう戦略を立てればいいか。
7. じっくりと考えて、よりよい質問を思いつけるよう、どのようにペースダウンすればいいか。
8. この組織では、質問のスキルを磨くためにどのような訓練を施すことができるか。
9. 質問を使うことを拒まれたら、どう応じたらいいか。
10. 命令に依存した文化から、質問の自由を認める文化への変革はどのように進めることができるか。

第3部　リーダーが知っておくべき質問のこつ
――いつ、どのように質問すればいいか

第7章　質問を使って、部下を率いる

リーダーの質問は、部下の力を引き出し、部下にそれまでできなかったことをする機会を与えることができる。質問には自信をつけさせたり、学習を促進したり、能力を磨かせたり、洞察を促したりする潜在的な力がある。質問を使って、組織のひとりひとりを人間的に成長させることも、組織や地域社会によりよい貢献ができる人間にすることもできる。

イマヌエル・バプティスト教会（ケンタッキー州レキシントン）の牧師ロン・エドモンドソンは事業主や精神的指導者として、40年以上のリーダーシップの経験を持つ人物だ。その長い経験の中で、周りの人間の能力を引き出すのに最も役に立った質問は、次の12の質問だという。

1. わたしたちはこのことから何を学べるか。
2. わたしがあなたに求めていることについて、わからない点はないか。
3. わたしが手助けできることはあるか。
4. 次にすることは何か。
5. 何にいちばん力を入れるべきか。
6. わたしたちが見落としていることや忘れていることはないか。
7. どうすれば次はもっとうまくできるか。
8. あなたはどう思うか。
9. あなたの仕事の環境をよくするには、何を変えればいいか。
10. あなたがわたしの立場だったら、どのようなやり方をするか。
11. 仕事を楽しんでいるか。
12. あなたとの意思の疎通をさらによくするためには、わたしはどうすればいいか。

本章では、社員の管理や定着率の向上、動機づけに質問をどのように使えるかを論じる。直属の部下との関係を強化する、部下の成長を助ける、行動や独創的な発想を引き出すといったことに質問をどのように使うことができるのか。また、新人研修や、目標設定、勤務評定、会議の進行でどう質問を使えばいいかについても考えたい。

能力を引き出す関係を築く

アンドリュー・ソーベルとジェロルド・パナスの共著『パワー・クエスチョン――空気を一変させ、相手を動かす質問の技術』（矢沢聖子訳、阪急コミュニケーションズ、2013年）で述べられているように、「命じれば、反発が生まれ、尋ねれば、信頼関係が生まれる」[*1]。組織心理学者のピーター・ブロックも、次のように指摘している。「質問や、熟考や、会話それ自体が意味のある重要な行動である。わたしたちはそのことに気づくことで、リーダーとして、相手の可能性を大きく開くことができる。したがって、いい質問をすれば、相手から答えがまだ返ってこなくても、すでに信頼関係は築かれている。リーダーは質問を通じて、本物の責任感や、献身や、コミュニティーが生まれる社会空間を築くことができる」[*2]

残念ながら、多くのリーダーは能力を引き出す質問ではなく、能力を抑圧する質問をしている。そういう質問は部下の反発こそ招いても、創造を引き出しはしない。能力を抑圧する質問をすれば、部下が成功へと通じる道を探そうとするのを最初から阻んでしまう。一方、能力を引き出す質問は、部下に考えさせ、みずから答えを見出させることができる。そうするとおのずと責任感が育まれ、手柄も部下自身のものになる。

しかし能力を引き出す質問といえども、相手のあることだ。質問に答える相手に合わせて、質問を変えなくてはならない。相手が違えば、性格や、考え方や、持っている技能などしだいで、必要な質問の種類も違ってくるからだ。米国防総省の本土防衛ビジネスユニットを率いるスザンヌ・ミルクリングは、部下に適した質問のスタイルを見つけるためには、ある程度、試行錯誤が要ると話している。

わたしにとって最も価値がある質問は、わたしが望む結果をもたらしてくれる質問です。相手を知り、相手の考え方を理解するまでにはどうしても試行錯誤を経なくてはなりません。相手と自分の思考スタイルや戦略を合わせるのにも、わたしは質問を使います。例えば、科学者の中には、最初から直接、国防長官に研究を売り込みたいといってくる人がいます。自分の研究にはそれだけの価値があると確信しているからでしょう。わたしはそのことは否定せずに次のように尋ねます。「まずは副長官に会って話をするということはお考えになりませんか。副長官の支持があれば、長官もあなたの研究にお金を出しやすくなります」

わたしが部下にしつこく質問するのは、部下がいいところを見せたいと思っているからでもあり、わたしが部下のいいところを見たいと思っているからでもあります。部下に自分で学んで欲しいというのが、質問するときのわたしの気持ちです。部下にやりたいことがあれば、なんであれ、わたしはサポートします。質問というのは、もとから自分の中にあった考えに気づくための、きっかけになるものです。わたしの息子のロバートみたいに、理屈で考える人には、具体的な事柄に目を向けさせる必要もあります。彼らは観念的に考えますが、具体的に考える人たちを説得しなくてはいけないこともあるわけですから、具体的、直接的に考える人たちのことも理解できるようにさせなくてはいけません。

シンガポールのコンサルティング会社ペイスODコンサルティングの共同創業者ピーター・チェンは、危機感を生み出すことの重要性について話している。相手に危機感を抱かせ

る質問は、「自分のためにも、組織のためにも、自分の職責を果たさなくてはならないという意識を引き出せる」という。

ヘルスケア製品の会社で販売責任者を務めていたときのことです。上司から背筋がぞっとする質問をされて、急に危機感が高まったことを今もよく覚えています。上司に倉庫へ連れて行かれて、ビタミン剤の箱が高々と積み上げられた棚の前に立たされたんです。それは使用期限まで12カ月を切った古いビタミン剤の箱でした。使用期限まで18カ月を切ったら、すべて「劣化」した製品と見なされます。その棚の前で、上司から「これをどうするつもりか」と尋ねられたわたしは、呆然とし、何も答えられませんでした。それからまさに弾かれたようにすぐに行動を起こして、期限切れが近い在庫をできる限り減らして、損失を最小限に抑えようと必死で取り組みました。

　このときにわたしが学んだのは、「衝撃的な」質問をされると、いっきに考えが切り替わって、行動へと駆り立てられるということです。物的証拠を目の前に突きつけられたうえで、衝撃的な質問をされたら、誰だって危機感を抱かされ、行動を起こさずにはいられないでしょう。

　わたしが今よく使っている質問は次のふたつです。

1．もし今、何も手を打たなかったら、将来、どのような結果や代償を招くことになるだろうか。

この質問をするのは、理想と現状とのあいだにどういう隔たりがあるかについて、相手に考えさせたいからです。

2. あなたの考えが間違っているということはないか。もし間違っていたら、あなたの立場にそれはどう影響するか。

もし～だったらという質問は、相手に別のありうる視点からものごとを考えさせ、あらゆる事態への準備をさせることができます。

価値観に力点を置いた質問をすると、部下との関係を深められる。リーダーシップの研究者ダイアナ・ホイットニーも、関係を深める手段として、価値観に関わる質問をするよう勧めている。例えば、次のような質問だ。

「この会社のどこにいちばん魅力を感じるか。この会社はきみの人生にとってどんな意味を持つか。どうすればそのような会社のいい側面をもっと増やせるか」

また、自分たちが他社より秀でていることを示す質問も、同様の効果をもたらすという。例えば、「業界の中できみたちの能力や仕事の仕方が抜きん出ていることは何か。それらのことはきみの部門にどのように貢献しているか。会社全体にはどう貢献しているか」といった質問だ。*3

■直属の部下のコーチになる

マズローなどとともに人間性心理学を代表する研究者だったカール・ロジャーズは、他者の成長を助けるための条件として、誠実さと、共感的理解と、肯定的な態度の3つを挙げている。[*4] この洞察を踏まえるなら、部下との関係を育むためには、わたしたちの質問は、誠実なものであるとともに、第5章で述べたように、学習型のマインドセットにもとづくものでなくてはならないといえるだろう。また親身になって話に耳を傾け、返答に対して感謝の気持ちを示す必要もある。

臨床心理学者ロバート・カーカフはこれにさらに3つの条件（敬意、具体性、自己開示）をつけ加えている。そうすることでさらに人間的な関係を深められ、なおかつよりよい結果を上げられるという。[*5] このカーカフの3つの条件からいえるのは、わたしたちの質問は能力を引き出すものであるとともに、具体的なものでなくてはならないということ、そして部下からの質問にも快く応じ、素直に答えるべきであるということだ。

前にも述べたように、これからは部下のコーチやメンターを務めることがリーダーの最も重要な役割のひとつになる。コノコフィリップスのマーク・ハーパーは次のように話している。「直属の部下に個人的なコーチングもしています。そのときにも質問を使います」。自分はグループ全体のためにともに探求に取り組む仲間であることが、相手に伝わるような仕方で質問すれば、質問を通じて、部下とのあいだに強い信頼関係を築くことができる。

長年人材育成や組織開発を手がけているメリーマウント大学のバージニア・ビアンコ＝マティスは、部下のコーチングを実践する方法について、以下の6つのステップを提唱している。

1．信頼関係を築く。これには熟考、学習、誠実さ、決意が求められる。

2. 部下の経験を分析する。これには質問することや部下を擁護することのほか、失敗の克服を見守ることや、自己管理させることも伴う。
3. 部下の考えを聞き、理解する。
4. 行動計画を立てる。これには対話、熟考、問題解決、意思決定が必要になる。
5. 計画を実行する。このときには率直さ、勇気、学習の重視を心がける。
6. つねに進捗状況を確かめる。[*6]

コンサルティング会社カラベラのトム・ラフリンは、部下との関係を築くうえで特に役立ったのは以下の3つの質問だと話している。

1. わたしが手助けできることはないか。
　これはすばらしい返答を引き出す質問です。この質問をすると、部下が何を必要としているかがすぐにわかります。部下が必要としているのは、自分で考えたやり方でやることへの許可だけということも、少なくありません。助言をもらいたいとか、話を聴いて欲しいといわれることもあります。
2. これからどうしようと考えているか。
　部下が自分の問題や課題にどう取り組もうとしているかを知ることは、たいへん有益です。
3. ほかの者たち（例えば、競合企業）はどうすると思うか。

優れたリーダーはあらゆる場面をコーチングの機会と捉えている。コーチングで要をなすのも、質問のスキルだ。的確な質問をすることで、部下にみずから考えさせ、発見させ、探求させることができる。

■熟考と学習を促す

熟考には、思い出すこと、考えること、分析して誤りを見つけること、理性を働かせることと、理解しようと努めることが含まれる。熟考する力を鍛えれば、人間的にも、知的にも、精神的にも、社会的にも大きく成長できる。熟考を通じて、自分の思考の枠組みを越えることや、自分の世界観の前提を疑うことの必要性に気づくとき、「局面を打開する学習」が可能になる。そのような重要な学習、著名な教育学者ジャック・メジローのいう「変容的学習」のためには、熟考を促す質問が何よりも役に立つ。[*7] 質問することで、ダブルループ学習（なぜそれは起こったのか）や、トリプルループ学習（それが起こった背景には何があるのか）もできるようになる。

熟考すると、自分を深く見つめるようになるので、他者に対しても、もっと真の自分の気持ちや考えを話せるようになる。したがって部下に対して熟考を促すこと、つまり自分の内面にも目を向けるよう促すことは、わたしたちがそれだけ部下を深く理解することにつながる。

いい換えるなら、部下は自分のことを深く理解すればするほど、わたしたちに対して自分のことを自信を持ってさらけ出せるようになるということだ。ノバルティスのロバート・ホフマンは好例を提供してくれている。

たいへん優秀な人物といっしょに仕事をすることになったのですが、わたしと彼とは、問題や戦略を巡って、ことごとく衝突しました。彼はわたしとはかなり違う前提でものを考えているようでした。このときにわたしが学んだのが、質問を使って、相手の根底にある考え方を知ろうとすることがとても役に立つということです。わたしは次のような「熟考を促す」質問をしました。

「これをしたとき、あなたの念頭にはどういう考えがあったのか」

「これらの行動はどういう価値観から出たものなのか」

こういう質問をきっかけに信頼が生まれ、仕事でも良好な関係を築くことができました。

ダイアナ・ホイットニーは熟考や学習、キャリア形成を促すのに効果的な質問として、以下のような質問を提案している。

- どのように学ぶのがいちばん自分に合っているか。
- これまで自分を成長させるためにどういうことをしてきたか。
- 今回の経験で有意義だったことは何か。
- これまでに経験したキャリア形成のチャンスの中で、いちばんやりがいがあり、刺激的だったことは何か。
・それはなぜやりがいがあって、刺激的だったのか。
・それはあなたにどのようなメリットをもたらしたか。
・それは組織にどのようなメリットをもたらしたか。[*8]

もちろん、リーダー自身にも熟考は必要だ。経営思想家ジェイムズ・チャンピーは次のように述べている。「偉業を成し遂げる者は、自分を見つめる熟考によって自分の野心を抑制できる。自分の価値観に忠実であり続け、世界（と自分自身）をありのままに見つめ、夢の追求に限界をもたらしうる資源、すなわち時間と才能と時勢をじょうずに使いこなしている」[*9]

質問は、自分が当たり前と思っていること、エドガー・シャインのいう「前提認識」に疑問を投げかける。[*10] 質問すればおのずと相手の話を聴くことになるので、熟考を促す質問をすれば、自然と対話が生まれ、互いに助け合うようになる。リーダーシップ研究者のバーナード・バスが指摘するように、態度や、思い込みや、価値観を変えるためには、本人に熟考を促し、自身のメンタルモデルを見つめさせる必要がある。[*11] メンタルモデルに意識を向けない限り、人間は変われない。

リーダーに質問の仕方を教えているシンガポールのコンサルタント、ピーター・チェンは、以下のように場面別に効果的な質問の種類を紹介している。どういう質問をすればいいかを考えるときには、こういう分類も参考になるだろう。

1.「やればできる」質問。部下が自信を失っているとき、行き詰まっているとき、あるいは仕事ぶりがよくないときに使う。

2.「ギャップ分析」質問。部下に目標を達成させるために何が必要かを見きわめるときに使う。

3.「人心掌握」質問。部下があなたの提案に乗ってこないときに使う。

4.「発想転換」質問。不満に思うことよりも、新しい可能性に目を向けるよう部下を導くときに使う。

5.「助言」質問。部下から助言を求められたときや、部下の能力や知識に不足が感じられるときに使う。

6.「行動」質問。行動や献身を引き出すときに使う。

■辞められる前に成長を助ける

ビバリー・ケイとジュリー・ウィンクル・ジュリオーニの共著『会話からはじまるキャリア開発――成長を支援するか、辞めていくのを傍観するか』(佐野シヴァリエ有香訳、ヒューマンバリュー、2020年)には、リーダーが質問を使って、どのように社員の意欲や満足度を高めることができるかが紹介されている。3つの領域の質問をすることでそれは可能になるという。「これまでについて」、「これからについて」、「インサイト」がその3つだ。

「これまでについて」では、過去を振り返って、社員がどういう状況にあったか、何を好んでいるか、何を得意とするかといったことについて、理解を深める。

「これまでについて」の質問

・どういうことが、喜びや、活力や、あきらめずにがんばろうという気持ちをもたらしたか。
・どういうときに、退屈したり、やる気を失ったり、無意味なことをしているという気持ちになったりしたか。
・いつもうまくできること（得意分野）は何か。
・つい、してしまうことは何か。
・気が進まないのはどういう仕事か。

「これからについて」では、社員がつねに未来や外に目を向け、変化や、世の中の潮流や、たえず更新される大局といったことに関心を持つようにする。

「これからについて」の質問

・今までに学んだことで最も重要なことは何か。
・それはわたしたちの業界にとってどういう意味を持つか。
・それは自社にとってどういう意味を持つか。
・それは自社の製品やサービスや収益源にどう影響するか。
・それはあなたにとって（仕事や、人生の目標にとって）どういう意味を持つか。

「インサイト」の質問では、「これまでについて」と「これからについて」を総合することで得られた洞察を活用する。

「インサイト」の質問

- 2年後、5年後、10年後、あなたはどうなっていると思うか。
- そのときにどういうことをしていたいか。
- あなた自身の目標を実現するため、どういう技能や知識が必要になるか。
- 今のあなたに足りないことは何か。[*12]

■行動とイノベーションを引き出す

質問は問題（や可能性）についての「話」を「行動」の次元へと導き、人を現在から未来へと向かわせる。マリリー・ゴールドバーグが指摘するように、わたしたちの生活の中で、実行や達成や成長を促進しようとするうえで何よりも頼りになるのが、質問という手段だ。[*13]

質問は行動と分かちがたく結びついているので、わたしたちの関心や、認識や、意欲や、努力を引き出して、方向づけ、ひいてはわたしたちの発展の原動力になる。コノコフィリップスのマーク・ハーパーはさまざまな質問を使って、イノベーションや組織の活性化を図っているという。以下はその質問の例だ。

・実行可能な代替案はあるか。
・この提案にはどのような長所や短所があると思うか。
・懸念していることをさらに詳しく話してもらえないか。
・あなたの目標は何か。
・現状をどう判断しているか。
・改善案をいくつか挙げられるだろうか。
・いつまでに、何をするつもりか。

イノベーションや行動を引き出すためには、リーダーのほうから解決策を提示するのではなく、部下に自分で解決策を考えさせるのが肝心だ。そのためには、次のような質問をするといい。

「真の問題は何だと思うか」、「その方向で進めたら、どういう結果になると思うか」。組織心理学者ピーター・ベイルが述べているように、質問は相手に、まったく新しいもの、それまで誰も想像すらしたことのないようなものを自発的に生み出す力があることを気づかせることができる。[*14] イノベーションコンサルティング会社ストラテゴスの会長ゲーリー・ハメルによれば、イノベーターはたいてい次の4つのレンズを通して、世界を見ているという。

(1) 慣習化していることを探し、それに疑問を投げかける。
(2) 世界で変化していることを探し、その変化に秘められている大変革の可能性を見抜く。

（3）顧客の立場で考え、そのニーズを予想する。
（4）会社を事業体というより、必要なスキルが組み合わさったものと見なし、たえず「既知のことをどのように創造的に組み替えれば、新しいものを生み出せるか」と問い続ける。*15

エシカル・コーヒー・カンパニーの社長ジャン＝ポール・ガイヤールは、これまでにモーベンピック・フーズとネスレUSAで最高経営責任者、フィリップモリス・ヨーロッパとワーナー・エレクトリックでマーケティングマネジャーを務めた経歴を持つ。その長年の経営幹部としての経験の中で、ガイヤールは生産性を向上させ、行動を引き出すには質問をどのように使えばいいかについて、数々の洞察や知見を積み重ねてきた。彼は次のように話している。

「質問は自分にとっても相手にとっても、タフなものにしたほうがいいでしょう。部下は自分の力量を試されるときに、いつもより力を発揮するものです。質問をうまく使えば、部下を鼓舞できます。部下に目標を高く設定して欲しいというのが、わたしの質問の狙いです」

ガイヤールは一方で、次のようにも強調している。「部下の能力をフルに引き出すのは重要なことですが、無理をさせてはいけません。質問は、やりがいのある課題を生み出すものにするべきです。また質問は限定した答えを求めない、開かれたものにするべきですが、同時に、質問の効果や目的が薄れてしまわない程度には、焦点の絞られたものにする必要があります。理想は、部下の生産性を今よりも引き上げられる質問、部下自身の予想以上に引き上げられる質問をすることです」

■リーダーシップを養う質問

著名な経営者ローレンス・ボシディはラム・チャランとの共著『経営は「実行」――明日から結果を出すための鉄則』（高遠裕子訳、日本経済新聞社、2003年）の中で、次の世代のリーダーを育てることがリーダーの重要な役割のひとつだと述べている。[*16] ノキアの元人事部長ペンティ・シダンマンラカはわたしに次のように語っている。「リーダーシップとは、部下にそれまで知らなかった新しい場所を思い描かせたり、示したりすることです。セルフリーダーシップの方法を示すのが、優れたリーダーシップです」。リーダー・トゥ・リーダー・インスティチュート（旧ドラッカー財団）理事長のフランシス・ヘッセルバインも同意見だ。「持続可能な組織を築くことは、リーダーに課された大きな責任のひとつです。きょうの課題に対処すると同時に、あしたの成長の活力も組織に注ぎ込まなくてはなりません」。ヘッセルバインによれば、持続可能な組織を築くための鍵はふたつあり、ひとつは後継者を育てること、ただし「誰かひとりを選んで育てるのではなく、資質に恵まれた後継者候補の一団を育てる」こと、もうひとつは「組織全体にリーダーシップを浸透させて、あらゆる階層にリーダーがいる状態にすること」だという。[*17]

各人のリーダーシップの能力を育むうえで肝心なのは、質問を通じて、自分のことは自分で決められるという感覚をひとりひとりに持たせることだ。自分の考えを人から尋ねられると、わたしたちはもっとアイデアを練ろう、もっと話を聴いてもらおう、もっといろいろと試してみようという気になる。

コレクトコープのジェフ・カルーは次のように話している。「部下たち、とりわけ直属の部下たちには、わたしから学んでもらう必要があります。わたしの仕事のすべてを知ってもらわなくてはなりません。いずれは彼らにもっと役割を担ってもらい、できればわたしの今の役割の一部を引き継いでもらうのであれば、学んでもらう必要があります」

「リーダーシップのスキルを磨くため、きょう、何をしたか」と、TESOLのニール・アンダーソンは日々、自分に問いかけているという。[*18] エグゼクティブコーチングを手がけるイザベル・リマノクジーは、「答えよりも問いを重視すること」で部下が成長し、リーダーになるのを手助けしている。社員は得てしてリーダーを中心に考え、リーダーに答えを頼りがちだ。まるでリーダーがあらゆる知識の源泉であるかのように。

「わたしたちは社員を中心に考え、その知識と知恵を信頼します。彼らが自分では答えがわからないと思っているときでも、彼らに答えを探らせます。すると、やはり、彼らは必ず答えを見つけてくれるのです」と、リマノクジーは話し、次のように続けた。「そういうときには彼らの中で深い変化が起こります。自覚が深まるとともに、自分の中には質問によって掘り起こすことができる知恵があることに気づくからです」

部下との重要なやりとりにどう質問を使うか

リーダーと部下とのやりとりの多くを占めるのは、ふだんの職場でのやりとりだろう。しかしそのような日常的な仕事のやりとりのほかに、もっと堅苦しいやりとりをする場面もある。採用の面接や勤務評定などがそうだ。質問の使い方しだいで、そういうやりとりも、単なる形式的なものではなく、もっと有意義なものにすることができる。

■計画策定や目標設定のための質問

リーダーは定期的に部下と会議を開いて、プロジェクトや活動や懸念などについて話し合う必要がある。そのような会議では往々にして、「金曜日の午後3時までに報告書を提出せよ」といった指示が出される。計画策定や目標設定の会議では、リーダーは次のようなタイプの質問をすることで、もっと効果的な、有益な行動を引き出せるだろう。

- 何を達成する必要があるか。
- 何が現実的だと思うか。
- 目標達成までの道筋をどのように描いているか。
- どのようなリソースを使うか。
- どのような支援が必要か。

進捗状況を確かめるときには、次のような威嚇的ではない一連の質問をすれば、仕事をはかどらせることができる。

- 金曜の午後に提出することになっている報告書の作成は順調に進んでいるか。

・そのために必要な情報はすべて揃っているか。
・わたしがあらかじめ目を通しておいたほうがいい部分はあるか。

このような質問は、部下に目標について熟考を促すとともに、その達成のために何をする必要があるかを考えさせることができる。また、問題や誤解の恐れがある場合は、実行に移される前に、威嚇的ではない質問をすることで、隠れた落とし穴に気づかせ、対策を講じるチャンスを与えられる。[*19]

モルト・アメリカズのダグラス・イーデンは次のように話している。

わたしがいつも効果を実感しているのは、目標に関する質問です。よく次のような質問をしています。「今年の目標は何か」、「今年、何を本気で成し遂げたいと思っているか」、「その目標を達成したら、どういう変化がもたらされるか」。目標がはっきりすれば、優先順位を決めやすくなります。目標どうしの不一致にも気づけますし、周囲と連携もしやすくなります。

ポパイズ・チキンの元CEO、シェリル・バチェルダーは、社員を理解することがリーダーにとって大切なことだといい、次のような質問をよくするのだと話している。
「これまでの人生の中で、今の自分があるのはそのおかげだといえるような、多大な影響を受けた出来事は何か」

講演家、コミュニケーションコンサルタントのドロシー・リーズは、計画や戦略を練る会議で役に立つ質問のタイプを列挙している。

- 要点に注意を向けさせる質問。例：ジョンがこの問題に及び腰なのは、なぜだと思うか。
- 情報を得る質問。例：そこへ到達するにはどの道を進むのが最善か。
- 原因や関係を明らかにする質問。例：ボブとの対立がこの計画の進展にどういう影響を及ぼしているか。
- アイデアについて検討する質問。例：このようなやり方をしたら、どうなるか。
- 論点がずれないようにする質問。例：話を元に戻していいか。
- 意見や態度を引き出す質問。例：これについてどう感じるか。
- 指摘への反応を引き出す質問。例：これについてどう感じるか。
- 行動やアイデアや決定を提案する質問。例：～をしたら、どういう結果が得られると思うか。[*20]

質問に答えたがらない者に質問する場合は、時と場所を選ぶことが大切だ。第6章で述べたように、集団の前で意見をいうのが苦手な者に対しては、最初は、答えやすいよう、ふたりきりの場を設けて、質問したほうがいい。そのうちに自信をつけ、信頼を深めれば、どんな状況でも怖がらずに質問したり、答えたりできるようになるだろう。

■勤務評定のときの質問

勤務評定では、上司も部下もさんざんいやな思いを味わっている。どちらの側からもひどく嫌われているのが勤務評定だ。避けられるものなら避けたいというのがほとんどの人の気持ちだろう。しかし適切な質問を使えば、そんな勤務評定をもっと前向きなものにできる。楽しいものにすらできる。アボット・ラボラトリーズのスー・ウィットは、勤務評定でも質問を活用するよう勧めている。

勤務成績の向上を図るうえで、質問がいかに効果的であるか、いかに不可欠であるかが、部下との経験を通じてわかりました。勤務評定でも質問を使えば、大きな効果を期待できます。ただしそのためには相手に合わせた適切な質問をする必要があります。わたしの部下たちは、わたしからの質問をきっかけに、自分のしていることがじつは自分の目標の達成の妨げになっていることに気づけました。

クリス・クラーク＝エプスタインは、リーダーの優れた質問について研究する中で、勤務評定の面談で使うと効果が高い質問を発見した。以下がその例だ。

- あなたの仕事は会社にどのような貢献をしているか。
- あなたの仕事をよりよいものにするには、どうすればいいか。
- 誰がわたしたちの競争相手だと思うか。その競争相手をどう評価するか。

・あなたの仕事の妨げになっていることは何か。
・経営陣があなたの仕事を妨げていることはあるか。それは何か。
・経営陣の決定をもっと円滑に伝えるためにはどうすればいいか。
・この会社のどこかひとつを変えられるとしたら、何を変えるか。
・会社からどういう支援を受けられたら、助かるか。
・チームワークの状況はどうか。
・過去1週間で学んだことは何か。
・今の仕事のどういうところに喜びを感じているか。
・生きがいは何か。[*21]

勤務評定の面談前に、社員にあらかじめこのような質問を提示しておいてもいい。そうすれば、面談を対話の場にしやすい。その対話は、本人にとっても、上司にとっても、会社全体にとっても有益な行動や学習につながるものになるだろう。

大企業で20年以上の勤務経験を持つヘルスケア・エグゼクティブ・パートナーズのデイビッド・スマイクは、最後に必ず質問をひとつつけ足すのだと話している。

「いちばんといっていいぐらい効果的な質問は、最後につけ足す質問なんです。わたしは必ずこう尋ねることにしています。『わたしが尋ねておくべきことでまだ尋ねていないことはありますか。もしあれば、最後にその話をしましょう』と。この質問をすると、思ってもみなかった情報が得られることが多いんです」

メリーランド・ケミカル・カンパニーの社長、ジャネット・パートローは勤務評定で次のような質問をしているという。

・あなたの目標は何か。
・どのような成果を上げられたか。
・目標と成果のあいだに差はあるか。
・その差（目標を上回った場合も下回った場合も）を生んだ原因は何か。
・その原因を踏まえ、来月、その差を埋めるため、あるいは維持するため、何を継続するか。何を始めるか。何をやめるか。

■フィードバックする

勤務評定というものの性質上、リーダーの多くは前向きな質問をしようとするより、「建設的な」フィードバックをしてやらなくてはいけないという義務感に駆られやすい。建設的なフィードバックが必要であれば、いちばんいいのは、何に取り組んだらいいと思うかと、社員に尋ねることだ。

たいていの場合、社員は自分の欠点を強く意識している。社員自身が自分の欠点をいくつも数え上げているのであれば、その中でいちばん改善する価値がありそうなものをひとつかふたつ選んで、それに取り組めばいいと、リーダーは社員を促してやればいい。そうすることでコーチングの範囲に留まり、判定をせずにすむ。ペンティ・シダンマンラカによれば、部下へのフィードバックのときにこそ、質問は役に立つという。

フィードバックするにあたっては、いくつかの基本的なルールがあります。第一のルールは、最初に部下自身に改善のための振り返りをさせるということです。そうすると、たいていはとても率直な意見が返ってくるでしょう。そのうえでこちらからフィードバックするときには、質問を使います。例えば、「この件で、最高の仕事ができたと思うか。改善すべき点は見当たらないか。もしこのプロジェクトを一からやり直すとしたら、どこを変えるか」といった質問です。

部下自身に自分のいい点や悪い点に関して考えを深めさせるべきです。部下自身に最初にそれらに気づかせるほうがいいでしょう。部下のほうからこちらに対して、こういういい点と悪い点があるといえるようにするべきで、その逆にしてはいけません。ところが、たいていは逆になってしまっています。状況にもよりますが、わたしの経験では最も効果的なのは次のような質問です。

・調査の質問。例：なぜその方法でやったのか。実際に何をしたのか。
・具体的にする質問。例：例をいくつか挙げてくれないか。
・掘り下げる質問。例：そのような結論に至った理由をもう少し詳しく教えてくれないか。
・異議を唱える質問。例：ほかにもやり方があるとは思わないか。
・コーチングの質問。例：今回の件で何を学んだか。

・視点を変える質問。例：わたしたちの真の問題は何か。まったく違う取り組み方はできないか。
・まとめの質問。例：この点では合意できただろうか。解決策はどのように要約することができるだろうか。

■質問への返答を促す

勤務評定は社員にとって重大な意味を持つものであり、かなりの緊張を強いられる。だとするなら、質問するのをためらったり、ぎこちない返答をしたりしても、さほど驚くべきではないだろう。また社員は、あなたが本気で自分の考えを知りたいわけではないのだろうという疑念を抱くかもしれないし、返答の際に間違ったことや、愚かなこと、あるいはまずいことをいってしまわないかと、心配するかもしれない。

リーダー育成を手がけるマーシャル・ゴールドスミスは、リーダーが社員から本音を引き出したり、社員に積極的に質問させたり、答えさせたりするためにはどうしたらいいか、有益なアドバイスをしている。彼によれば、どんな会話でも最初にその目的を説明して、相手の警戒心（だまされているのではないかとか、本心がわからないとか）を解くことが肝心であり、そのためには次の6つの論点を会話に盛り込むといいという。6つの論点を巡る質問はどれも、あなたが何を伝え、何をしようとしているかを理解してもらうのに役立つものになる。

1．わたしたちはどこへ向かっているか。わたしもそれについてどう考えているかを話すので、きみがどう考えているかを話して欲しい。

2. きみはどこへ向かっているか。わたしもそれについてどう考えているかを話すので、きみがどう考えているかを話して欲しい。

3. きみの仕事でうまくいっていることは何か。わたしもそれについて感じていることを話すので、きみが感じていることを話して欲しい。

4. きみは自分のどこをどのように改善したいと思っているか。わたしもそれについて提案するので、きみが思っていることを話して欲しい。

5. わたしに手助けできることはあるか。わたしも自分にできると思うことをあとでつけ加えるので、きみがわたしに期待する手助けや支援を教えて欲しい。

6. わたしに対して、こうしたほうがいいという提案はないか。わたしは何をする必要があるかについて、わたしも自分が考えていることを話すので、きみが考えていることを聞かせて欲しい。*22

やり方しだいでは、勤務評定は必ずしも批判や否定の場にならない。勤務評定を上司と部下の双方にとって学習の場にできるかどうかは、質問をうまく使えるかどうかで決まる。

■入社したての社員への質問

リーダーにとって、新しい社員が環境に慣れ、経営陣を信頼できるように手助けするうえでも、社員のアイデアを尊重する会社であることを示すうえでも、刺激を与えて行動を起こさせるうえでも、入社初期というのは打ってつけの時期だ。この時期には次のような質問が役に立つ。

- この会社で働こうと思った理由は何か。
- この会社はどのような会社だと思うか。
- 新しい社員（または古い社員、顧客など）にわたしがひとつ質問するとしたら、何を尋ねるのがいちばんいいと思うか。
- わたしに尋ねたいことはないか。
- 仕事と人の両方の面で、知っておきたいことは何か。
- 5年後には何をしていたいか。

世論調査会社ギャラップの会長、ジム・クリフトンは、「新しい社員にどうやって『われわれの一員』になってもらうか」という問いの答えを考えることに多大な時間を割いているという。新人研修の目的は、職業人生を通じて土台になる基礎、数四半期ではなく数十年にわたって仕事の支えになる基礎を身につけてもらうことにあると、クリフトンは述べている。しかし、新人研修をよりよいものにしようと努力する企業は多いが、新人研修の成果に満足しているリーダーは10人にひとりぐらいしかいない。クリフトンによれば、新人研修を有意義なものにするためには、全員に次の5つの質問に答えてもらう必要があるという。

1. わたしたちが信じていることは何か。
2. 自分の強みは何か。
3. 自分の役割は何か（世界各国の企業を対象にしたギャラップの調査によると、自分が仕事で何を期待されているかがわかっている社員は、約50％しかいないという）。
4. 自分の協力相手は誰か。
5. この会社での自分の将来はどのようなものになるか。[*23]

クリス・クラーク＝エプスタインは、新しいリーダーに対しては次のような質問をすることを勧めている。

・あなたがリーダーに任命されたのはなぜだと思うか。
・あなたが最も尊敬するリーダーはどういうことをしたか。
・あなたが優れたリーダーになるためには、何を学ぶ必要があるか。
・あなたのリーダーとしての成長を助けるため、わたしたちには何ができるか。[*24]

リーダーになったばかりの時期というのは、新任の「ういういしさ」を利用できる絶好のチャンスでもある。この時期には、無知な質問をしても、丁寧に答えてもらえる。この会社ではなぜこうしているのかといった質問もしやすいし、部下に会社のどういうところに不満があるかについて、ありのままの気持ちも尋ねやすい。とりわけ、リーダーが「新米」と思われているあいだに部下に尋ねておくとよいのは、「いい仕事をするのを妨げていることは何か」という質問だ。

■ベテラン社員への質問

ビバリー・ケイとシャロン・ジョーダン＝エバンズは共著『部下を愛しますか？ それとも失いますか？』（大川修二訳、産業編集センター、２００１年）で、読者に次のように問うている。「たいていのリーダーが部下に次のような質問をするのは、どういうときが最も多いと思うか。『どうすれば会社に留まってもらえるだろうか』」

もしあなたがこの問いに「退職面談のとき」と答えたとしたら、それは正解だ。しかし、その時点では、もうそのような質問をしても、たいていは間に合わない。その優秀な社員はすでにドアの外に片脚を踏み出しているのだから。ケイとジョーダン＝エバンズが指摘しているように、多くのリーダーが退職面談ではいい質問をしているのに、優秀な社員を引き留めることができるもっと早い段階では、なぜかいい質問をしていない。ふたりは過去10年にわたって、退職慰留の面談で管理職がどういう質問をよく口にしているかを調べている。以下はそのトップ5だ。

1．現在あなたが担っている役割のうち、どれを変えれば、留まることを考えてくれるか。
2．もし魔法の杖があり、部門やチームや組織に関して、一点だけ変えられるとしたら、何を変えたいか。

3. あなたの仕事のやりがいを高めるために、わたしたちにできることは何か。
4. 十分に評価されていないと感じる部分はあるか。どのように評価されたいか。
5. 今年は、どういうことを身につけたいか。[*25]

組織心理学者のピーター・ベイルは、自分を見つめ、自身の個人的な動機を深く理解することこそ、リーダーにいちばん欠かせないスキルだと述べている。リーダーとして成長しようとする社員には、熟考する実務家になれるよう後押しすることが大切だ。質問を通じて、つねに変わり、成長しようという姿勢が、あらゆる能力を伸ばすための土台になる。[*26]

熟考のための問い

1. 質問を使って、どのように部下の能力を引き出すことができるか。
2. 質問を使って、どのように同僚や部下に熟考や学習を深めさせることができるか。
3. 部下が自分でよりよい解決策を見出すのを助けるには、どのような質問をすればいいか。
4. 質問を使って、行動や意欲を引き出すにはどうすればいいか。
5. 自分やほかの者たちのリーダーシップを磨くには、どういう質問をすればいいか。
6. 計画策定や目標設定では、どういう質問が役に立つか。
7. 勤務評定ではどういう質問をするべきか。
8. 新しい社員を助けるにはどういう質問をするのがいいか。
9. フィードバックにはどのような質問を使えばいいか。
10. 創造性を高めるにはどういう質問をすればいいか。

第8章　質問でチームを築く

現代の組織では、何事もチームで取り組むのが主流になっている。経営幹部チームもあれば、部門横断型チームも、プロジェクトチームも、オンライン上のチームもあり、そのほかにもまだまだたくさんのチームがある。『学習する組織——システム思考で未来を創造する』（枝廣淳子、小田理一郎、中小路佳代子訳、英治出版、２０１１年）著者のピーター・センゲは、あらゆる企業においてチームが必須の構成要素となり、今では意思決定や業務の執行を担う主要な単位になっていると述べている。[*1] 経営コンサルタント、トム・ピーターズも、重要なことは集団で取り組まなくてはいけなくなっているといい、その背景には顧客や、スピードや、学習や、効率の要請があると指摘する。[*2] 20世紀を代表する人類学者マーガレット・ミードはかつて次のように述べた。「本気で世界を変えようとしている小さな集団の力は、けっしてあなどれません。実際、世界を変えられるのはそういう集団だけなのです」

とはいえチームに問題がないわけではない。慈善団体ベルカナ研究所の共同創始者マーガレット・ウィートリーがいうように、「チーム」が「厄介ごと」と同義語のようになっている組織はあまりに多い[*3]。残念ながら、集団が最初からうまく運営されることはまずなく、多くの場合、その運営はその後も改善されることがない。チームのメンバーは集団の効率の悪さや、集団内の面倒な人間関係や、揉めごとに悩まされている。

チームの厄介さを象徴しているのはチーム会議だ。たいていの会議では議題があらかじめ決まっていて、質問したり、自由に考えを述べ合ったりする時間がほとんど設けられていない。具体的な成果は乏しく、合意内容が実行に移されることも少ない。話し合いはつねに緊張をはらみ、一方通行で、しばしば敵意を含んでいる。議題がはっきりしていても、会議の目的はあいまいということもある。本来、チーム会議はメンバーに明確な方向性を与えて、意欲を引き出し、チームを活気づけるものであるべきだ。ところが、逆に活力ややる気を奪うものになっていることがとても多い。

本章では、リーダーがチームの機能を改善し、問題を解決し、対立を解消するうえで、どのように質問を活用できるかを見ていきたい。

質問するコーチとしてチームを率いる

バージニア・ビアンコ＝マティスは従来型のリーダーとコーチ型のリーダーという分け方をしている。指示を出すリーダーが従来型で、質問するリーダーがコーチ型だ。従来型のリーダーは管理に重点を置いて、リスクを最小限に抑えようとし、メンバーを自分の思いどおりに動かそうとする。そのようなリーダーには、一方的に命じる、変化をコントロールする、情報を共有しない、議論を嫌うといった傾向が見られる。従来型のリーダーにとって、チームはあくまでリーダーの手足となるものだ。したがって、そのようなリーダーに率いられたチームは、十分に成長できず、リーダーへの依存から脱却できず、質問もほとんどせず、潜在的に持っている力を発揮できない。[*4]

一方、質問を使って指導するコーチ型のリーダーは、チームを会社への貢献を目的とする、自立した存在と見なしている。そのようなチームはつねに成長し続けられる。コーチ型のリーダーのもとでは、信頼や、支援や、率直な議論を育む文化が築かれる。メンバーに自分の能力や長所に気づかせ、集団としての力を高められるのもこのタイプのリーダーの特徴だ。２１０頁の表には、両タイプの違いが一覧にしてある。

スー・ウィットはファイザー時代、医薬品製造会社のワーナー・ランバートとの合併に伴って、新しいチームを結成したときのことについて、次のように話している。

わたしはメンバーに各自が担っている仕事を話してもらいました。ワーナー・ランバートとの合併では、さまざまなことを前に進めるため、さまざまな人を必要としました。どのように連携するかも考えなくてはなりません。会議室に集まった面々が部屋の中を見回して、どういう人間がいるか、確かめ合っていたのを今でもよく覚えています。誰がどういう役割を担うことになるのかは、誰も知りませんでした。

わたしがこのときにすぐに気づいたのは、質問を使うことへのためらいが思っていたほどみんなにないことでした。誰もが自分の役割を果たすためには学習しなくてはならなか

従来型のリーダーとコーチ型のリーダーの行動とチームへの影響

従来型のリーダーの行動	コーチ型のリーダーの行動
抑制や管理に重点を置く	拡大や促進に重点を置く
思いどおりにメンバーを動かそうとする	メンバーに自分で考えて行動させる
行動のタイミングを逸してでもリスクを最小限にする	迅速で柔軟な行動を促し、創造的な解決策を奨励する
命令する	メンバーに問題や解決策について相談する
メンバーとのあいだに主従関係を築く	メンバーとパートナーの関係を築く
情報や知識を占有する	情報や知識を共有する
変化をコントロールしようとする	変化を先導する

チームへの影響	チームへの影響
チームの成長が制限される	チームが改善と成長を続ける
いわれるまで動かず、指示に従う	責任を果たすことに価値が置かれる
消極的になり、絶対確実なことしかしない	積極的になり、日常的にリスクを取る
共有や、質問や、提案をしない	互いに助け合う。連携やチャンスを大切にし、自分たちで問題の解決策を見つけようとする
肩書きで判断され、扱われる	ひとりひとりが深く関わり、責任を持ってことにあたる
責任感や信頼関係が育たない	責任感や信頼関係が育まれる
反発心や恐れを抱き、力を十分に発揮できない	変化を受け入れ、不屈さや適応力を発揮する

ったからでしょう。いい質問をすることは不可欠でした。このチームは質問を通じて、協力できたおかげで、ほんとうにうまくいきました。ほかのチームと違って、口論がなく、笑いながら仕事をしているといって、上司たちが感心したほどです。

コノコフィリップスのマーク・ハーパーは、チームを率いるうえで、質問を4つのことに使っているという。

ひとつには、別の視点からものごとを見るよう促すために使います。無意識に抱いている偏見を浮かび上がらせ、それを改めることは、特に合併後の環境ではたいへん重要です。第2には、すべての問題を残らず検討するために使います。これまで、すべての懸念事項を聞かされていないのではないかと感じることがよくありました。そういうとき慎重に質問を使って、懸念事項をすべて浮かび上がらせるのです。

第3には、全員に重要な問題に取り組ませるために使います。これは会議でのこともあれば、一対一の話し合いでのこともあります。

第4には、直属の部下に対するコーチングのセッションで使います。

ハーパーとウィットの経験に示されているように、リーダーはみずから質問を使うとともに、メンバーにも質問を使うよう促すことで、さまざまな角度からチームを強化できる。巧みに質問を使ったり、あるいは質問を促したりすることは、次のような数多くの個々の目標

を達成するのに役立つ。

・問題の解決に協力して取り組む。

ひとりひとりに責任があり、チームの成功のためには一致協力する必要があることをメンバーに気づかせるには、次のような質問をする。

「この問題は自分たちにどういう影響をもたらしているか。わたしたちにはどのような助けが必要か。意思の疎通や連携をよくするにはどうすればよいか。この件で力になれる人間はほかにいるか」

・価値観や目標を共有する。

メンバーたちがいっしょに目標を明確にし、チームのすべきことについて合意できるようにするには、次のような質問をする。

「わたしたちは何をめざしているのか。違う見方をしている者はいるか。この目標の先にある最終的な目的は何か」。全員がただちにチームの目標に賛同するとは限らないこと、メンバーどうしで互いに質問し合うことで初めて、目標についてのコンセンサスは得られることを、質問を使って気づかせる。

・メンバーどうしで協力して戦略を立てる。

メンバーが過去に経験したことのない問題や状況に直面することは多い（経験の豊かな者だけでなく、新鮮な問いを提起できる者も加わっているチームの場合は特にそうだ）。すべての答えを知っている人間はいないことに気づかせるには、次のような質問をする。

「マーケティングの観点からは、どういうことがいえるか。製造の観点からは、どういうことがいえるか。ほかにつけ加えることはないか。これらの違う考えをどのようにひとつにまとめることができるか。わたしたちはこれですべての可能な選択肢を検討しただろうか」[*5]

・士気を高める。

デイビッド・スマイクは次のように話している。

「士気を高めたいとき、質問の力はばかにできません。例えば、『このプロジェクトで、ほかのメンバーがきみの助けになれることはないか』と尋ねるだけで、士気はかなり上がります。あなたがチームのメンバーを成功に導きたいと思っていること、自分の仕事を後回しにしてでもメンバーを手助けしたいと思っていることがメンバーに伝われば、メンバーのパフォーマンスは上がり、しかもストレスは減ります」

・規範を明確にし、浸透させる。

チームの団結力を高められる、独自の強力な規範を根づかせるには、次のような質問をする。

「わたしたちはいい状態にあるだろうか。注意深くお互いの話を聴いているだろうか。互いのやりとりでうまくいっていない部分はあるか。それはどうすれば改善できるか。十分に考えることなく、提案を退けてしまっていないか」

・互いに敬意を払い、互いの考えを尊重する。

リーダーがチームの全員に対して、深く考えられた質問をし、その答えに注意深く耳を傾けるなら、メンバーに最高の手本を示せる。ひとりとして除外される者がいないよう、もし気後れして黙っているメンバーがいたら、名前で呼びかけ、次のように尋ねる。

「何かつけ足したいことはないか」
・学習を深めるとともに、ほかのメンバーの学習も助ける。
メンバーどうしが互いに学び合い、その学んだことを組織全体のために役立てるよう促すには、次のような質問をする。

「この問題に関して、経験がある者はいるか。ほかのアイデアはないか。きみの部門はこれについてどのように感じているか」
・現状を正しく理解する。
視覚障害者協会の会長兼CEOギジェット・ホプフは、ファクトチェックをするのにとても便利なのが質問だと話している。


紛糾した取締役会後に開いた幹部会議で、わたしはひとりひとりに次のように尋ねました。「今回の取締役会で、何を聞き、何を得たか」と。この質問をすることで、みんながどう感じているかを明らかにし、確かめることができました。ひとりひとりが議論をどのように受け止めたかも知ることができました。嘆いたり、愚痴をいったりする場にせず、状況を明確にできたのです。ときどき、何気ない調子で自分の考えを口にして、メンバーから反応を引き出そうとすることもあります。例えば、幹部チームには次のように尋ねたりします。

「チームにわずかに亀裂が生まれている気がするのだけど、そんなふうに感じることはないだろうか。わたしの思い過ごしだろうか」

率直な議論を促す

チーム運営に関する著作で知られる経営コンサルタント、パトリック・レンシオーニは次のように指摘している。「異議を唱えることが許されず、腹を割った話し合いができないチームでは、同じ問題が何度も何度も繰り返される」

率直に意見を述べたり、反論したりすることができないと、なかなか学習することができず、いつも同じ問題にぶつかってしまい、そこから先に進めない。レンシオーニはさらに次のようにつけ加えている。「対立を避けることに必死なCEOは、たいてい、深刻な意見の不一致を避けることでチームを強化できると考えて、そうしている。これは皮肉なことだ。なぜなら、そういうCEOが実際にしているのは、生産的な対立を抑え込んで、解決しなくてはならない問題を放置し、かえって事態を悪化させることなのだから」と。[*6] レンシオーニは、メンバーどうしのあいだで徹底的に議論が尽くされないうちは、メンバーはチームの集合知を十分に活用できず、自分の判断に自信を持てるようにならないと、強調している。

ジョン・スチュアート・ミルも、活発な議論の大切さを説いているひとりだ。ミルの『自由論』には、反対側の意見に耳を傾けることには次のような利点があると書かれている。

——言い負かされた側の意見は間違っているかもしれない。ただしその意見には真実の一部が含まれていることはありうるし、実際、含まれていることが多い。対立した意見がぶつかり合うことで初めて、真実の全体は見えてくる。たとえ受け入れられた意見が単なる真実ではなく、真実の全体だったとしても、徹底的かつ誠実な反論にさらされない限り、その真実は大多数の人には、あくまで先入観として、つまり合理的な根拠についての理解や確信が不十分なまま、受け入れられることになる。[*7]

チーム育成の専門家ショーン・グレイズは、質問とは「気づきへの扉である」と表現し、チームの性格や問題やチャンスについて、リーダーに気づきを与えられるのが、優れた質問だと述べている。

意思決定の過程でメンバーに考えを尋ねれば、意思決定に彼らを関与させることができ、最終的にどんな決定に至るにしても、メンバーから支持を得やすくなる。また検討の不十分さや、予期せぬ反発によって、決定したことの遂行が妨げられるリスクも減る。組織変革を手がけるザ・アクセルロッド・グループの代表リチャード・アクセルロッドは次のように述べている。

「会議では、参加者が支持や疑念を自由に表明できるやりとりがなされなくてはいけない。賛成するのも、反対するのも、等しく重要なことだ」[*8]

リーダーが質問を使って率直な議論を促せば、疑念についても検討でき、ひいてはそれを解消できる。メンバーは決まったことに単に黙って従うのでなく、行動方針に賛成し、積極的に取り組むことができる。責任を持つとは、全体のために主体的に行動することであり、そのような行動は合意から生まれ、義務や命令からは生まれない。

コミットメントとは、責任を持って行動することにほかならない。コミュニティーとは、ひとりの成功はほかの全員の利益になるという意識のことであり、互いに結びついた状態のことだ。全員が互いに知恵や、視点や、献身を共有し合えるようになるためには、互いにいい質問をすることが欠かせない。

第7章で熟考の効果について論じた。有意義な学習はメンバーの熟考から生まれ、有意義な熟考はいい質問といい議論から生まれる。リーダーは質問を使うことで、メンバーに行動ややりとりを振り返らせることができ、ひいては議論や学習、思考、創造性の質を高められる。そのときのリーダーの質問は開かれたものでなくてはならないし、多様な視点を肯定するものでなくてはならない。第5章で述べたように、聴くスキルにおいても、質問するスキルにおいても、リーダーは手本を示す必要がある。チームのメンバーが反対意見を述べやすい質問をしよう。また、チームとして自分たちが何をしているかや、それをどのように改善できるか、何を学んでいるか、学んだことをどのように自分や組織のために活かせるかといったことを深く考えさせるような質問もしよう。みずからも学習し、チームを成功に導こうとするあなたの熱意がチームに伝わるはずだ。

チーム会議を活性化させる

本章の冒頭で述べたように、チーム会議は活力ややる気を奪うものになっていることが多い。退屈そうにしている者や気が散っている者がいたら、質問をして、注意を引きつけよう。前に紹介したチャド・ホリデイの次の言葉を思い出して欲しい。

「誰かに質問されると、わたしは目が覚めるんです。別の視点に立たされます」

質問はチームや個人に考えるきっかけや、学ぶきっかけを与える。誰かが質問をすると、メンバーは話に耳を傾けたり、共有されている事実を探したり、あるいは意見や視点を弁護したりせざるを得なくなるので、チームにおのずと活気が生まれる。また、質問は対話も生み出す。対話が深まれば、誰もが個人の枠から外へ出て、それまで見えていなかった全体へと目を向け始める。

会議の始まり方がその会議の雰囲気を決めることは少なくない。会議がどう進むかや、どういう成果を生むかは会議の始まり方によって大きく左右される。質問を使うと、チーム会議の始まり方も好ましいものにできる。マーガレット・ウィートリーは会議の冒頭には次のような質問をするといいとアドバイスしている。

- 今回、わたしたちはどういう経緯でここに集まったのか。
- (いい争わずに)どのように考えの違いにまずは耳を澄ますことができるだろうか。
- 話し合いをあまりぎすぎすしたものにせず、なるべくリラックスしたものにするにはどうすればいいか。[*9]

アクセルロッドはチーム会議を活気づかせるための質問の使い方をいくつか提案している。

- 自分の考えを売り込まず、逆に、自分の考えのどこに欠点があるかを参加者に尋ねる。そしてその答えに注意深く耳を傾ける。そうすることで、疑念を口にしていいということがみんなにわかる。また、会議を自分の案を売り込む場ではなく、みんなでいい案を練り上げる場にできる。

・順番にひとりずつ話す機会を与えて、問題に対する考えを尋ねる。会議は得てして、ひとりかふたりの独演会になってしまいやすい。全員から意見を聞くことで、議論を前に進められ、その問題に決着をつけられるようになることは多い。

・理解と同意を区別する。ある人の考えを理解したからといって、その考えに同意したことにはならない。ただし、理解することで溝は狭まる。理解しようと努めることは、相手の視点で世界を見ようとすることだ。そのような努力をするとき、相手とのあいだに信頼関係が芽生え、それまでは考えられなかった新しい解決策を見出せる可能性が生まれる。[*10]

会議の最後には、今回の会議でよかった部分と、次の会議で改善すべき点を尋ねるといいだろう。終わったばかりの会議について、いくつかの質問をして、メンバーに振り返らせないと、学習も改善もなく、いつまでも会議をよりよいものにできない。会議の締めくくりに、次のような質問をすれば、メンバーの学習を助けられる。

・今回の会議はどの程度の成功といえるか。
・よかった部分はどこか。
・改善できる部分はどこか。

・できるのにしなかったことは何か。
・次回の会議では、どこを改善するか。

また、メンバー全員に断定はなるべく控えて質問を多く使うよう心がけさせることで、誰もが議論に加わりやすくなる。会議をひとりの独演会にしてしまうのも防げる。会議中の質問にはそのほかに、個人とチームのどちらの次元でも、適応や、変化や、成長を促進できるという効果がある。

チームが壁を乗り越えるのを後押しする

問題解決のプロセスのどの段階においても、チームが行き詰まり、どちらへ進んでいいかわからなくなることはある。そういうとき、メンバーはリーダーに状況を判断するとか、問題を説明するとか、解決策を示すとかいったことを期待しがちだ。自分から動こうとせず、リーダーがそういう役割を担ってくれるのをただ待っている。賢明なリーダーはこのような罠にはまらない。質問を使えば、メンバーに自分で考えて行動することを促せる。スー・ウィットのチームがそうだったようにだ。前にも紹介したがウィットは次のように話している。

「プロジェクトが当初の計画からずれてしまったとき、わたしは部下に、そのような選択をした理由を考えるよう促しました。すると部下たちは自分でいろいろと考え、話してくれました。わたしがよく尋ねたのは、『なぜこの方法を選んだのか。それは目標の達成にどのようにつながるのか』ということです」

ウィットの部下たちが問題に正面から取り組んで、責任をまっとうしようという気になったのは、質問されたからだった。

チームに新しい角度からものごとを見させることで、現状を打開できるようにするには、次のようなタイプの質問をするといい。

・開かれた質問

「はい」か「いいえ」のような、限定された短い答えを求める閉じられた質問と違い、開かれた質問はメンバーに考えを発展させ、自分たちにとって何が重要か、自分たちは何を明らかにすべきかを探求させることができる。また、開かれた質問は、正当化や自分の立場を守ることではなく、熟考や問題の解決を図ることを促せる。例：「～についてどう思うか」、「～について詳しく考えを聞かせてくれないか」、「どんな可能性を思いついたか」、「もし～だったらどうなるだろうか」。

・明確化の質問

相手のいっていることが判然としないときや、状況が十分に把握できないときなどは、詳しい説明を求める質問をする。例：「わたしの理解が正しいか、確認させてもらえるか。きみは～について話しているのか」、「きみは～といっているのか」、「別の言葉でいってもらえるか」。

・細部を確かめる質問

相手のいっていることに不明確な点があるときには、情報を求める質問をする。例：「具体的に、きみはどういうことを試したのか」、「きみは彼に『何をいちばん懸念しているか』を尋ねたか」、「彼は自分のしていることに問題があることは認めているのか」。

・刺激する質問

行動の指針を示すのではなく、質問を通じて、提案や選択肢を伝える。命じず、尋ねることにより、相手に深く考えさせ、協力の精神を保つ。例：「わたしの理解が正しいか、確認させてもらえるか。きみはきみへのフィードバックにもとづいて目標を設定することについて話しているのか」。これは相手に暗に、フィードバックを目標設定の指針にするよう勧める質問になる。同じように、「ジョンに何を懸念しているかを尋ねたか」という質問は、ジョンに懸念事項を話させるという選択肢を相手に伝えることができる。

・深く探る質問

出来事や行為について、深く掘り下げ、相手がどういう動機からそういうことをしたのかを突き止める。例：「なぜこれは起こったのか」、「なぜ、そういう結果になると思ったのか」。

・要約する質問

鍵となる問題や行動を捉えた質問をして、議論を締めくくるよう促す。例：「今回話し合ったことの重要な論点は何だったか」。

■チーム内の対立に対処する質問

意見が対立するのは自然で、健全なことだ。複数の視点を持つことの利点を活かそうとする組織にあっては、むしろ期待されることでもある。対立は、チームの営みに不可欠な要素だ。チームにはさまざまな考え方のメンバーがいる。そういうメンバーどうしが個々の問題について違う見方をするのは当然だろう。そこで大切なのは、その違いを解決しようとする過程で、互いから学ぶということだ。健全な対立では、取り組まなくてはいけない課題に焦点が当てられる。その課題を巡っては意見の違い、価値観や立場の違い、あるいは判断しだいでどういう影響が及ぶかに関する予想の違いといったものが見られるだろう。[*11] 質問が盛んに交わされていれば、それは対立が健全なものであることの証拠だ。

対立が不健全なものになるのは、次のような場合だ。対立が権力や報酬や資源を巡る争いになるとき。意思の疎通を欠いたり、個人的な恨みに影響されるとき。会議の運営がまずいとき。メンバーがチームの目標より個人的な目標を優先するとき。不健全な対立が生じていると、メンバーのあいだで質問よりも断定的な言い方が増える。

チーム内の対立に対処しようとするとき、リーダーはどういう質問を使えばいいのか。メンバーのあいだに信頼関係を築くにはどうすればいいのか。交渉術の専門家ウィリアム・ユーリーは次のような点に注目するといいとアドバイスしている。

1. どうすれば人と問題とを区別して、対立の原因を探ることができるか。
2. 双方のどういう目標が対立しているのか。
3. それぞれの側が望んでいることは何か。
4. どちらの側も問題をはっきりと理解しているか。
5. 双方に相手の視点から対立を眺めるよう促したり、相手の身になって相手の考えを理解しようとする「積極的傾聴」を促すにはどうすればいいか。
6. 双方の利害が一致する点はどこか。
7. 問題になっている事柄は何か（双方が主張していることは何かではなく）。
8. 双方が望むことをそれぞれどのように実現できるか。
9. 双方の望むことのあいだで両立し得ないことは何か。
10. 双方のいちばん重要な目標は何か。
11. 問題を解決に導くため、どのような選択肢を提示することができるか。
12. どのような客観的な基準にもとづいて、この問題について判断すればいいか。
13. 友好的に反対するにはどうすればいいか。[*12]

モーリシャスのビジネス・プロセス・アウトソーシング（BPO）会社DCDMのパートナーで、DCDMビジネス・スクールの理事を務めるエリック・シャルーは、対立に対処するときの質問の効果について、鋭い分析を加えている。シャルーによれば、「質問することで、対立を理解へと導くことができる」という。自分自身の見方に固執しているうちは、他者の視点からものを見ることができない。自分自身の見方に問いを突きつけられると、わたしたちは困惑し、そうした状態に置かれることで、ほかの見方を知ろうとする気持ちが生まれる。チームの全体がそのような困惑を経験するとき、新しい可能性を探ろうとする気運は高まる。

経営コンサルティング会社ラティチュード・リーダーシップのジャヤン・ウォリアーは、

たったひとつの質問をきっかけに、自分が率いていたチームを対立から学習へと導けたエピソードについて、語っている。

わたしがまとめ役を任されたある企画会議でのことです。メンバーは10人で、期待の持てる顔ぶれでした。最初のうちは、順調に進みました。戦略的な目的も、重点目標も、測定可能な成功の基準も、トントン拍子に決まっていきました。それがあるところで、突然、意見が割れ、チームが真っぷたつに分かれてしまったのです。両者の議論はしだいにエスカレートしてほとんど口論のようになり、黙り込む者もいれば、暴言を吐く者もいました。20分もそんな状態が続いたとき、わたしが割って入って、次のように尋ねました。

「初めのうちはチームとして協力していたのに、いったいどこで、分裂してしまったのだろうか」

メンバーがいったんいい合うのをやめて、考えを巡らし、フリップチャートのページを逆にたどっていくと、チームをタスクグループに分けるのが早すぎたこと、チーム全体の重要な決定がなされる前にタスクを割り振ってしまっていたことがわかりました。この発見はこのチームに大きな転機をもたらし、以降も、チームを導く教訓になりました。

メンバーどうしで質問し合うことは、チームにいくつもの恩恵をもたらす。ひとつには、メンバーのあいだで信頼関係が育まれ、連携が緊密になり、団結が強まる。目標や行動についての合意が形成されやすくなったり、メンバーがそれぞれの権限や専門知識を活かして、

チームに貢献しやすくなったりもする。さらに、チーム内に問題についての共通の理解と合意が生まれるとか、互いに何をしようとしているかがわかるとか、独創的な戦略が遂行されるとかいったことも、メンバーのあいだで質問が交わされることで初めて可能になる。要するに、ひとことでいえば、適切な質問は、チームをひとつにまとめる「接着剤」になるということだ。

■チーム力を強化する質問

50年以上にわたり、肯定的な質問を使うという手法を用いて、チームの育成を手がけているマイク・ペグは、チーム力の強化のためには、（a）チームの強み、（b）チームのプロジェクト、（c）チームの戦略という3つの観点から、次のような質問をするのが効果的だと説いている。

（a）チームの強みに関する質問：

- チームの強みは何か。
- 「良」や「可」ではなく「優」の成績を上げられる活動は何か。
- これまでを振り返ったとき、チームワークが最も見事に発揮されたのはいつか。
- チームが最も得意とする顧客は、どういう種類の顧客か。

（b）チームのプロジェクトに関する質問：

・早い段階である程度の成果を上げるためにはどうすればいいか。
・鍵となるステークホルダーと良好な関係を築くにはどうすればいいか。
・どうすればチームのメンバーがそれぞれの強みを発揮できるか。

（c）チームの戦略に関する質問：
・チームがほんとうに望んでいるのはどういう結果か。
・チームはどういう成功を思い描いているか。
・成功の確率を高めるためには、どういう戦略を採るのが最も有効か。
・目標の達成のため、各メンバーの強みをどのように組み合わせられるか。
・メンバーどうしでどのように励まし合うことができるか。[*13]

成績がいいチームほど多くの質問をする

経営学者のエミリー・ヒーフィーと心理学者のマルシャル・ロサダがミシガン大学時代に実施した、チームに関する大規模な調査によると、成績のいいチームは成績のよくないチームに比べ、22倍多くの質問をしているという。[*14] リーダーがメンバーに質問をして、答えを探させるとき、リーダーは単に情報を共有しているだけではなく、責任もメンバーと共有している。チームとは本来、責任を共有し合う集団のことだ。

従来型のリーダーはチームを自分の指示どおりに動く便利な道具と見なし、情報や責任を共有しようとしない。しかし、われわれがインタビューしたリーダーたちが知っているように、現代の世界ではもはやそのようなやり方は時代遅れであり、効果的ではない。チームの力が最大限に発揮されるのは、責任が共有され、アイデアが共有され、問題が共有され、成果が共有されるときだ。だから、チームの誰もが優れた問い手になれるよう助けることは、最強のチームを築くためのきわめて確実な方法なのだ。

熟考のための問い

1. チームを自分の思いどおりに動かそうとするのでなく、チームの成長を助けようとするためには、どういう質問を使えばいいか。
2. 主体的な行動やリスクテイクを促すにはどうすればいいか。
3. チームのメンバーとどのように協力すればいいか。
4. どうすればチームをうまく質問で率いることができるか。
5. チームのメンバーに他者の視点からものを見させるにはどうすればいいか。
6. チーム会議で率直な議論や対話を促すにはどうすればいいか。
7. チーム会議を活性化するにはどうすればいいか。
8. 対立に効果的に対処するには、どのような質問を使えばいいか。
9. チームのメンバーとどのように責任を共有すればいいか。
10. チームのメンバーに問題の解決に役立ついい質問をさせるには、どのような手助けをすればいいか。

第9章　質問の力で、問題を解決する

ある解決策に飛びついてしまい、あとになってから、後悔したことはないだろうか。あのときに質問をして、話を聞いていれば、もっと別のはるかにいい答えを見つけられていたはずなのに、と。経営思想家ニロファー・マーチャントは、問題を解決できるかどうかは、いい質問ができるかどうかにかかっていると指摘している。いい質問をすれば、「問題を正しく捉えることができ、状況をクリアに見られるようになる」という。問題がはっきりするほど解決しやすくなり、強力でなおかつ持続可能な行動を起こしやすくなる。[*1] ピーター・ドラッカーも、問題の解決において最も多い失敗の原因は、リーダーが「正しい質問よりも正しい答えを見つけること」に重点を置いてしまうことにあると述べている。

コンステレーション・ジェネレーション・グループの副社長フランク・アンドラッチは、問題解決に取り組むときには質問が重要だと強調している。「問題を解決するのにも、問題を掘り下げるのにも、問題の解決のプロセスに各自の性格が影響するのを最小限に抑えるのにも、質問を使うことはきわめて有効です。ある問題解決のためのチーム会議では、発言していいのは〝質問するとき〟と〝質問に答えるとき〟だけというルールを提案して、メンバーに了承してもらいました。質問を使うことで、問題が明確になったのに加えて、質問に答えるときにだけ発言できるようにしたことで、はるかに円滑に情報がやりとりされるようになりました。しかも、もっぱら質問し、質問に答えるという形にしたおかげで、提供された情報も、以前に比べて格段に正しく理解されるようになりました。わたしはこのときにはっと気づいたんです。従来のように断定的にものをいうより、適切な質問をするほうがチームを率いる手法として優れているのだ、と」

リーダーは問題の解決にあたっては、意識してさまざまな視点を取り入れる必要がある。問題が複雑であればあるほど、多様な視点を取り入れる努力が重要だ。初めのうちはそのせいで、かえって面倒なことが生じるかもしれないが、異なる視点は問題の解決にとっても、戦略の立案にとっても、けっして無駄ではない。間違いなく、役に立つ。

なぜなら、ひとつには、第2章で述べたとおり、わたしたちは問題を聞かされたり、あるいはじかに経験したりすると、それだけで問題を知り尽くした気になってしまうからだ。さらに危険なことに、ほかの者たちもみんな自分と同じように問題を理解していると思い込んでしまう。

現実には、同じ問題を聞かされても、あるいは経験したとしても、人によってそれをどう受け止めるか、どう理解するかは著しく異なる。とりわけ自分たちが適応を求められる問題の場合にはそうだ。

技術的な問題と適応を要する問題

リーダーシップの研究者、ロナルド・ハイフェッツとドナルド・ローリーは、今日の組織やリーダーが直面する問題を「技術的な問題」と「適応を要する問題」の2種類に分けている[*2]。

技術的な問題とは、問題を解決するために必要な知識がすでに文書やマニュアルとして存在する問題だ。そのような問題を解決するためには、必要な知識を効率よく、合理的な方法で入手し、物理法則に従うようにそっくりそのまま活用すればいい。技術的な問題には、直線的で論理的な解決策がある。過去に自社あるいは他社で解決された前例もある。技術的な問題はある程度まで機械的なものであり、その解決には質問をさほど必要としない。少なくとも優れた質問は要らない。

しかし、適応を要する問題には、確立された対策がない。問題にぴったりと合った専門知識などというものもない。問題を正しく把握するのにも、解決策を遂行するのにも、質問と、熟考と、学習が必要だ。そのような問題に直面したリーダーが取り組まなくてはならないのは、いかにメンバーに痛みを伴う適応（考え方や、業務の慣習や、基本的な前提や、そのほかのあらゆる仕事の側面において）を遂げさせるかという課題だ。また同時に、それまでなかったものをメンバーが創り出せるよう、その学習を導かなくてはいけない。

適応を要する問題には、既存の解決策がない。組織の集合知と個々のスキルを、自分たちに固有の状況を打開するために活用しなくてはならない。そのような務めを果たすためには、これまで身につけてきた習慣をいったん捨てて、今のスキルだけでは間に合わない課題に取り組めるよう、新たに学ぶ必要がある。また、どういう価値観どうしがぶつかり合っているのかを深く理解することも求められる。適応を要する問題が、把握するのも解決するのもむずかしいのは、組織全体の取り組みを必要とするからだ。

適応を要する問題への取り組みは、得てして避けられがちだ。それも無意識のうちに避けられていることが多い。この問題を放置すると、たいがい最初は、現実を客観的に把握する能力が低下するという形でその影響が現れる。社員たちは最初、いつものやり方で、状況を見きわめ、対処しようとする。しかしいつものやり方が通用しないと、現実から目をそらして、当面の安定を得ようとしてしまい、ほかの観点を検討したり、自分たちの考え方や前提を見直したりしようとしない。そのような検討や見直しをすれば、おのずと不確かな状況を長引かせることになるからだ。

質問を通じて、ほんとうの問題を知る

イルカは視界の悪い水中でものを「見る」のに、ソナー（音波探知機）のような能力を使っている。クリック音と呼ばれる音波を発して、反響が戻ってくると、その反響を頼りに、食べ物を見つけたり、障害物や捕食者を避けたりできるのだ。「質問はビジネスにおけるソナーのようなものだ」とマーチャントはいう。「適切な質問をすると、ほんとうの問題を見つける手がかりが得られる。また、質問には、肝心なこととそうでないことをより分ける働きもある」[*3]

質問が必要とされるのは、答えを得るためばかりではない。関係する全員に問題について

理解しようという気を起こさせたり、相手から反応を引き出したり、相手に考えさせたりするためでもある。質問の目的は、解決策を見つけることだけではなく、探求や学習のきっかけを与えることにもある。もちろん問題の探求や解決にも、質問を使うことはきわめて有効だ。ある調査では、ものごとを明らかにするうえでも、相手の同意を得るうえでも、みんなの意見をまとめるうえでも、質問は必ず断定に優ることが示されている。[*4]

問題に取り組むときの最初のステップは、技術的な問題であれ、適応を要する問題であれ、何が問題であるかを知ることだ（これは自明のことのようだが、残念ながら、なされていないことはめずらしくない）。したがって、まずは問題が何であるかを十分によく理解するため（例えば、それがゾウであるということ）、いくつもの観点から眺めたり、新鮮な質問をしたりすることが肝要になる。そして、それがゾウであることが合意されたときに初めて、ゾウを歩かせるための有効な戦略を練ることが可能になる（例えば、ゾウの脇腹を叩く、ゾウに好物を見せる、など）。問題の全体を見渡せる視野を獲得するためには、互いに率直で新鮮な質問をし合い、互いの返答にじっくりと耳を傾けることが欠かせない。

効果的な問題の解決のためには、ばかげた質問（正確にいえば、新鮮な質問）をすることが許され、促される環境を築くことが必要だ。最初から直接、正しい答えを見つけようとするより、まずはみんなに自由に質問をさせて、正しい問いを見つけることに専念するほうがいい。正しい問いはわたしたちを正しい答えへと導いてくれる。質問はチームの全員に、自分たちがどういう知識を持っているかに気づかせ、それをどう活かせばいいかを考えさせることができる。チームのメンバーどうしで質問し合ううちに、しだいに答えや戦略に関して、チーム内にコンセンサスが形成されていく。なぜなら、ほかのメンバーの考えがはっきり理解できるようになると同時に、自分自身がどう考えていたかも、よりはっきりとわかるようになるからだ。

ワーナー・ランバートがファイザーに吸収合併されたとき、ロバート・ホフマン〔訳注：もともとワーナー・ランバートに勤務していた〕は両社の統合作業にフルタイムで携わった4人のひとりだった。ホフマンは当時のことについて次のように話している。

ある事業のことを調べていたとき、新薬の開発プロセスの効率が求められる水準に達していないことを示すデータが見つかりました。そこでわたしは、どういう原因が考えられるかと周りの人間に尋ねました。質問を繰り返すことで、わたしたちはチームのリーダーシップに問題があることに気づきました。こうして質問をきっかけに、チームリーダーの選び方が大きく変更されることになりました。ファイザーからも全面的な同意を得られました。それまでわたしたちの会社でリーダーに選ばれていたのは、リーダーとして有能な人物ではなく、研究者や化学者として優秀な人物だったのです。質問の結果、新しい能力の評価基準が作られました。

質問を重ねると、当初の「問題」を解決することがほんとうに事態の改善につながるのかどうかを慎重に見きわめられる。問題を解決するためには、真の問題は何なのかを明らかにし、それについてチームで合意することが、何よりも最初にすべきことであり、なおかつ、最も肝心なことでもある。性急に解決策に飛びつけば、間違った問題を解決することになりかねないからだ。ホフマンの場合も、もし新薬の開発プロセスを刷新していたら、期待したような結果は得られなかっただろう。

画期的な問題解決に不可欠なものとしての質問

世界を変えるような偉大な思想家は、独自の問いを立てているものだ。エドワード・バーガーとマイケル・スターバードのベストセラー『限界を突破する5つのセオリー――人生の大逆転を生むスマート思考術』(中里京子訳、新潮社、2013年)で使われている表現を借りるなら、みずから「自分のソクラテス」になっているのだ。[*5] 質問することには、質問に答えることと同じぐらい重要な意味がある。質問は相手の好奇心をかき立て、問題の解決策を見つけやすくする。質問をすることで、隠された前提が浮かび上がり、個人であれ、チームであれ、問題の解決に取り組む者たちが代替案を検討することが可能になる。

歴史的な発明はすべて、それまでに誰も問わなかったことを問うことから生まれた。問いが優れているほど、優れた洞察が引き出され、ひいては優れた解決策が見つかる。

ジャン゠ポール・ガイヤールは長年、モーベンピック、ワーナー・エレクトリック、フィリップモリス、ネスレといった企業で重役を務める中で、質問のおかげですばらしい成果を上げられたことが何度となくあったという。例えば、ベルトゥッチをロレックスに品質で劣らないブランドへと育てたときのことについて、次のように話している。

わたしは社員に高い目標を持たせるのにも、社員の意欲や創造力を引き出すのにも質問を使っているんです。腕時計メーカーのベルトゥッチでは、従来の戦略に甘んじてはいけないと焚きつけました。どうすればもっと頭を働かせられるか。どのように自社の規模の小ささを活かせるか、わたしたちにできるのはほんとうにこれだけか。わたしたちの強みは何か。もっといい方法はないか。そういった質問を使いました。その結果誕生したのが、ベルトゥッチのすばらしい腕時計です。ロレックスのものよりも品質が20％高く、ベルトが丈夫で軽く、値段は格段に安いという腕時計です。

国際的なコンサルタントで金融アドバイザーのシャミル・アリーは、世界各地の企業との仕事の中で、質問が決定的な役割を果たすことがあることを知ったという。ガイアナで仕事をしていたとき、同国の経済改革の行動計画を策定するチームに加わったことがあった。彼はその会合で「外国からの投資を呼び込むため、ガイアナ政府には何ができるでしょうか」と尋ねた。そんな単純で直接的な質問によって、政府による国の売り込み方ががらりと変わり、英語が通じることや、文化や、天然資源が魅力として打ち出されることになった。

カタール大学ビジネス・スクールと仕事をしていたときには、「湾岸6カ国（カタール、サウジアラビア、クウェート、アラブ首長国連邦、バーレーン、オマーン）すべての企業資源計画（ERP）システムを統合できないだろうか」と質問したことがきっかけとなって、前例のない規模のデータ共有や指標の統一が進んだ。ルーマニアでは、「ルーマニア人にもっと国内産のワインや農産物を消費してもらうには、どういう行動が必要か」というアリーの質問から、ヨーロッパの輸出規制への対応策として「ルーマニア製品を買おう」というキャンペーンが始まり、成功を収めた。

リーダーの育成を手がけるング・チョン・センは著書『あなたの質問は?』(What's Your Question?、未訳)の中で、問題を解決するときに役立つ質問を数多く挙げている。いずれもリーダーに求められる重要なスキルにもとづくものだ。以下にその一部を紹介しよう。

- 批判的に検討する。例:わたしたちが解決しなくてはならないほんとうの問題は何か。
- 顧客に焦点を当てる。例:わたしたちの顧客は何を必要としているか。
- 傾聴する。例:彼の話の背景には何があるのか。
- 変化を受け入れる。例:どうすれば変化を受け入れやすくなるか。
- 戦略的に考える。例:今から5年後、わたしたちはどうなっているか。
- 全体に目を向ける。例:解決策はほかにもないか。

強力な質問モデル

トーマス・ヨハンセン、トーマス・シュペヒト、ヘンリー・クライフの3人が考案した「パワフル・クエスチョンズ・モデル」(241頁の図)は、筆者たちが知る限り、過去20年のあいだに考案された質問モデルの中で最も包括的なものだ。[*6] 3人は問題を解決するためには、次の4種類の質問をするといいと提案している。

1. 状況――現在の状況を明らかにする質問
2. 視点――問題を理解するため、多くの視点を取り入れる質問
3. 可能性――将来の選択肢を探したり、新しい可能性を生み出したりする質問
4. 行動――取るべき行動を明らかにする質問

図の縦軸は、質問の意図が「明らかにする」ことにあるか、「生み出す」ことにあるかを示し、横軸は、質問の方向が過去を向いているか、未来を向いているかを示す。組み合わせごとにそれぞれ4～6個、質問の例も記されている。

問題解決の各段階に応じた質問

経営コンサルタントで著述家のマリリン・ウッド・ドードリンは問題解決のプロセスを4段階に分け、段階ごとにそれぞれの目的（情報収集、熟考、洞察、知識の活用と次の行動のための学習）に適した質問をすべきだといい、各段階で特にどのような種類の質問をすると、最も効果的であるかを説いている。[*7] また質問は、これらの4段階を通じて、可能性を開き、意味を明確にし、段取りをつけるためにも使われる。

・問題を明確にし、捉え直す段階
この段階では「何（what）」の質問が最も役に立つ。「何」の質問は、情報を集めて、状況を明らかにするのを可能にするとともに、チームのメンバーが真の問題を理解するのを助け

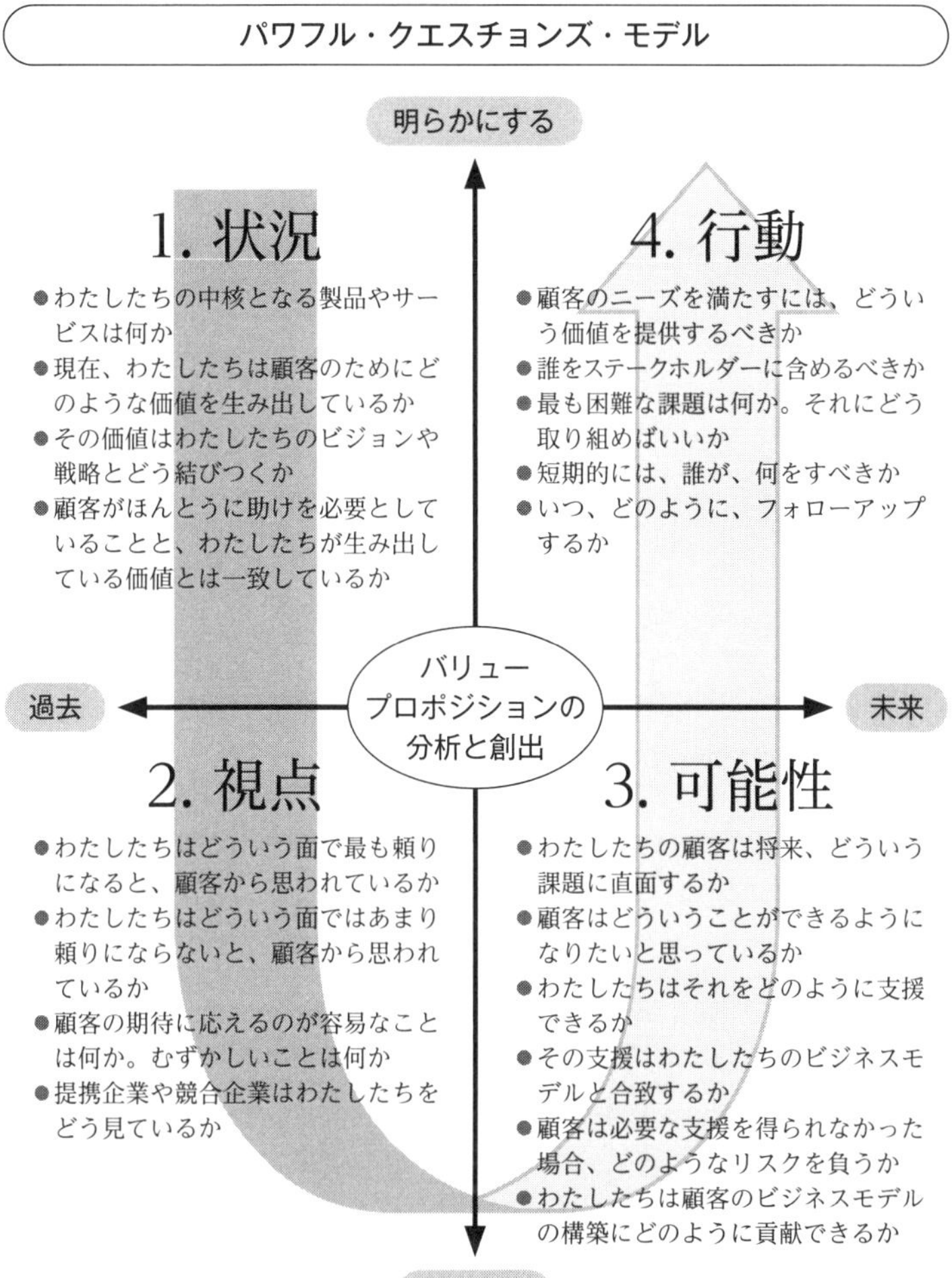
パワフル・クエスチョンズ・モデル
明らかにする
1. 状況
●わたしたちの中核となる製品やサービスは何か
●現在、わたしたちは顧客のためにどのような価値を生み出しているか
●その価値はわたしたちのビジョンや戦略とどう結びつくか
●顧客がほんとうに助けを必要としていることと、わたしたちが生み出している価値とは一致しているか
4. 行動
●顧客のニーズを満たすには、どういう価値を提供するべきか
●誰をステークホルダーに含めるべきか
●最も困難な課題は何か。それにどう取り組めばいいか
●短期的には、誰が、何をすべきか
●いつ、どのように、フォローアップするか
過去
バリュー
プロポジションの
分析と創出
未来
2. 視点
●わたしたちはどういう面で最も頼りになると、顧客から思われているか
●わたしたちはどういう面ではあまり頼りにならないと、顧客から思われているか
●顧客の期待に応えるのが容易なことは何か。むずかしいことは何か
●提携企業や競合企業はわたしたちをどう見ているか
3. 可能性
●わたしたちの顧客は将来、どういう課題に直面するか
●顧客はどういうことができるようになりたいと思っているか
●わたしたちはそれをどのように支援できるか
●その支援はわたしたちのビジネスモデルと合致するか
●顧客は必要な支援を得られなかった場合、どのようなリスクを負うか
●わたしたちは顧客のビジネスモデルの構築にどのように貢献できるか
生み出す

出所：T. Johansen, T. Specht, and H. Kleive, *Leadership for Sustainability – Powered by Questions* (Aarhus, Denmark: MacMann Berg Press, 2020), p. 90.

る。これにより全員が合意できる形で、問題が捉え直される。例えば、「〜で最も重要なことは何か」といった質問だ。

・問題を分析する段階

この段階では、「なぜ（why）」の質問が最も効果を発揮する。例えば、「なぜ、それは重要なのか」、「なぜ、そうなったと思うか」、「なぜ、そのように感じたのか」。

・仮説を立てる段階

「いかに（how）」の質問を使うと、チームレベルでも、個人レベルでも、暫定的な問題の説明や対処法を考えやすくなる。「この状況はほかの問題といかに似ているか（またはいかに違っているか）」、「ほかにいかなるやり方がありうるか」、「いかに介入すればいいか」。

・行動する段階

この段階では、チーム内で行動計画を説明する（異なる行動計画を比較検討する）、予測を共有する（異なる予測を比較検討する）といったことが行われるだろう。ここではふたたび「何」の質問が重要になる。「このことは将来の行動にとって何を意味するか」、「今、何をするべきか」。

チキン専門のファストフードチェーン、チックフィレイの副社長マーク・ミラーも、質問は問題の特定にも解決にも役立つと話している。以下は彼が問題を解決するときに実際に使っている質問の例だ。

・現在の問題は何か。真の問題は何か。
・この問題について、データからは何がいえるか。
・最も広く捉えるなら、それはどういう問題だといえるか。
・最も狭く、ピンポイントで捉えるなら、それはどういう問題といえるか。
・問題の根本的な原因としては、何が考えられるか。
・それらの疑われる原因のうち、最も大きい原因と考えられるのはどれか。
・問題にいちばん近くで関わっている者は、何といっているか。
・問題を解決するため、これまでにどういうことが試みられたか。
・他社で同じ問題はどのように解決されているか。
・コンサルティング会社に問題の解決を依頼したら、うまく解決できると思うか。
・問題解決の取り組みが成果を上げているかどうかは、何を基準に判断すればいいか。
・行動計画の実行責任者は誰か。[*8]

チームで問題の解決に取り組むとき、質問はある段階から次の段階へと取り組みを進めるのに役立つ。ロバート・ホフマンはそういう目的のために質問をどう使っているか、次のように話している。

――ノバルティスのように研究を重視する企業の会議では、次から次へととめどなく質問が繰り出されます。ですから、究明しようという意識は強くていいのですが、反面、延々と議論が続き、なかなか話がまとまりません。わたしが発見したのは、そういう状況で議論に終止符を打ち、みんなの考えをまとめるには、質問をするのがいちばん効果的だということでした。自分が聞いて理解したことを確かめる質問をするのです。例えば、「こういう議論がされていたようにわたしには聞こえたのだが、わたしの理解は正しいだろうか。選択肢は何と何か。その中からわたしたちはどれを選べばいいか」というように。

質問し合うことで初めて、問題についての認識がほんとうに共有され、ほかのメンバーの考えが理解でき、ひいては画期的な戦略や解決策が導き出される。質問は、適切なときに適切な仕方でなされることで、チームをひとつにまとめる「接着剤」になる。答えの種は質問の中にすでに宿されているものだ。だからいい質問をするほど、いい解決策が生まれ、いい学習がもたらされる。同じように熟考が深ければ、それだけ個人もチームも大きく成長できる。

問題を解決する作業は、質問を使って視野を広げることから始めなくてはならないこと、そのあとで的を絞るべきであることが、実際に質問することから始めてみるとわかるだろう。最初にチームに問題の全体像を摑ませなければ、つまり「ゾウの全身」を見させなければ、有効な目標も具体的な戦略も立てられない。問題を俯瞰的に眺める視点を獲得するには、メンバーどうしで率直な質問をし合い、互いの返答にじっくり耳を傾けることが必要だ。アクションラーニング（巻末の資料B）においても、じっくりと返答に耳を傾ける質問のプロセスと、その結果として生まれる、ばかげた質問（正確にいえば、新鮮な質問）が許され、促される環境が要をなしている。

質問と対話による問題解決

メリーマウント大学のバージニア・ビアンコ＝マティスは、集団で問題を解決しようとするときに使うと効果がある質問の例を列挙している。246頁の表はその一覧だ。[*9]

■深い質問

いい質問ができることは、さまざまな考え方に異を唱えるうえでとても大事なことだ。創造的な問題解決への道はそのような質問によって開かれる。問題に対して責任を負っている者が、学ぶための質問（責めるための質問ではなくて）をするとき、その集団内にはそれまでとは違う新しいエネルギーと活気が生まれる。学ぶための質問は、「もし〜なら」や「いかに」や「なぜ」を使って、問題の解決者たちの先入観を揺さぶり、別のシナリオがほかにもいろいろとありうることを教えてくれる。

前提やあいまいな部分を深く掘り下げる質問は、チームのメンバーが行動に適切な優先順位をつけるのを助けると同時に、学ぶべきことがあるとメンバーに気づかせもする。メンバーはしだいに、単なる問題の解決者ではなく学習者として成長するためには、学習と行動の両方が重要であり、どちらもおろそかにできないことを理解し始める。そうすると、そのチーム内では、問題の解決だけではなく、いかにメンバーの学習能力を高めるかということにも重点が置かれるようになる。

対話で質問する

何をするか	何を尋ねるか
自分の考えを伝え（「わたしはこう考えている。そう考えるに至ったのは、こういうわけだ」）、意見を求める	別の情報を持っていないか
違う見方をするよう促す	違う考え方の者はいないか。これはほかにどのように見ることができるか。ほかにどういう選択肢があるか
相手のロジックを理解する	どうしてそう考えたのか。その結論にどのように至ったのか
根拠を示すよう促す	わたしにもわかるよう詳しく説明してくれないか
自分の理解が正しいかどうかを確かめる	あなたがいっているのはこういうことだと理解して、間違いないか。それは誰それに会って話がしたいということか
大きな文脈や意味を捉える	提携している販売会社との取り決めにそれはどう影響するか。顧客にはどう受け止められるか
手段に関して合意を得る	目的の実現のため、わたしたちは今、何を利用できるか。目標の達成に役立つと分かったものをどのように使えばいいか。これを前へ進めるため、次に何をすればいいか

出所：V. Bianco-Mathis, L. Nabors, and C. Roman, *Leading from the Inside Out* (Thousand Oaks, CA: Sage, 2002), p. 71.

メンバーは互いに質問し合い、重要な問題や課題についての理解を深めるにつれ、取るべき行動についてもそれまでとは違った視点で考え始める。そのような内面的な変化には、古い知識を捨てること、新たに学び直すことが伴う。それが新しい行動の指針を築くのに役立つのだ。

質問や熟考を活かすには、適切な考え方や価値観、態度がなくてはならない。方向性が間違っていると、学んだことがなかなか成果につながらない。

問題解決に取り組みながら質問に磨きをかける

問題解決のスキルの中でおそらく最も肝心で、最もものをいうのは、実際に問題の解決に取り組む中で、自分（たち）の質問をよりよいものにしていける能力だろう。交わされている質問そのものを少し省みることで、問題解決につながるもっといい質問を思いつくことがある。そのためには、みずからに次のように問うといい。

- 自分たちの質問の質はどの程度か。
- どういうタイプの質問が交わされているか。
- 互いの質問を十分に活かしているか。
- 質問がほんとうに役に立っているか。
- もっといい質問をするにはどうすればいいか。
- 自分たちの質問はどんな効果をもたらしているか。

いい質問をすれば、それだけ問題を理解する力も、解決する力も高められる。

同意を得やすくする質問

ハーバード大学交渉学研究所の所長ウィリアム・ユーリーは、問題解決の場面においてメンバーの同意を得るためには、次の5つの質問が役に立つと説いている。

1. 「なぜ」と尋ねる。「なぜ」と問うたび、たまねぎの皮を1枚1枚むくように、覆いが剝ぎ取られ、やがて問題の核心に至ることができる。

2. 「なぜ」の質問が通用しないときは、「このようにしてはどうか」と尋ねてみる。つまりこちらから選択肢を提示して、考えを尋ねてみるといい。そうすると、その返答から、相手がどういうことに関心を持っているのかが見えてくることが多い。

3. 「仮に〜したとしたら、どうだろうか」と尋ねる。こう尋ねることで、相手の立場に異を唱えずに、解決策を提案できる。例えば、「仮に、それではなくこれを試してみたら、どうだろうか」。あるいは、「あなたの案が業績にプラスになることを役員会に説明するのを、わたしが手伝ったらどうだろうか」。

4. 助言を求める。例えば、「あなたがわたしの立場だったら、何をするだろうか」、「次にわたしがするべきことは何だと思うか」のように。このような質問は相手に判断を仰いで、相手を喜ばせる一方で、こちらの立場を理解してもらうきっかけにもなる。

5. 開かれた質問を使う。「方針の変更はできないのではないか」ではなく、「この方針の目的は何か」や「進め方について、アドバイスしてもらえないだろうか」と尋ねる。[*10]

問題解決のためのグループを成功させるには

筆者（マーコード）が戦略的人事アドバイザーのローランド・ヨーとともに実施した、成功している問題解決グループの調査では、それらのグループの成果やイノベーションに役立っているのは次の5つの特徴であることが明らかになっている。

1. いい質問をし合う。
グループで効果的に問題を解決するためには、いい質問（有益で、秩序立っていて、洞察に富んだ質問）をし合うことが欠かせない。互いに適切な質問をし合うことで、正しい視点でものを見ることが可能になり、ひいては、問題の解決にも互いに力を合わせて、賢明に取り組めるようになる。

2. メンバーに主体性がある。
メンバーがそれぞれ、自分自身の成長のために学び続けたいという意欲を持っていることが重要。自信を持って行動できるよう、メンバーは学ぶことにそれぞれ責任を持たなくてはならない。

3. 学ぶことが重んじられる。
グループで課題に取り組みながら、ほかのメンバーから学ぶことは、視野を広げるうえでも、互いの経験を活かすうえでも、たいへん有益だ。そのような学習はいい質問をするのにも役立つ。

4. じっくり聴く。

グループの中から画期的な問いが生まれるためには、すべてのメンバーがものをよく観察し、注意深くほかのメンバーの話に耳を傾ける必要がある。じっくりと話を聴くことで、疑念が取り除かれるとともに、鋭い分析を加えることが可能になる。

5. 自信と安心。

問題の解決になんらかの貢献ができるという自信が、すべてのメンバーになくてはならない。またメンバーが支え合い、互いに質問を促し合うことも必要だ。そうすることで疑念やあいまいさに対処しやすくなり、ひいては、むずかしい問題を克服したり、最適な戦略を立てたりすることが可能になる。[*11]

熟考のための問い

1. 問題を解決しようとするとき、自分は答えよりも質問を重視しているか。
2. 問題が技術的なものか、適応を要するものかは、どのように見きわめられるか。
3. 問題解決の段階に応じて、質問を使い分けているか。
4. 次の質問をする前に、前の質問を振り返り、その反省を活かしているか。
5. 新生面を切り拓くつもりで質問しているか。
6. 大局的な観点から根本的な原因を探り、問題の解決を図ろうとしているか。
7. 前提を疑い、新しい視点を得るため、新鮮な質問をしているか。
8. 質問の中に秘められている潜在的な論点を読み取ろうとしているか。
9. 問題に対する共通の理解をどのように築けばいいか。
10. 質問を使ってどのように創造的な代替案（行動、戦略）を生み出せばいいか。

第10章　質問を駆使し、戦略を立て、変化を生み出す

リーダーが企業のビジョンや目的や戦略を考えるときには、外に目を向けなくてはならない。したがって、その質問も、自社の壁の外を広く見渡したものでなくてはならない。企業の戦略についての問いとは、詰まるところ、自社が外の世界とどのような関係を結ぶかについての問いだ。どの市場で勝負するか、誰を顧客にするか、どこと組むか、どのように製品やサービスを提供するか、どのようにベンダーに業務を委託するか、地域社会やそのほかのステークホルダーとどのような関係を築くか。ビジョンや価値観についても、やはり外を見なくてはならない。もちろん外部の人たちに自社の価値観を決めてもらうわけにはいかないが、企業の価値観は外部のステークホルダーたちの視点を無視したものであってはならないし、自分たちが直面する課題に見合ったものである必要がある。本章では、社内外のステークホルダーへの質問に焦点を当てながら、質問を使って戦略を立て、変化を促進する方法について考えていきたい。

質問には組織に大小さまざまな変化を起こす力がある。戦略を立てるときに、質問は顧客

い企業は、質問を使って変化を促進している。

や市場、ベンダー、地域社会、そのほかのステークホルダーと自社を結びつけるのに使うことができる。価値観を築くのにも、社内に価値観を浸透させるのにも使える。対応のすばやい企業は、質問を使って変化を促進している。

質問を使って新鮮な視点を取り入れる

社員は社内に蓄積されている知識や確立されている手順に縛られがちだ。リーダーは定期的にそのような集団の知恵がほんとうに役立っているかどうかを問わなくてはいけない。編成や、戦略や、価値観や、業務の手順といった、組織の文化や運営に影響しているものについて、それらの背後にある考えが適切かどうかを問えるようになる必要がある。戦略的な問題に取り組むときには、新鮮な視点が絶対に欠かせない。さもないと新しいチャンスを見逃し、市場の危険な兆候に気づけず、新しいビジネスモデルを構想できないということになる。

企業コンサルタントのマリリー・アダムスは次のように断言している。「何をめざしているのであっても、新しい可能性を切り拓きたかったら、質問することが不可欠だ。情報を集めるのにも、信頼関係を築くのにも、客観的にものを考えるのにも、あるいはサプライチェーンの連携をよくするのにも質問は欠かせない。また、優れた質問のスキルは、行き詰まりを打開したり、むずかしい決断を下したり、新しいものを生み出したり、変化に対処したりするときの土台にもなる」[*1]

ケビン・シェアラーはバイオ医薬品分野の世界最大手アムジェンのCEOに就任すると、そのときにはすでに同社の社長を8年務めていたにもかかわらず、上位の幹部100人とあらためて面談した。「会社に新しく加わった者であろうとなかろうと、新しい視点を持ち込まなくてはなりません」と、シェアラーはウォール・ストリート・ジャーナル紙に語っている。その面談で各幹部に尋ねたのは次の5点だという。

1. 何を続けたいか。
2. 何を変えたいか。
3. わたしに何をして欲しいか。
4. わたしが何をするのを恐れているか。
5. わたしに聞いておきたいことはあるか。[*2]

こうして、シェアラーと経営幹部たちは会社の新しいビジョンに合意した。それは透析を中心に据えていたそれまでの事業を拡大して、もっと競争のはげしい医薬品市場に進出し、アムジェンを「世界一の治療の会社」にするというビジョンだった。

組織がめざしているものが何であっても、質問を使うことで新しい可能性を見出すことができる。新興市場を理解するのにも、情報を収集するのにも、重要な信頼関係を築くのにも、客観的にものを考えるのにも、学習するのにも、あるいは組織を発展させるのにも、質問は役に立つ。組織の編成や、戦略や、価値観について深く問うことで、創造性の扉が開かれ、「それまで存在しなかったものが呼び起こされる」。だから、アダムスが最近のわたしたちとの会話の中で指摘しているように、「適切なときに、適切な仕方で、適切な相手に、適切な質問をすることが、あらゆる発見のきっかけになる」のだ。

フロリダのウォルト・ディズニー・ワールド（WDW）が質問の威力を知ったのは、ランドリー部門における85%という年間離職率の高さに対処しようとしたときだった。当初、ディズニーは外部業者にランドリー業務を委託することを考えた。しかし幹部陣が集まって話し合った結果、別の方法を探そうということになり、ランドリー部門で働いているキャスト（WDWで従業員はキャストと呼ばれている）に判断を委ねることが決まった。ランドリー部門のキャストたちが尋ねられたのは、次の2点だった。

1. あなたの仕事をもっと楽にするために会社にできることは何か。
2. ゲストへのサービスを改善するためには、どこを変えたらいいと思うか。

最初、キャストたちはそのように尋ねられても、自分たちの返答が会社への批判と受け止められるのを恐れて、思っていることをそのまま口にする気になれなかった。キャストたちの本音が聞かれ始めるまでには、約6カ月かかった。それでもキャストたちがやっと自分の考えを述べ始めると、ディズニーの幹部陣はその声に耳を傾けた。その結果、実際にいろいろなことが変わった。例えば、キャストの提案にもとづいて、彼らがそれぞれ自分の作業台の高さを自分で使いやすいように調整できるようになった。エアコンの吹き出し口も、作業スペースの天井に取りつけられた。また、それまではランドリーカートから汚れた洗濯物を取り出すのに、鉤型の道具が使われていて、シーツがたびたび破れていた。これもキャストの助言を参考にして、道具に改良が施され、年間数十万ドルもの経費の節減が実現した。ほかには、シーツやタオルを自動でたたむ機械も改良された。この機械にはシーツやタオルを前へ送り出すベルトがついていたのだが、問題がひとつあった。そのベルトが頻繁に壊れ、そのたびに作業全体がストップしていたのだ。海軍を除隊したばかりのキャストがこれに対してある提案をした。海軍で学んだ特殊なひもの結び方を使って、壊れたベルトに応急処置を施せるのではないか、と。これが功を奏し、ディズニーは年間10万ドル以上節約できた。懸案だったキャストの離職率も、10%以下にまで下がった。今では、ほとんどのキャストが契約期間を満了するようになった[*3]。

戦略やビジョン、価値観に関わる問題は、技術的な問題としてではなく、既存の解決策がない、適応を要する問題として扱わなくてはいけない。第9章で論じたように、適応を要する問題に対処するためには、活発な議論の場を設けて、社員たちに安易な答えよりも新しい問いを探させる必要がある。第6章で述べたように、有能なリーダーたちは組織内に質問する文化を浸透させることでそうしている。簡単におさらいすると、質問する文化の醸成のために必要なのは、リーダーが「わからない」とためらわずにいい、さまざまな場面で質問をうまく活用して、お手本を見せることだ。そして社内の全員に、現状に異を唱え、リスクを取り、積極的に質問するよう促す。質問をした者には見返りを与える。効果的な質問の仕方や問題解決やチームワークの研修を行い、それらの実践に必要な支援をする。

コンサルタントとしてアジアとヨーロッパで何百もの企業の組織改革に携わってきたピーター・チェンは、社内の状況を望む方向に変えたいと願う幹部陣には、次のような質問を互いにし合うことを勧めている。

変革に着手するとき

・どういう差し迫った未来を示したら、変わらなくてはならないという切迫感を生み出せるか。
・どのような刺激を与えれば、大きな目標に立ち向かおうとさせられるか。
・変わらなくてはいけないことをわからせるには、どういう証拠を見逃してはならないか。
・どのようにぬるま湯から抜け出させるか。
・変化を促進するにはどのような組織編成や、制度や、手順を導入するべきか。

移行期

・変化に勢いをつけるには何から始めればいいか。
・主体的に変革に取り組ませるにはどうすればいいか。変革の取り組みにおいて社員にどのような役割を担わせればいいか。
・変化の過程で、社員たちが懸念を表明できるようにするには、どうすればいいか。
・変革をすみやかに進めるためには、社員ひとりひとりにどういう能力が必要か。
・行動の変化を促進するには、社内の仕組みをどのように変えればいいか。

変化を持続させるとき

・昔の状態に逆戻りするのを防ぐにはどうしたらいいか。
・変化したことを正式な制度や仕組みにするにはどうしたらいいか。
・社員の目をつねに未来に向けさせるにはどうしたらいいか。
・望ましい行動が続くようにするには、どういう見返りを用意したらいいか。

社外のステークホルダーに尋ねる

社外のステークホルダーに質問することが近年、ますます重要になっている。情報の面でも、事業の面でも、資源の面でも、コラボレーションの面でも、ビジネスチェーン（事業連鎖）の内外のパートナーへの依存が深まっているからだ。経営者と従業員とか、部門とユニットとか、社員と顧客とか、自社と委託先とか、自社と競合企業とかの区別は固定的なものではなくなり、フレキシブルなものになってきている。

質問を通じて、それらのさまざまなグループの能力を引き出すことが、自社を強くし、発展させることにつながる。社外の人々、文化の異なる人々に質問するのは、簡単なことではないかもしれない。しかし避けてはならないことであり、むしろ喜んですべきことだ。外部の人々からの返答の中には、リーダーが最終的な成功を摑むための鍵やきっかけになるものが含まれている。

最高幹部も含め、あらゆる階層のリーダーが社外の個人や団体（顧客や提携企業、サプライヤー、地域の団体、学術機関、研修機関など）に質問する機会を持つべきだ。そのような外部の人々に質問するかどうかで、企業の長期的な成功の可能性はしばしば左右される。

少し前のことになるが、ビジネスプロセス・リエンジニアリングという経営理論を考案した工学者のマイケル・ハマーが、世界市場での数々の企業の成功と失敗の事例をつぶさに検証した。[*4] ウォルマートがなぜシアーズに勝てたのか。20世紀半ばに隆盛を誇ったパンアメリカン航空がなぜ倒産したのか。レストランチェーンの先駆けであるハワード・ジョンソンがなぜマクドナルドやバーガーキングやKFCに敗れたのか。それらの失敗には共通するひとつの根本的な原因があると、ハマーは結論づけている。それはリーダーが事実を突き詰める質問をしなかったということだ。そのせいで自分たちの前提を問い直したり、戦略を見直したり、あるいは抜本的に事業の営み方を変えたりすることができなかった。事実を突き詰める質問をしていれば、衰退や破綻を避けられたかもしれない。

ピーター・ドラッカーは末永く存続できる組織を築くためには、社会や地域に目を向けて、次のような質問をしなくてはならないと述べている。

「誰もが知っていること」と矛盾するどういう変化がすでに起こっているか。

「パラダイムシフト」と呼べる変化はどれか。それが単なる流行ではなく、ほんとうの変化であることを示す証拠はあるか。

そのうえで、最後にこう問う。「この変化が本物で有意義なものだとするなら、そこにはどんなチャンスを見出せるか」[*5]

■顧客への質問

リーダーが顧客から話を聞くことの重要性を認識している企業は多い。モトローラでは、CEOを含め、最高幹部が頻繁に顧客と直接会って、自社のサービスや製品について尋ねている。ワーシントン・スチールでは、機械の責任者が定期的に顧客の工場を訪問して、質問を通じて顧客のニーズを掘り起こしている。そのように積極的に顧客やサプライヤーの意見や提案を聞いたり、相談に乗ったりしている企業は少なくない。

顧客に質問することは、もちろん、自社が今、顧客をどの程度満足させているかを知るのに役立つ。しかし顧客とともに未来を築くために質問を使えば、質問の恩恵はさらに大きくなる。今、自社の製品やサービスが顧客のニーズを満たしているかどうかだけではなく、顧客の目標や願望にも注目するのが有能なリーダーだ。そのようなリーダーのひとりであるカーギル傘下モルト・アメリカズの社長ダグラス・イーデンは、次のように話している。

わたしは深く調べ、発見し、解決策を考え出すという作業に質問を使っています。わたしたちは世の人々にとっても、自分たちにとっても価値のあるものを生み出せる「ソリューション企業」と見なされたいと願っています。顧客に質問するほうが、顧客にカーギルのことを売り込むよりも、はるかにカーギルのためになります。ですから、わたしたちの顧客との会話には、意図的に質問が組み込まれています。次のような質問です。
「貴社の目標は何か。その目標の達成を阻んでいる障害は何か。目標を達成できなかった場合、どういう結果を招くか。障害を乗り越えるために何をしてきたか。その障害は貴社にどの程度のコストをもたらしているか。貴殿の考えでは、理想の解決策とはどのようなものか」
わたしが舵取りを任されたとき、モルト・アメリカズは赤字経営に陥っていました。わたしは社員たちに果敢にリスクを取り、揺るぎのない自信を持ち、新しいビジョンを受け入れてもらわなくてはなりませんでした。それから4年経った今、経営はすっかり持ち直しました。こんなに見事に回復できたのは、いい質問ができたことと、その質問に顧客が積極的に答えてくれたことが大きかったと、わたしは感じています。わたしたちの事業はたいへん複雑です。ですから、いっしょに答えを探さなくてはなりません。

イーデンは顧客のニーズを知ることで経営を立て直すと同時に、顧客の目標を知ることで、現在の事業の改善に留まらず、将来の事業を築くことができた。いうまでもなく、戦略を立てるときに重要になるのは、将来の事業をいかに築くかという点だ。

今後、企業がどのように戦略を練り、事業を営むかは、ますます顧客の影響を受けるようになるだろう。労働者以上に顧客のことが経営者の関心の的になり、企業にとっての重要度も増していくはずだ。世界的な規模で、製品やサービスの質においても、多様性や、カスタマイゼーションや、利便性や、迅速性や、イノベーションにおいても、顧客が新しい評価基準としての存在感を高め続けるだろう。

サウスカロライナ州スパータンバーグに本社を置く、世界的な繊維・化学品メーカー、ミリケンは、品質や革新性や迅速さに対する顧客の要望に応えるうえで、いかに質問が役に立つかを経営陣が認識している企業のひとつだ。例えば、製品の初回の納入時には、社員が同行して、実際にどのように製品が使われているかを確かめたり、製品の改善点を探るため、質問したりしているという。

クリス・クラーク＝エプスタインは著書『戦略的質問78』（コーチ・エィ監修、金井真弓訳、ディスカヴァー・トゥエンティワン、2005年）の中で、顧客にするべき肝心な質問を以下のように列挙している。

- わが社と取引をするのはなぜか。
- わが社の競合企業と取引をするのはなぜか。
- わが社との取引でやりにくいと感じるのは、どういうときか。
- 将来のわが社に期待することは何か。
- もしわたしの立場だったら、わが社のどこを変えるか。
- あなたへの感謝の気持ちを伝えるには、どうするのがいちばんいいか。
- 顧客ロイヤルティーを大きく高めるために3つのことができるとしたら、何をするべきだと思うか。[*6]

経営コンサルタントのドロシー・リーズは、売り上げを伸ばすためには一連の質問を通じて、顧客のニーズとウォンツを明らかにし、信頼関係を築き、愛着を育むことが必要だと説いている。[*7] 業績のいい企業というのは、たいていは際立った顧客ロイヤルティーの高さを生み出し、維持しているものだ。企業にとってロイヤルティーの高い顧客ほど、ありがたい顧客はいない。しかし、ロイヤルティーは自然に生じるものではない。どうすればロイヤルティーを持ってもらえるのか。顧客ロイヤルティーに関する権威、チップ・ベルとビリジャック・ベルによれば、顧客に質問をして、何を望んでいるかを聞き、可能な限りつねに顧客の期待を上回ることをするのが、その最善の方法だという。*8

モルト・アメリカズの社長、ダグラス・イーデンはわれわれに次のように話している。「質問し、返答に耳を傾けることで、顧客からの信頼が増し、取引先との関係が強固なものになります。いい質問をして、じっくりとその返答を聴くなら、効果のある解決策を見つけられるでしょう。謙虚になるのが大事です。自分はすべての答えを知っているわけではないと思えれば、人にものを尋ねることができます」

ある調査によると、成績のいい販売員は成績のよくない販売員に比べ、58%多くの質問をしているという。現場の社員たちにはわかっているように、販売でもサービスでも、どの程度の成績を収められるかは、市場のことをどれほど熟知しているかに比例する。また個々の顧客に関する最も重要な情報は、その顧客に質問することで初めて得られる。顧客と会話を交わし、情報を収集する中で、他社製品の最新情報がわかり、競争力の比較ができ、好みの変化を察知でき、サービスや利用形態についてのフィードバックをじかに聞ける。

■提携相手への質問

国際的な競争やバーチャル・オーガニゼーション〔訳注：ITを使い、遠隔地にいる者どうしで営まれている組織〕の増加に伴って、企業どうしが短期的に提携するケースが劇的に増えている。ほとんどの場合、その提携の狙いは利益の増大や市場シェアの拡大、あるいはコストや時間や重複や駆け引きを減らすことにある。しかし、質問するリーダーはそれらに加えて、もっと重要な、もっと長期的な利点をそこに見出している。それは学習だ。

明敏なリーダーであれば、自分たちの成功がビジネスのネットワーク全体に大きく依存していること、つまり自社の社員と顧客だけではなく、サプライヤーや、ベンダーや、パートナーにも依存していることにすぐ気がつくだろう。経営コンサルタントのブルック・マンビルが指摘するように、現代の組織はそのような「拡大企業」と呼べるような形態を取らざるを得ない。[*9] 外部委託や、コア・コンピタンス志向や、さまざまな業務提携といった手段を通じて、どんどんバーチャル・コーポレーション化しているのが、現代の組織の特徴だ。そこで働く人々は、社員であれ、請負業者であれ、提携業者であれ、サプライヤーであれ、同じ顧客に必要なモノやサービスを提供するため、バリューチェーンの中で連携して仕事をする必要がある。その連携は契約にもとづくものではあるが、知識や、価値観や、そのほかの無形のもののやりとりによっても支えられている。

パートナーやベンダーに質問すること（そして、そこから学ぶこと）は、今や、あらゆるタイプの組織にとって不可欠の工程だ。適切なマネジメントや専門技術のスキルだけでなく、ビジネスチェーン内の誰もが役割や方針を正しく理解することが、そこに関わる全員の長期的な繁栄につながる。ベンダーやパートナーから得られる資源は、質問を通じて獲得される知識や能力も含め、自社の存亡を左右するものになりうる。また、自社に競争上の強みももたらしうる。

ブーズ・アレン・ハミルトンのコンサルタント、ジョン・ハービソンとピーター・ピカー・ジュニアは次のように述べている。他社との提携を成功させられる企業は、「知識や技能の獲得に努めている。学習が大きくものをいうことを経験的に知っているからだ。そのような企業は、提携に関する学習や経験が代々のマネジャーに受け継がれるようにするための仕組みを持ち、研修や勉強会なども開いている。[…]その知識をデータベース化して、いつでも活用できるようにもしている」。ハービソンとピカーが提携に長けた企業の例として挙げているのは、オラクル、ゼロックス、IBM、HP、モトローラ、メルク、ジョンソン・エンド・ジョンソンだ。いずれも100社以上と提携している。

ハービソンとピカーによれば、問わなくてはならないのは今や「戦略的な提携を結ぶべきかどうか」ではなく、次の3点だという。

1. どのような種類の提携を結ぶのが最も効果的か。
2. 提携関係をどのように管理すればいいか。
3. 自分や相手の経験から学んでいるか。[*10]

提携関係を結ぼうとするとき、リーダーがまず最初に考えなくてはならないのは、その提携関係から何を学べるかだ。顧客の情報や、業務の手順、運営方針、文化の差などに関して、何を学べるか。できれば、それらの学びたいことを契約にも盛り込む。そのうえで、社員を派遣し合って、確実に互いに学び合えるようにする。そうすれば提携から貴重な学習機会がもたらされ、提携がいわば実りの多い長期的な投資にもなって、将来の成功の土台になるだろう。

提携を結ぶにあたっては、すべての関係者がこれからしようとしていることをはっきりと理解する必要がある。そこでもやはり頼りになるのは、正しい質問だ。取引関係の管理や戦略的提携を専門とするボストンのコンサルティング会社バンテージ・パートナーズの共同設立者スチュアート・クリマンは、提携の最初の段階ですべきことについて、ファストカンパニー誌に次のように語っている。

代表者を集めて、次の問いに答えてもらうのです。わたしたちが今回の提携でめざすことは何か。目的の実現のためにどのように協力するべきか。現在のビジネス環境や経済状況、互いの戦略の違いを踏まえると、どのような課題にぶつかることが予想されるか。協力を妨げることになりそうな課題をすべて明らかにします。対立をどのように解消するか。不測の事態にどう対処するか。崩れた信頼関係はどう修復するか。さらに、社内のほかのメンバーにそれらのことをどう伝えるかも決めておきます。[*11]

デュポンの元会長兼CEOチャド・ホリデイもそれと同じ考えで、次のように話している。「すべてのステークホルダーに質問しなくてはいけません。デュポンにものを供給している人にも、デュポンからものを買っている人にも、デュポンにものを売っている人にもです」

協力関係にある他社に質問や学習を共有する方法はいくつもある。例えば、フォード・モーター・カンパニーは、質問への返答から学んだことを使って、ディーラーのあいだに適切な手順や、専門知識や、ブランド管理が行き渡るようにしている。ビールメーカー、アンハイザー・ブッシュは、品質やブランドを維持するため、販売会社に飲料の扱い方の研修を受けさせているが、その内容は質問を通して決めている。シスコは収益の70%を占めるチャネルパートナーに、質問にもとづいて作成された学習プログラムやツールを提供することで、高い顧客満足度と迅速な製品開発を実現している。トヨタはサプライヤーの質を揃えるのに質問と学習を使った先駆けだ。今では世界じゅうのサプライヤーに「わたしたちとともに働き、わたしたちから学び、わたしたちに教える」という原則が浸透している。

■地域社会への質問

質問で率いるようになるとすぐに気づくことだが、「質問連鎖」の中に地域社会を入れることには数々の利点がある。例えば、地域社会で会社のイメージがよくなるというのもあるし、勤め先として関心を持ってもらえるというのもある。せっかくなら質問してくれたこの会社の商品を買おうと思ってくれる人も増える。地域社会の生活の質を高めることにもつながる。地域社会と資源の交換や共有もできる。

加えて、地域の学校と協力すれば、ウィンウィンの関係を築くこともできるだろう。例えば、会社側は自社の研修に教師や地域のリーダーを参加させるとか、社員を学校に講師として派遣するといったことができるし、学校側は会社と共同で学習イベントなどを開催できる。ハーバード・ビジネス・スクールのジェイムズ・オースティンは、地域社会との関わりを後回しにしているリーダーがあまりに多いと述べている。[*12] これは残念なことだ。リーダーが地域社会やメディアにしばしば顔を出して、気さくに話をすれば、会社のよきスポークスマンになれるからだ。地域社会との関係は（他社や政府との関係も同じだが）、たいていはきわめてもろく、簡単に崩れてしまう。しかし地域の人々の気持ちや価値観に無関心なリーダーは、不用意に人々の感情を害してしまっている。しかも自分ではそれに気づいていないことがめずらしくない。

地域のリーダーに質問するときは、学習型のマインドセットを持ち、地域の価値観や懸念、目標、将来の構想を理解するようにしたい。例えば、次のようなことを尋ねるといいだろう（もちろんこれはほんの一部で、ほかにも尋ねるべきことはたくさんある）。

- わが社についてどう感じているか。
- 地域社会と良好な関係を築くため、わが社にできることは何か。
- わが社にやめて欲しいことはあるか。
- わが社に始めて欲しいことは何か。
- わが社にどういう情報を公開して欲しいか。

それと同じぐらい重要なのは、自分が地域社会からの質問に誠実に答えることだ。地域の人々は企業を疑いの目で見ていて、こちらの質問になかなか正直に答えてくれようとしないこともある。質問されると、かえって、企業は何かを企んでいるに違いないという思いを強める人も多い。企業に向けられる質問の中には、きっと批判的なものもあるだろうし、底意のあるものもあるだろう。それでもひとつひとつの質問に誠実に答え、第5章で述べたように、学習型のマインドセットを示せるようにしたい。こちらが学習型のマインドセットを示すことで、相手に、受動的で過去の出来事を学習につなげようとしない、判定型のマインドセットを捨てるよう促せるからだ。

戦略的なビジョンと価値観を築く

すべてのステークホルダーに質問して、現状の全体像を摑むことで、将来のビジョンやそれを支える価値観を打ち出すためのしっかりとした土台ができる。優れたビジョンは会話(つまり質問と返答)から生まれる。言葉を飾り立てることから生まれるわけではない。ビジョンが社員の意欲を引き出せるとしたら、それはその背後にリーダーが社員に質問することで築かれた信頼関係があるからだ。変化と未来の可能性の種は、リーダーのいい質問から生まれる。

質問は会社の価値観も築ける。質問がもたらす影響はことのほか大きい。質問には何が話されるかを決める力がある。質問によって何が話されるかが決まると、その話の流れに沿って、将来が思い描かれることになる。だから質問が前向きなものであるほど、変革を実現できる可能性は高まる。

では、リーダーたちは実際に企業のビジョンや、目的や、価値観を築くのにどういう質問を使っているのだろうか。『新1分間マネジャー――部下を成長させる3つの秘訣』(金井壽宏監訳、田辺希久子訳、ダイヤモンド社、2015年）や『ザ・リーダーシップ――チームの力を最大限に引き出す秘密』（田辺希久子訳、ダイヤモンド社、2008年）といった著作で知られるケン・ブランチャードによると、組織の方向性を定めるうえで重要な問いは5つあるという。

まず最初に、会社の目的や使命を明確にするために、リーダーは次のように問わなくてはならない。「わが社は何の会社なのか」

会社のイメージや全体像は、次の問いに答えることで描ける。「計画どおりに進んだ場合、わが社の未来はどのようなものになるか」

会社の価値観を決めるのは、次の問いだ。「わが社は誰の味方か」

目標は次の問いにどう答えるかで決まる。「今、社員に何に力を入れて欲しいか」

ブランチャードはさらに、次のような倫理的な問いが重要であることも強調している。「これは合法か、公正か、自尊心を傷つけないか」*13

ピーター・ドラッカーは50年以上、組織やリーダーの研究を続けてきて、自分が間近で仕事ぶりを観察した有能なリーダーたちには、ある共通する行動が見られることを発見した。それは自問しているということだった。それらのリーダーたちはいつも最初に「何をする必要があるか」とみずからに問いかけた。その次に「変化を起こすために自分には何ができるか、何をするべきか」と自問した。さらに、つねに「わが社の使命と目標は何か。わが社の業績や結果は何から生まれるか」と問い続ける。手強い同僚にもひるまなかった。「わたしがこの会社のためにほんとうに貢献できることは何か」とも問い、最後には「本物の手本を示すにはどうすればいいか」と問うた。[*14]

マリリー・ゴールドバーグは、組織のビジョンや戦略を考えるときには、次のような質問をするといいとアドバイスしている。

- これまでにどういう選択肢を検討し、どういう選択肢を検討していないか。
- 全員を満足させるにはどうすればいいか。
- 思考や、計画や、行動にどういう限界を設けているか。
- これについてほかにどのように考えることができるか。
- 自分に正直になっているか。
- これの利点は何か。
- そこから何を学べるか。
- 順調に進むようにするにはどうすればいいか。[*15]

アメリカの大手ファストフードチェーン、チックフィレイの副社長マーク・ミラーは、「戦略とは、実際的に定義するなら、目標を達成するための道筋を描いたものといえるでしょう」といい、次のような質問が戦略の立案に役立つと述べている。

- 今は実現していないが、10年以内に実現したいことは何か。
- 現在、わが社が他社との競争で優位に立っていることは何か。

- わが社の強みは何か。その強みをどう活かせばいいいか。
- 今後1年（3年、5年）のあいだにわたしたちがチームとして、または会社として直面することになる最も大きな脅威は何か。
- ライバル企業は何に取り組んでいるか。それを警戒すべき理由はあるか。
- 計画の期間はどれぐらいか。
- 今後1年間（5年間）における3〜5つの重点目標は何か。
- 各目標に中心となって取り組むのは誰か。
- 各目標や目的実現のために欠かせない戦略は何か。
- それらの戦略を支えるため、どういう戦術が必要になるか。
- 計画への賛同を得るためにはどうすればいいいか。
- チームや社内にどのように計画を周知すればいいか。
- 計画を周知する責任者は誰か。
- 将来の計画をより高いレベルで実行するためには何が必要になるか。
- 計画の達成度はどのように計測するか。
- 計画の進捗状況はいつ確認するか。
- 成功をどのように祝うか。[*16]

組織の変革を主導する

質問を使ってステークホルダーに働きかけ、戦略的ビジョンや価値観を築こうとすると、たいていは、大なり小なり、組織に変えなくてはいけない部分があることに気づくものだ。従来のやり方をそのまま続けていては、新しいビジョンや新しい戦略を追求することはできない。したがって、多くの組織では、リーダーが計画を立案して、組織に必要な変革を受け入れさせようとする。しかしそのような進め方はたいがい強い抵抗に遭う。

組織改革が専門のハーバード大学のジョン・コッター教授は次のように述べている。「多くの調査結果に示されているとおり、企業の変革の試みは十中八九挫折している。わたしが調べた100社以上の企業の中でも、変革を成し遂げられたのは15社もなかった」

原因のひとつは、リーダーが社内の変革を「紙切れ一枚」配るだけ、あるいは社員に変われと命じるだけで実現できると考えていることにある。「リーダーたちは会議を招集したり、コンサルタントの報告書を配布したりして、社内変革に着手するが、たいがいはそれしかしない。あとは社員が一丸となって変革に邁進してくれるものと思っている。しかし残念ながら、ことはそのように運ばない[*17]」

モーリシャスのDCDMビジネス・スクールの理事、エリック・シャルーは、同校の変革に取り組んだとき、抵抗に対処するのには質問が有効であることを発見したという。「ガバナンスの方針や体制を変えようとしたところ、次々と障害にぶつかり始めました。資源面と心理面の両方です。その障害に対処するにあたって、わたしたちにはふたつの選択肢がありました。ひとつは、トップダウンで強引に進めるという選択肢。もうひとつは質問を使うという選択肢です」。彼をはじめ、幹部陣は質問を使うほうが賢明な選択であることに気がついた。

そこでわたしたちは必要とあらばすかさず質問するようにしました。そうしてみてわかったのは、質問をすると、理解が深まり、困惑が解消され、ものごとが明確になり、対立が協力に変わり、能力が引き出され、不満が満足に変わるということでした。何よりも、質問のおかげで、やらなくてはいけないという強い決意が職員たちの心に生まれました。

組織変革が社内でどれぐらい支持されるかは、変革への取り組み方を決める段階から社員を関わらせられるかどうかにかかっている。有能なリーダーは質問を使って、変革の取り組みへの意欲を引き出すとともに、その取り組みを方向づけている。

質問されれば、答えなくてはならない。したがって質問は、斬新な発想を促しもすれば、新しい行動を起こすのを後押しもする。[*18] リーダーの戦略的な質問によって示されたチャンスについて深く考えることで、社員はみずから新しい道を見つけ、自分自身のキャリアを発展させ続けられる。有能なリーダーは戦略的な質問をして、部下を刺激し、答えを探させる。マリリー・ゴールドバーグが指摘するように、質問は新しい可能性に気づかせる。断定や意見によってそういうことに気づくことはまずない。[*19] 断定は機械的な行動につながりやすい。一方、有益な質問は、有益な行動を生む。ただし、むだな質問やおざなりな質問は、逆に余計な問題を引き起こしたり、目標の達成を妨げたり、あるいは代償の大きい失敗を招いたりする。

ハーバード・ビジネス・スクール教授ロザベス・モス・カンターは、組織変革を遂行するためには、リーダーが質問を使って社内の常識に異を唱える必要があると述べている。

リーダーはわたしが「万華鏡思考」と呼ぶものを身につける必要がある。手に入る断片的なデータからパターンを組み立て、さらにそのパターンを操作して別のパターンを作り出すような思考だ。リーダーは自社と市場と地域社会のつながりについて、前提から問い直さなくてはいけない。変革に取り組むにあたっては、問題の解決策がひとつではなくて、いくつもあること、また、異なるレンズを通してものごとを眺めることで、新しい方法が見つかることを忘れてはならない。*20

リーダーが質問を使って変革を促進しようとすれば、自分もすべての答えを知っているわけではないこと、自分自身も変わろうとしていることを周囲に示せる。これは強力なメッセージになる。シンディ・スチュアートは次のような体験談を話している。

セントラル・ペンシルベニア家庭保健協議会のCEOに就任したとき、わたしはまず組織内の文化を変えなくてはならないと感じました。役割が固定した階層制の文化を、個々人が自分の力を存分に発揮できるチーム的な文化へと変えなくてはいけないと思ったのです。質問で率いることで、手本として振る舞うことができ、学ぼうとする姿勢や、みんなの役に立ちたいと思っていることを示せました。謙虚さが職場の雰囲気をよくすることも伝えられました。部下たちはわたしが相談しながらものごとを進めるリーダーであること

――を理解してくれ、わたしたちの成功のためには、顧客から何を期待されているかをよく知ること、重要な情報を得たらそれをどんどん仕事に活かすこと、たえず質を高め続けようと心がけることが大切だとわかってくれました。

変革を進めるときには、たいていは「いかに（how）」の質問が最も効果的だ。自分たちがどこへ行きたいかはすでにわかっているので、どのようにそこへたどり着くかが問題になる。リーダー・トゥ・リーダー・インスティチュートのフランシス・ヘッセルバインによれば、変革に取り組むリーダーは、例えば次のような「いかに」の質問をするといいという。「現状にどのように異を唱えたらいいか。今のやり方は唯一絶対の方法なのか。資源が減る中で、どのように大きなニーズを満たしていけるか。地方組織と全国組織との隔たりをどう埋めたらいいか」

さらにヘッセルバインは次のようにつけ加えている。「変化のはげしい時代においては、問いへの答えより、問いそのもののほうが重要といえる」[*21]

ギジェット・ホプフも、視覚障害者協会の戦略的なビジョンを描くのに質問を使っているという。以下は、ホプフが最近実際に使った質問だ。

・財政の持続可能性を追求するというわたしたちのミッションにおいて、どのように大きな貢献をし続けるか。
・細かい指図をせずに、職員に責任をまっとうさせるにはどうすればいいか。

・むずかしい環境の中で立ち上げようとしている新規事業について、取締役会ともっと効果的な意思の疎通を図るにはどうしたらいいか。

職場を「学ぶ場」にすることができれば、変化を日常の一部にできる。学ぶとは、つまり変わることにほかならないからだ。リーダーは質問することを通じて、また社内に質問する文化を浸透させることを通じて、変化を恐れない機敏な組織を築くことができる。

質問を使ってミッション・ステートメントを掲げる

『Q思考――シンプルな問いで本質をつかむ思考法』（鈴木立哉訳、ダイヤモンド社、2016年）の著者ウォーレン・バーガーがおもしろいことをいっている。「よくある企業の『ミッション・ステートメント（行動指針）』のどれかを選んで、文末にクエスチョンマークをつけてみたら、どうだろうか」と。たいていの企業は、ミッション・ステートメントに断定的な言葉を用いることで、自社の自信や決意のほどを示せると考えている。しかし、世の中からはあまりそのようには受け止められていない。典型的なミッション・ステートメントはむしろ、尊大な印象を与えている。いかめしさとか、堅苦しさとかを感じさせることはあっても、それで信用が増すことはない。しかも、月並みなもの（「お客さまがよりよい生活を送れるよう、家計の節約に貢献します」ウォルマート）や議論の余地があるもの（「Yahoo! は最高水準のデジタルメディア企業」）が多い。そのようなミッション・ステートメントからは、その企業がどれだけ本気で大きな目標や目的に取り組んでいるかはほとんど見えてこない。また、ミッションはすでに成し遂げていて、現在は「準備中」なのだといっているように聞こえるものもある。

今のように変化のめまぐるしい時代にあっては、固定的なミッション・ステートメントをやめて、もっと流動的で、広がりがあり、なおかつ野心的なミッション・ステートメントならぬミッション・クエスチョンを打ち出すというのも、一案かもしれない。例えば、「ロボット工学でよりよい世界を創造する！」なら、「ロボット工学でいかによりよい世界を創造するか？」のように変えられる。

企業のミッションを問いの形で表現すれば、「わたしたちはこれをめざして努力しているのだ」ということを世の中に伝えられるだろう。

問いの形にするにせよしないにせよ、自分たちのミッション・ステートメントに対してはつねに次のように問うことが必要だ。

・時代遅れになっていないか。
・会社として、今もそれにもとづいて行動しているか。
・そのミッションはわたしたちを成長させ、前進させているか。
・社員全員で一丸となってそのミッションに取り組んでいるか。

とりわけ最後の問いについては、ほかの問い以上によく考えなくてはならない。ミッション・ステートメントを作るのはたいていい上層部の人間だ（お偉方がそれらしい言葉を組み合わせて、さっと作ったのではないかと思えるようなものも少なくない)。しかしどんな立派なミッションでも、社員がそれに共感を覚えないようではなんの意味もないだろう。社員に会社のミッションをもっと自分事にしてもらうためには、社員自身にこれはという問いを考えさせ、問いの形をしたミッション・ステートメントを作ってもらうのも、ひとつの手だろう。[*22]

熟考のための問い

1. 社内文化を変えるためには、どうすればいいか。
2. 組織のビジョンや価値観を変えるためには、どういう質問をすればいいか。
3. 変化の速い環境に組織を適応させるには、どういう質問をすればいいか。
4. 組織に新鮮な視点をもたらすためには、どういう質問を使えばいいか。
5. 事業を発展させるためには、どういう質問をすればいいか。
6. 質問を使ってどのように顧客との関係を深めることができるか。
7. ステークホルダーとの意思の疎通をよくするために、どのようにテクノロジーを活用することができるか。
8. 質問を使ってどのようにビジネスチェーン全体の連携をよくできるか。
9. 質問を使ってどのようにパートナー企業との協力関係を強化できるか。
10. 社内変革を進めるためには、どういう質問を使えばいいか。

終章　質問するリーダーになる

誰もが一度はこんな格言を聞いたことがあるだろう。「どういう人間になるかは、何を考えるかで決まる」と。これよりもっと真実に近いのは、「どういう人間になるかは、何を問うかで決まる」だろう。傑出した成功を収めた人たちが頂点を極められたのは、自分の身に起こったことのおかげでも、他者に命じたことのおかげでもない。自分の身に起こったことや、自分の周りの人や環境について、問い続けたおかげだ。

ジョン・コッター（リーダーシップ論の分野でおそらく最も多く引用されている専門家だ）はリーダーとマネジャーの違いについて、正しい質問をするのがリーダーの務めであり、その質問に答えるのがマネジャーの務めであると述べている。[*1] 正しい質問をすることでリーダーは何をするべきかを見きわめることができ、マネジャーはその質問に答えることですべきことを実行できる。

さて、ここまで本書をお読みになって、質問で率いることがいかに大切か、いかに効果的であるかがご理解いただけただろうか。質問をいつ、どこで、なぜ、どのようにすればいいかを知れば、部下との関係を強化でき、卓越したチームを築け、学習する文化を育め、顧客などのステークホルダーとの関係を深められ、戦略的な変革を後押しできる。そして何より、質問することを習慣にすれば、自分が変われる。

質問することでわたしたちは変わる

本書では10の章を通じて、質問がリーダーの周りの人間にどういう影響を及ぼすかを見てきた。しかし質問はリーダー自身に対しても効果がある。リーダーは質問することを通じて、自分についての理解を深め、自分がしていることの意味をよりはっきりと認識し、自分の考えを明確にできる。この世界を生き抜いていくうえで、つねに自分を磨き続ける学習者というのが、結局はいちばん強い。そのような学習者になるためには、マリリー・アダムスがいうように、質問のマインドセットを身につけなくてはならない。[*2] アルコア・リジッド・パッケージングの副社長マイク・コールマンは次のように話している。

「質問はリーダーとしてのわたしの能力を間違いなく引き出してくれています。わたしにとって、『質問することは』知識を得るための最良の手段です。おかげで自信も深まりました」

リーダーシップ論のベストセラー著者ジェイムズ・クーゼスとバリー・ポズナーが説いているように、質問はわたしたちの視野を広げてくれると同時に、自分の意見に対する責任感も持たせてくれ、そうすることを通じて、わたしたちが自分の考えに固執するのを防いでくれる。[*3] ハーバード・ビジネス・スクール名誉教授ショシャナ・ズボフは、わたしたちがいかに「自社の語彙に縛られ」ているかを指摘している。[*4] わたしたちは言葉のせいで自分たちの役割や関係を固定的なものと思い込んでしまうこともあれば、言葉のおかげで自由になり、すばらしい新しい可能性へと目を開かれることもある。

質問するリーダーは、自分の答えを持たなくてはならないというエゴにもとづいた固定観念から解放される。正しいのは自分だとむりに思い込む必要がなく、部下が正しいことを認められる。自分を守っていた鎧《よろい》を脱ぎ去って、心を開き、弱さを見せることができる。体裁とか、立場とかもじゃまになれば、たやすく捨てて、本来の自分になれる。質問と返答のやりとりには特別な能力は要らない。信頼と柔軟性さえあれば、いいやりとりができる。

エジプトのノーベル文学賞作家ナギーブ・マフフーズは、次のようにいっている。「利口な人物かどうかは、その答えからわかる。しかし、賢明な人物かどうかは、その質問からわかる」。心理学者エドガー・シャインの『人を助けるとはどういうことか――本当の「協力関係」をつくる7つの原則』（金井壽宏監訳、金井真弓訳、英治出版、2009年）には次のように書かれている。「21世紀のリーダーの最も重要な課題は、謙虚にものを尋ねられるようになることだ。今後、部下に頼らなくてはいけないことがますます増えるだろう。リーダーは助けを求めることを覚えなくてはいけない。また部下がリーダーを助けられるよう、真実をいえる環境を築くことも必要だ[*5]」

質問を使うと、自分のマインドセットが相手の成功を手助けしようとするほうに切り替わる。これは相手にはどういう成長のチャンスがあるかを探るという従来の発想のさらに先を行くものだ。質問で率いるリーダーは、自分がすべての答えを知っているわけではないことを自覚している。そこから生まれる謙虚さが、相手を助けようとするときに大きな力になる。

質問を使うと、命じるよりも手助けするほうが部下を効果的に率いていけることがわかるはずだ。またリーダーは質問をすることによって、部下にリーダーを導く機会を本気で与えようとしていることを示せる。

『ポール・スローンの結果を出せるリーダーのイノベーション思考法』（若林暁子訳、北辰堂、2012年）の著者ポール・スローンは、一日の終わりに次の5つのことを自分自身に問うといいとリーダーたちにアドバイスしている。

1. きょう、自分の身に起きたことの中で、いちばんよかったことは何か。
2. きょう、うまくできなかったことは何か。
3. あした、自分がやらなくてはいけない最も重要なことは何か。
4. あした、自分はどんな新しいことを試せるか。
5. 自分にとって最も重要な人（または人たち）は誰で、その人のために自分は何をしているか。[*6]

質問するリーダーになろう

それまで指示を出していたリーダーが、いきなり質問するリーダーに変わったら、職場の人々、とりわけ部下は、少なくとも最初のうちは、当惑するだろう。では、どのように「問うリーダーシップ」を実践すればいいのか。どうすればうまく質問できるのか。「質問思考」を考案したマリリー・アダムスは次のような段階を踏むといいと述べている。

1. まずは自分やほかの人がどういう質問をしているかを意識することから始める。そうすると効果的な質問とそうではない質問があることに気づける。わたしたちはじっくり考えずに、反射的に質問しがちだが、効果的な質問をするためには、意識的な努力が必要だ。
2. あえて1時間、いっさい質問しないという実験をしてみる。そうすると、おのずと質問の重要さに注意が向くだろう。口に出さなくても、心の中で質問していることがあることに気づくはずだ。
3. 胸の内で自分に問いかけ、自分の考えについて考えてみる。自分の考えに意識的に目を向けると、より意図的に考えを進められるようになる。ひいてはそれが有益な答えや行動を引き出せる質問を考えることにつながる。例えば、次のように自分に問うといい。「これはどういう意味か」、「自分はこれに賛成か、反対か」、「これは何の役に立つか」、「この状況はわたしが思っていたことと合致するか、矛盾するか、あるいはそれ以上か」。
4. 相手に質問する前に、次のように自分に問う。「わたしはこの質問によって何がしたいのか」。相手から協力的な姿勢を引き出せるよう、質問の表現にも気を配る。相手に威嚇と受け取られるようなことはいってはいけない。
5. 部下にもこちらに質問するよう促す。そうすることで、さらに有益な考えや行動が生まれる。

質問で率いる21世紀のリーダー

ジョン・F・ケネディは1961年の大統領就任演説で次のようにいい、国民に問い方を変えるよう呼びかけた。「国が自分に何をしてくれるかではなく、自分が国のために何ができるかを考えてください」。問いには驚くほどの力がある。ワシントンDCの寒い一月の朝、ケネディが国民に向かって、諸君は国のために何ができるかと問いかけたことで、国じゅうの人々が価値観や優先順位を見つめ直し、助けられる側ではなく助ける側になろうと奮い立たされた。問いには現実にそのような力がある。

問いは、リーダーが使うことができる最も強力な手段であるとすらいっていい。効果的に使いこなすことで、さまざまなことを成し遂げられる。個人や、集団や、組織や、地域社会や、さらには国や世界をも変える可能性が問いには秘められている。

これからのリーダーはつねに質問をして、意見をもらい、新しい発想を引き出す必要がある。有能なリーダーはさまざまなステークホルダーにアイデアや、意見や、反応を求めて、質問するだろう。質問は潜在顧客や、サプライヤーや、チームのメンバーや、他部門の同輩や、直属の上司や、管理職や、そのほかの社員や、研究者や、業界のソートリーダー（考え方の先導者）から情報を得るために、欠かせないものと見なされるようになるはずだ。有能なリーダーはメールや電話やインターネットから満足度調査の類いまで、ありとあらゆる手段を使って質問するだろう。

今後、リーダーたちは今よりも部下に質問することに抵抗を感じなくなるだろう。答えを示すよりも、部下自身に考えるよう促し、問いへと導くようになるだろう。正直で裏表がない人物になり、なんでも知っている振りをするのをやめるだろう。未来のリーダーは答える技術より質問する技術にはるかに長けているに違いない。そのような質問の技術を発揮するためには、今のリーダーたちには思いもよらないほどの正直さや権限の移譲が求められる。そのような技術を使うことで、リーダーは部下とリーダーシップの負担を分かち合えるようになり、ひいては組織の能力やパフォーマンスを高められる。

質問し、情報を取り入れ、学ぶということに秀でたリーダーに率いられた組織は、そうではない競合企業に対して、圧倒的に優位に立てるだろう。質問で率いるリーダーのもとでは、事業が成功するだけではない。職場の環境ももっと人間的なものになる。質問を使うリーダーは、真に部下の能力を引き出して、組織を変えることができる。だとするなら、もはや迷う余地はないだろう。すべての答えを知っているつもりのリーダーではなく、いい質問ができるリーダーになろう。いい質問ができるようになるとき、あなたは真に有能なリーダーになれるだろう。

熟考のための問い

1. いい質問ができるようになるため、何をすればいいか。
2. いい質問をすることで優れたリーダーになるため、何をすればいいか。
3. いい質問によって組織や、地域社会や、自分の周りの世界を変えるため、何をすればいいか。

資料A　インタビューしたリーダーたちの略歴（2025年1月現在）

シャミル・アリー　インターナショナル・コンサルティング・サービシズの社長兼CEO。ガイアナ出身。エレクトロニクス、アパレル、印刷、包装、保険、製薬、鉱物など、さまざまな業界で合わせて40年以上の経験がある。

フランク・アンドラッチ　コンステレーション・ジェネレーション・グループの元副社長。1969年以来、電力業界でエンジニアや工事監督、事業部長、工場長、リージョナル・マネジャーとして働いてきた。コンステレーション入社前は、オグデン・アライド・サービシズのリージョナル・マネジャー。またロング・アイランド・ライティング・カンパニーにも19年勤務。

ボブ・ビール　重役のメンター。1976年、マスタープランニング・グループ・インターナショナルを設立。同社の社長。これまでに500社以上のクライアントを受け持った。一対一で相談に乗った重役の数は5000人以上にのぼる。それらの重役たちとの何千時間にも及ぶ「正念場」の経験にもとづいて、個人や組織の成長に役立つ35のリーダーシップツールを考案した。

ジェフ・カルー　1992年1月から2006年までコレクトコープに勤めていた。最初は、月給1200ドルの集金補佐人だった。退職時は、副社長。コレクトコープは米国とカナダの大手信用貸付業者を顧客に持ち、従業員数は650人以上。

ピーター・チェン　シンガポールのコンサルティング会社ペイスODコンサルティングの共同創業者。アジアとヨーロッパで何千人ものリーダーの育成を手がけている。最近、質問で率いるリーダーを育てる「リーディング・ウィズ・クエスチョンズ・アカデミー」を立ち上げた。

エリック・シャルー　モーリシャスのビジネス・プロセス・アウトソーシング（BPO）DCDMのパートナー、DCDMビジネス・スクールの理事。ボツワナ、南アフリカ、エスワティニ、ジンバブエの大企業を顧客に持ち、長年、重役や管理職、監督者の評価や育成に携わっている。

ジュリー・チャンス　リーダーとチーム育成の専門家。これまでチームの一員として、リーダーとして、コンサルタントとして、数々のチームの好業績に貢献してきた。2002年、社員の潜在的な力を引き出すとともに、チームワークを活用することで、企業の業績の最大化を支援する、アクション・ストラテジーズ・バイ・デザインを設立。

サンディー・チャーノフ　45年以上にわたって、さまざまなコミュニケーションの分野で人材の育成に携わってきた。歯科の教育も手がけている。クライアントには法律事務所から、私企業、職能団体、教育機関、協議会、個人まで含まれる。著書に『効果的なコミュニケーションのための5つの秘訣』（5 Secrets to Effective Communication、未訳）がある。

ジム・クリフトン　世界的な世論調査及びコンサルティング会社ギャラップの会長。1988年から2022年までは同社のCEOも務めた。共著『ザ・マネジャー――人の力を最大化する組織をつくる　ボスからコーチへ』（古屋博子訳、日本経済新聞出版、2022年）は、ウォール・ストリート・ジャーナル紙のベストセラーリストに名を連ねた。職場の人間性と、顧客エンゲージメントと、企業の業績の関係を指標化した経済モデル「ギャラップ・マイクロエコノミック・パス」の考案者。この経済モデルは世界の５００社以上で採用されている。

イアン・クーパー　著述家。これまでに発表した18冊の著作は、14の言語に翻訳され、58の国で刊行されている。『ビジネスデベロップメント――いかにして顧客やクライアントを増やすか!?』（SDL Plc 訳、ピアソン桐原、２０１２年）は多大な反響を呼んだ。30年以上にわたり、何百という数の大小の企業や団体に助言をしてきたほか、起業家でもあり、数多くの企業を設立し、成功させている。

マイク・コールマン　世界的なアルミニウムメーカー、アルコアの傘下企業で、アルミ缶のリサイクルを手がけるアルコア・リジッド・パッケージング（テネシー州ノックスビル）の元社長。アルコアの経営戦略方針を決定する同社の執行評議会の一員だった。１９９８年にアルコアに加わる前は、ノース・スター・スチールの社長を務めていた。

レイモンド・トーマス・ダリオ　米国のビリオネア投資家、ヘッジファンドマネジャー。１９８５年以来、世界最大のヘッジファンド、ブリッジウォーター・アソシエイツの共同最高投資責任者を務めている。１９７５年に同ヘッジファンドをニューヨークで設立。

ディナ・ドゥワイヤー＝オーウェンス　エミー賞を受賞したＣＢＳの人気リアリティ番組「覆面リサーチ――ボス潜入」で一躍有名になった家事代行サービス、ネイバリーの元ブランド大使。ドゥワイヤー・グループのＣＥＯを15年務めたほか、35年以上の実務経験があり、ＣＦＥ（Certified Franchise Executive）の資格を持つ。

ダグラス・イーデン　１９７８年にミネアポリスで会計士としてカーギルに入社し、その後、タイ、オーストラリア、ロサンゼルス、ドッジシティで同社の要職を歴任した。カーギル傘下モルト・アメリカズの元社長。

ロン・エドモンドソン　ケンタッキー州レキシントンにあるイマヌエル・バプティスト教会の牧師。事業主や牧師として30年以上、リーダーを務めてきた経験を持つ。マスタード・シード・ミニストリーの設立者。

ジャン＝ポール・ガイヤール　エシカル・コーヒー・カンパニーの元社長。それ以前には、モーベンピック・フーズとネスレＵＳＡアイスクリーム部門で最高経営責任者、フィリップモリス・ヨーロッパとワーナー・エレクトリックでマーケティングマネジャーを務めた。

マーク・ハーパー　コノコフィリップスの石油元売り会社の元社長。雑貨から食品や石油まで、25年以上にわたって、さまざまな分野の販売に携わっていた。コノコフィリップスの前は、ＢＰ、トスコ、フィリップス・ペトロリアムにも勤務していた。

ジェフリー・ヘイズリット　人気ポッドキャスト「オール・ビジネス」の司会者。実業界の世界的な著名人で、数多くの著作がある。Ｃスイート（ＣＥＯやＣＦＯなど、Ｃから始まる会社の経営に携わる役職の総称）の世界的なネットワークであるＣスイート・ネットワークの会長。

ロバート・ホフマン　ノバルティスの組織開発部長。２００１年にノバルティスに入社する以前は、ワーナー・ランバートに12年勤務し、人的資源管理に携わった。

チャド・ホリデイ　デュポンの元取締役会長兼CEO。持続可能な開発のための世界経済人会議（WBCSD）の会長を務めたこともあり、共著『有言実行』（Walking the Talk、未訳）では、持続可能な開発のための企業活動や企業の責任について論じている。

ギジェット・ホプフ　ニューヨーク州ロチェスターに拠点を置く、グッドウィル・インダストリーズ傘下の団体、視覚障害者協会の元会長兼CEO。40年以上にわたり、障害者支援に携わっている。

パム・イオリオ　2003年から11年までフロリダ州のタンパ市長を務めた政治家。著書に『まっすぐに生き、まっすぐに率いる』（Straightforward: Ways to Live & Lead、未訳）がある。リーダーシップに関する講演もしていて、意欲をかき立てるその話には定評がある。

シャロン・ジョーダン＝エバンズ　従業員の定着率とエンゲージメントという分野の草分け。数々の会議に招かれて講演を行っている。ともに仕事をしている企業には、アメリカン・エキスプレス、ボーイング、ディズニー、ロッキード・マーチン、チーズケーキファクトリー、モンスター、MTV、PBS、ソニー、ユニバーサル・スタジオなど、数多くのフォーチュン500企業が含まれる。

ビバリー・ケイ　キャリア開発や従業員エンゲージメント、定着率の分野の第一人者と目されている。2019年、経営学研究所（IMS）から生涯功労賞を授与された。共著にベストセラーになった『部下を愛しますか？　それとも失いますか？』（大川修二訳、産業編集センター、2001年）や『会話からはじまるキャリア開発――成長を支援するか、辞めていくのを傍観するか』（佐野シヴァリエ有香訳、ヒューマンバリュー、2020年）がある。

トム・ラフリン　リーダーシップとチーム開発の国際的なコンサルティング会社カラベラ（本社ミネソタ州ミネアポリス）の社長。それ以前には、大手食品会社ゼネラル・ミルズでベーキング・プロダクト部門のマーケティング部長を務めたほか、数多くのスタートアップ企業で、販売や製造や一般業務の上級管理職を務めた。

リック・レンデマン　ソデクソオンライン大学でアクションラーニング公認プログラムを手がける。ユタ州プロボのブリガムヤング大学でラテンアメリカ研究の理学士号を取得。

デイビッド・マルケ　元米海軍大佐。ベストセラー『米海軍で屈指の潜水艦艦長による「最強組織」の作り方』（花塚恵訳、東洋経済新報社、２０１４年）や『LEADER'S LANGUAGE――言葉遣いこそ最強の武器』（花塚恵訳、東洋経済新報社、２０２１年）の著者。原子力潜水艦「サンタフェ」元艦長。独自のリーダーシップモデルを用いて、海軍内で最も評価の低かった同艦を最も高く評価される艦へと変貌させた。

ビル・マリオット（ジョン・ウィラード・マリオット・ジュニア）　世界最大のホテルチェーン、マリオット・インターナショナルの名誉会長。60年以上にわたって同社の指揮を執っており、家族経営のレストランを世界的なホスピタリティ企業へと発展させた。現在、同社は１４２の国と地域で30を超えるブランドを展開し、９１００の施設を擁する。

スザンヌ・ミルクリング　米国防総省の本土防衛ビジネスユニットのトップを務めている。テロ（大量破壊兵器なども含む）に対する軍、国、州、市の即応能力を強化することが同組織の目的。

マーク・ミラー　チックフィレイの元ハイパフォーマンス・リーダーシップ担当副社長。ビジネス書の著者でもあり、著書の販売部数は合計で１００万部を超える。

ング・チョン・セン　国際アクションラーニング機構シンガポール支部の代表。これまでに世界各地でアクションラーニングのコーチを何百人も育成した。著書に『あなたの質問は？――質問の力で可能性を引き出す』（What's Your Question?: Inspiring Possibilities Through the Power of Questions、未訳）がある。

ムン・グクヒョン　柳韓キムバリーの元社長。柳韓キムバリーは韓国で最も尊敬されている企業のひとつで、「アジア最優秀雇用主」に選ばれている。

マイク・ペグ　プロのメンターで、著述家。『メンターの技術』（The Art of Mentoring、未訳）や『ポジティブ・プラネット』（The Positive Planet、未訳）など著書多数。マイクロソフトやソニーといった大企業のほか、デジタル・マーケティング分野の数多くの先進的な企業とも仕事をともにしている。これまで50年にわたって、個人やチームや組織がそれぞれの強みを活かして、成功のイメージを思い描くのを手伝ってきた。

チャールズ・オストルンド　25年間、教師を務めたのち、１９９９年、バージニア州のオークトン高校の校長に就任。同校には約１６０人の教師を含む、２２０人以上の職員がいる。

ジャネット・パートロー　メリーランド・ケミカル・カンパニーの社長。同社の製品は食品や飲料から、環境の保全と修復、金属加工、化学品、医薬品、電子機器、一般工業用途までさまざまなものに使われている。

モハメド・エフェンディ・ラジャブ　スイスのジュネーブに本部を置く世界スカウト機構の元教育部長。現在、世界スカウト機構に加盟するスカウト組織がある国と地域の数は176にのぼる。エフェンディは石油化学コンビナートで防火保安責任者として19年働いたのち、2000年、シンガポール・スカウト連盟の理事に就任した。

イザベル・リマノクジー　リーダーシップ・イン・インターナショナル・マネジメント（LIM）のシニアパートナー。南米、ヨーロッパ、米国、アジアでの活動にもとづいて、数多くの論文を執筆している。リーダーシップをテーマにした月刊のニュースレターの編集にも携わる。

デイビッド・スマイク　エトナ、フィリップス、ポラロイド、シャープといった企業で、20年以上にわたり、財務管理、財務報告、売上債権回収、信用供与、人材管理といった業務に携わった。2001年、コンサルティング会社、ヘルスケア・エグゼクティブ・パートナーズのパートナーに就任。

マイケル・バンゲイ・スタニエ　「上出来を減らし、極上を増やす」のを手伝う経営コンサルティング会社、ボックス・オブ・クレヨンの創業者。著書に『リーダーが覚えるコーチングメソッド――7つの質問でチームが劇的に進化する』（神月謙一訳、パンローリング、2017年）や『極上の仕事――あなたのビジネス人生が輝く15の地図』（鈴木奈緒美訳、サンクチュアリ出版、2011年）がある。ビジネスインサイダー、ファスト・カンパニー、フォーブス、ザ・グローブ・アンド・メイル、ハフポストなどに数多く寄稿しているほか、メディアでたびたび取り上げられている。

シンディ・スチュアート　セントラル・ペンシルベニア家庭保健協議会の元会長兼CEO。それ以前は、ランカスター郡家庭サービスの社長兼CEOや、ランカスター郡の地域保健センターであるウェルシュ・マウンテン・ヘルス・センターズの理事を務めていた。

マイク・スタイス　２０１５年8月から２０２２年までオクラホマ大学地球エネルギー学部の学部長を務めていた。27年以上、コノコフィリップスに勤務し、油田探査から生産、輸送、販売までさまざまな部門で、技術職や管理職を務めた経歴を持つ。アクセス・ミッドストリーム・パートナーズの元ＣＥＯ。

ペンティ・シダンマンラカ　ヨーロッパ、米国、アジアで人材管理のあらゆる分野で幅広い職務を経験している。１９９４年からは、ノキアの人事部長を務めた。２００２年、コンサルティング会社パーテック・コンサルティングを設立。フィンランド人材マネジメント協会の会長でもある。

マーク・ソーンヒル　２００２年1月、米国赤十字社中西部支社のＣＥＯに就任。それ以前は、ニューヨーク・ペンシルベニア地域献血サービスの最高管理責任者を務め、同地域の総献血量を28％、ＡＢ型血漿の献血量を約３００％増やすことに貢献した。

ジャヤン・ウォリアー　コンサルタント、アクションラーニングのコーチ、有資格のファシリテーター。販売、人事、リーダー育成といった分野で30年以上の実務経験を持つ。

スー・ウィット　製薬会社アボット・ラボラトリーズの薬事事業の元グローバル統括責任者。それ以前は、ファイザーのグローバル研究開発事業担当上級副社長や、パークデイビスのワールドワイド・テクニカルオペレーション担当副社長を務めていた。また、ＩＴや会計など、医薬品以外の業界で管理職を務めた経験もある。

資料B　アクションラーニング

質問するリーダーを育てる強力なトレーニングプログラム

本書を読んで、リーダーとして成功するには質問することが肝心だとわかったみなさんは、今、こう思っているかもしれない。では、わが社のリーダーたちのあいだに質問する文化を深く根づかせるためにはどうすればいいのか、と。そのための強力な手段となるのが、アクションラーニングだ。アクションラーニングでは個人やグループのメンバーがリアルタイムで、リアルな相手に、リアルな結果を生む質問をすることを通じて、問題の解決策を探る。アクションラーニングで要をなすのは質問のスキルだ。質問のスキルを磨くことで、自分やチームメートを優れたリーダーにするためには、どういう質問をどのように使えばいいかがわかるようになる。

アクションラーニングはどのように質問するリーダーを育てるか

アクションラーニングでは、ひとつの問題を取り上げて、グループで質問を繰り返すことで、その問題を捉え直し、根本的な原因を突き止め、目標を決め、持続可能な戦略を練るという作業が行われる。参加者たちは毎回、ひとりひとり、自分に必要なリーダーシップのスキルを見つけ、そのスキルについてフィードバックを受ける。アクションラーニングのセッションではたえずメンバーどうしで質問し合うので、各メンバーの質問する能力がつねにほかのメンバーの目にさらされ、磨かれ続ける。

アクションラーニングには質問するリーダーを育てる効果があると注目され、近年、質問に長けたリーダーを育成する主要な方法として、取り入れる企業が世界じゅうで増えている。ノバルティスやノキア、サムスン、ウェルズ・ファーゴ、シーメンス、ボーイング、ソニーミュージック、マイクロソフト、パナソニックをはじめ、数多くの企業でリーダー育成プログラムの中心にアクションラーニングが据えられている。企業だけではない。アメリカン大学、オランダ経営大学院、ハーバード大学、プレトリア大学、サルフォード大学といった学術機関でも、経営幹部の育成にアクションラーニングが導入されている。

アクションラーニングに不可欠な6つの要素

アクションラーニングとは簡単にいえば、小グループで実際の問題の解決に取り組んで、行動しながら、個人やチームや組織の学習を深めようとする営みだ。[*1] アクションラーニングの構成要素は6つある。行動に重点を置いた「問題」、「グループ」、「行動」の3つと、学習に重点を置いた「質問」、「学習」、「アクションラーニングのコーチ」の3つだ。

■行動面の構成要素

1. 問題　アクションラーニングは問題——個人やチームや組織にとって、解決することに大きな意味がある問題――を中心に展開される（この「問題」には、プロジェクトや課題や任務といったものも含まれる）。問題は、意義や危機感、解決しなくてはならないという責任感をもたらす。また、いい質問を引き出したり、学習機会を生み出したり、知識を身につけさせたり、個人やチームや組織のスキルを育んだりもする。

2．**4～8人の多様なメンバーからなるグループ**　アクションラーニングはグループで行われる。グループの理想的な人数は、4～8人。このグループで、簡単には解決策が見つからない問題に取り組む。多様な視点を取り入れられるよう、また新鮮な考え方や質問を引き出せるよう、経歴の異なるさまざまな人間が加わるのが望ましい。

3．**行動**　アクションラーニングでは、解決策を考えるだけでなく、取り組んでいる問題に対して行動を起こすことが求められる。したがって自分で行動を起こせるだけの権限がグループのメンバーに与えられている必要がある。あるいは、環境が大きく変わるとか、重要な情報が新たにもたらされるとかいったことがない限り、メンバーの提案が実行に移されることが保証されていなくてはならない。行動することで学習は促進される。なぜなら行動があって初めて、熟考を地に足が着いた安定したものにできるからだ。アクションラーニングにおける行動は、問題を捉え直し、目標を決めるという作業から始まる。そのうえで戦略が練られ、実際に行動が起こされる。

■学習面の構成要素

4．**いい質問をし合い、じっくり聴くプロセス**　アクションラーニングでは、質問をして、返答や意見にじっくり考えを巡らすというプロセスが大切にされる。正しい答えよりも正しい問いに重点を置くことで、自分たちが何を知っているかだけでなく、自分たちが何を知らないかが見えてくる。アクションラーニングの参加者はまずは問題の根本的な原因を明らかにし、じっくりと可能な解決策を考える。そのうえで初めて行動を起こす。問いに重点を置くのは、優れた解決策は優れた問いに宿るからだ。質問はグループ内に対話と結束をもたらしたり、独創的な発想やシステム思考〔訳注：各要素のつながりに着目する思考法〕を促したり、学習の成果を高めたりするのに使われる。

5．**学習の重視**　問題の解決は、組織に短期的な利益をすぐにもたらしてくれる。しかしもっと長期的で、もっと数多くの大きな利益をもたらすのは、各メンバーやグループ全体による学習そのものと、社内全体に活かされるその学習から得られた洞察だ。アクションラーニングでの学習は、組織全体にとっては、当面の状況を改善する戦術的な価値よりも、戦略的な価値を持つものとなる。したがってアクションラーニングでは、グループで問題の解決を図りながらも、学習そのものと、リーダーやチームの育成に、より力点が置かれる。グループが成長するにつれ、グループの判断と行動はしだいに早く、的確になっていく。

6．**アクションラーニングのコーチ（ALコーチ）**　グループで肝心なこと（つまり学習）と急を要すること（問題の解決）の両方に取り組むには、コーチングが欠かせない。ALコーチは、グループのメンバーが学習を深めると同時に、問題の解決を図れるよう手助けする。具体的には、ALコーチは一連の質問を使って、メンバーたちに互いの話にどう耳を傾ければいいか、どう問題を捉え直せばいいか、どうフィードバックし合えばいいか、どう計画を立て、どう実行すればいいか、自分たちの考えや行動はどういう前提にもとづいているかといったことを考えさせる。また、自分たちが何を実現しようとしているか、何をむずかしいと感じているか、どういう手順を踏んでいるか、その手順にはどういう意味があるかといったことにも意識を向けさせる。コーチ役はメンバーが交代で務めてもいいし、ひとりがそのグループでのアクションラーニングがすべて終わるまでずっと務めてもいい。

問題解決のために結成されたグループは、たいていこの1から3までの要素しか持っていない。4から6までの学習面の要素も併せ持つグループはまれだ。学習面の3つの要素を備えることで、創造的な問題の解決や、リーダーの育成、チームビルディング、組織の変革、質問する能力の向上といったすばらしい成果が得られる。

アクションラーニングの流れ

アクションラーニングのグループは、1回または数回、セッションを開く。何回開くかは、問題の複雑さや、その問題に時間をどれだけ割けるかで決まる。セッションは1日がかりで行われることもあれば、数時間ずつ、数日や数カ月かけて行われることもある。また取り組む問題も、ひとつのことも、複数のこともある。それでもアクションラーニングはすべて、基本的には次のような流れで進められる。

1. **グループを結成する**　グループのメンバーは有志でも、任命でもいい。取り組む問題も、ひとつの全社的な問題でもいいし、各メンバーの部署のそれぞれの問題でもいい。また期間やセッションの長さも、あらかじめ決めておいてもいいし、初回のセッションで決めてもいい。

2. **グループのメンバーに問題を提示する**　グループのメンバーに今回のアクションラーニングで取り組む問題を提示する。問題を提示する者はメンバーでもいいし、メンバー以外でもいい。メンバー以外の場合、グループに問題を提示したあとは、グループから解決策の提案を待つことになる。

3. **問題を捉え直す**　各メンバーからの質問がひととおり出尽くす頃には、グループが取り組むべき最も肝心な問題は何であるかについて、メンバー間で合意が形成され、問題の本質が浮かび上がってきているだろう（たいていはALコーチがまとめ役を務める）。その結果、最初に提示された問題とは違う問題に取り組むことになる場合もある。

4. **目標を決める**　取り組むべき真の問題がわかったら、その問題を長期的な観点から解決するためには、何を達成すべきかについて、ふたたび質問を使って合意の形成をめざす。この目標を決めるにあたっては、それを達成することで個人や、チームや、組織にまた別の問題が生じないかどうかにも気をつける必要がある。

5．**行動計画を練る**　グループの時間と労力の大半が注ぎ込まれるのが、この段階だ。ここまでの段階と同じく、行動計画を練るのにも、やはり質問と対話を使う。

6．**行動を起こす**　セッションとセッションのあいだに、グループ全体または各自で、情報を集めて、どの程度の支援を受けられるかを確かめ、グループ内で合意に達した行動計画を実行する。

7．**学習する**　セッションのどこかの時点で、またセッション全体を通じて、ALコーチが介入して、メンバーに質問し、どうすればグループとしての能力を向上させられるか、どうすれば各自のリーダーシップを高められるか、どうすれば学んだことを組織や自分自身に役立てられるかといったことについて、理解を深めさせる。

アクションラーニングで質問するリーダーが育つのはなぜか

バージニア・コモンウェルス大学で人材開発の教育に携わった元米陸軍准将、ロバート・ディルワースは次のように指摘している。「各企業のリーダー育成プログラムから生まれるのは、たいていの場合、テクノロジーに詳しく、複雑な問題解決手法を使いこなせるが、人間的な側面には疎いリーダーだ。そういうリーダーは、確かに人員削減やリストラには長けている。しかし従業員の士気の低下や、その結果として生じるもっと根深い問題に対処するのは苦手だ」[*2]。アクションラーニングがそういうふつうのリーダー育成プログラムと違うのは、すでにどこかで誰かによって導き出されている答えを見つけようとするのではなく、適切な質問をするよう参加者に求める点だ[*3]。

ほとんどのリーダー育成プログラムは、ひとつの側面に焦点を当てている。一方、アクションラーニングでは、リーダーが置かれている状況の中から、ひとつの側面だけを単独で取り出すということはしない。そうではなく、組織全体のことを考えられるリーダーの育成がめざされる。リーダーが何を学ぶかと、いかに学ぶかとは、切り離せるものではない。なぜなら、いかに学ぶかは、必ず、何を学ぶかに影響するからだ。アクションラーニングでは、「質問を通じて」ということがその「いかに（how）」になる。

学ぶというのは、単なる知識の習得のことではない。リーダーは知識の習得に加え、未知のものを探求する能力も高めなくてはいけない。アクションラーニングの普及にも貢献したディルワースが述べているように、アクションラーニングでは、新鮮な考えを促すリーダーシップのスキルが磨かれるので、きょうの問題にきのうの解決策で取り組もうとするという愚を犯さなくなる。参加者は「まずは自分が学習によって成長しなくてはならないというリーダーの責務を果たせる」ようになる[*4]。

アクションラーニングを実践する経営コンサルタント、アラン・マムフォードは、アクションラーニングがきわめて効果的なリーダーの育成手法であるのは、次の重要な3つの要素が盛り込まれているからだと考えている。

1. 学習に行動が伴う。たいていのリーダー育成プログラムでは、診断や分析、あるいはこういう行動をしたほうがいいという助言による学習しかできないが、アクションラーニングでは行動を通じて学習できる。

2. リーダー自身にとって重要で意味のある問題に実際に取り組む。関心のない抽象的な問題に取り組むのに比べ、はるかに得られるものが大きい。

3. リーダーどうしで互いから学ぶ。自身は管理職ではなかったり、管理職の経験すらなかったりするインストラクターに指導されるより多くのことを学べる。[*5]

アクションラーニングのよさは、質問で率いるリーダーを育てられる点にある。参加者の誰もが質問の技術を実践し、それをほかの参加者に見てもらえる。質問がアクションラーニングの要をなし、その成功の鍵を握っている。ALコーチの助けを借りて、個々のメンバーやグループから出された質問の質や効果についても、全員で検討する。アクションラーニングでは、正しい質問をするほうが、間違った質問に答えるよりも（その答えがどれだけ優れていても）重要だ。他者や自分に対して、たえず問うことが、アクションラーニングに独自の強みをもたらしている。[*6]

アクションラーニングがほかのリーダー育成プログラムや問題解決手法といちばん違うの

は、断定よりも質問を重視する点だ。質問を通じて初めて、問題についてほんとうの共通理解が生まれ、互いに何をしようとしているかがわかり、独創的な戦略や解決策を遂行することができる。適切なときに、適切な仕方で質問をすれば、質問が「接着剤」となって、グループをひとつにまとめることができる。さらに別の喩えを使うなら、答えの種は、質問の中に宿っているともいえる。だからいい質問をすれば、それだけいい解決策が生まれ、いい学習ができる。熟考が深ければ、それだけ個人もチームも大きく成長できる。

アクションラーニングでも、質問はさまざまな目的に使える。質問を使って、メンバーが理解を深めることも、状況を明確にすることも、新しい角度から問題の解決策を探ることもできる。戦略的に行動するための新しい洞察やアイデアをもたらしもすれば、解決への新しい道を示してもくれる。行動計画への支持を得ようとするうえでも役に立つ。さらに、個人やチームや組織の学習においても、質問するリーダーの育成においても、その土台になる。

アクションラーニングでは質問が第一

アクションラーニングの成果の大半は、事実を追求する質問からもたらされる。したがって「発言していいのは、質問するときと質問に返答するときだけに限る」ことをセッションの基本ルールにすることが推奨されている。

この基本ルールはもちろん絶対に破ってはいけないものではない。実際、アクションラーニングのセッションで、質問より意見を述べることのほうが多くなることはある。というのは、ひとつの質問に対して、複数のメンバーから次々と返答があることがあるからだ。そういう場合、ひとつの質問に対して、5～10の意見が出されることになる。

それでも、メンバーに「質問が第一である」と肝に銘じさせることで、グループの空気を大きく変えられる。ひとことといっておきたいとか、判定を下したいとかいう自然な欲求が抑えられ、相手の話を聴き、じっくり考えようという気持ちになるのだ。グループに問題が提示されたら、メンバーはまずは質問を重ね、問題を明確にしなくてはならない。解決策を口にするのはそれからだ。アクションラーニングでは、質問の数及び質と、最終的な行動及び学習の成果とのあいだにかなりはっきりとした相関関係が見られる。質問の数と意見の数とのバランスを取ることが、対話につながる。対話とは、自分の考えを主張することと、相手の主張に耳を傾けることとのバランスが取れている状態のことだ。

この基本ルールを設けることには多大な価値がある。ひとつにはそれによって、グループの誰もが質問することを考えざるを得なくなる。そういうルールがあると、意見をいったり、立場を主張したりするよりも、尋ねることを考えざるを得ない。また質問は、人々を団結させる。断定は分断を招く。質問が重んじられていれば、メンバーはおのずと互いの話に耳を傾けるようになる。質問は、その場がひとりのメンバーに支配されてしまうのを防ぎ、逆に、全員の結束を強められる。

この基本ルールにはふたつの疑問が向けられることがよくある。ひとつは、メンバーのあいだの自由なやりとりを妨げはしないかという疑問だ。確かに、やりとりのテンポは遅くなるだろう。しかしアクションラーニングでは、これはむしろ望ましいこととされる。それだけ内省的に、創造的になれ、聴くことを大事にできるからだ。もうひとつは、このルールを守っているように見せかける者も出てくるのではないか、断定しながら、語尾を上げるだけで、それを質問に変えることもできるのではないか、という疑問だ。これももちろん可能だろう。しかし断定が質問に変われば、主導権は相手に移る。答える側が賛成するかどうか、その質問について深く考えるかどうか、自分のほうから逆に率直な質問をするかどうかを決められる。

アクションラーニングのメンバーがこのやり方に慣れるのにはさして時間はかからない。質問が役に立つことを実感すれば、喜んでこのルールに従うだろう。そもそもこれはごく自然なコミュニケーションや学習の仕方なのだ。誰もが子どもの頃はふつうにしていたことだ。おとなたちから「そんなに質問ばかりしないで！」といわれ続け、質問するのをやめるまでは。アクションラーニングの参加者がグループの作業の質の高さや、やりとりのしやすさに感銘を受け、この基本ルールを社内の別の場面でも使おうとすることも多い。

問題の解決策を探る会議では、たいていの場合、参加者から持ち込まれた知識だけが検討され、利用される。限られた知識からもたらされる理解は、視野の狭い、新味の乏しいものにしかならない。そのような理解では解決策の幅は限られたものになってしまう。現代の複雑な問題を解決するのには、知識の飛躍的な改善ないし発展が必要だ。それらは、限られた理解からはまず生まれない。もとから持っている知識を使うだけでは、全体的な視点に立って問題を解決することはできない。

質問し、熟考することで初めて、問題をさまざまな角度から全体的に眺めることができるようになる。アクションラーニングのグループのメンバーは、互いに相手を学習者であるとともに、学びの源であると考え、グループ内から新しい知識が生まれることを期待している。質問は、メンバーによってグループに持ち込まれた知識を利用すると同時に、新しい知識や学習を生み出しもする。

過去の知識を基準にして議論を始めるのではなく、質問から始めることによって、自分たちが今持っている情報が問題の解決にとって適切なものなのかどうか、関係のあるものなのかどうかを判断できる。問題解決の鍵は、過去に描かれた筋書きや想定ではなく、新鮮な質問から始めることにある。メンバーどうしで質問を重ねることで、問題の外側の層が1枚1枚はがされ、しだいに問題を解決するためにほんとうにするべきことは何であるのかが見えてくる。

質問するリーダーの模範としてのALコーチ

質問で率いるリーダーのスキルは、アクションラーニングにグループのメンバーとして参加するだけでも実践でき、磨くことができる。しかしそれがいちばん鍛えられるのは、アクションラーニングのコーチを務めるときだ。ALコーチを務めると、質問のスキルをはじめ、リーダーに必要な数々の資質がおのずと養われる。

・質問する能力　ALコーチにはいい質問をするスキルが求められる。最初にする質問も、質問への答えに応じてするフォローアップの質問も、どちらも重要であり、特にフォローアップの質問はたいへん重要だ。ALコーチは相手を身構えさせることなく、質問できなくてはならない。質問は批判的なものになってはならず、協力的で、肯定的なものである必要がある。つねにいい質問をするためには、質問の力を心から信じ、グループの質問の質がALコーチの質問の質に左右されることを自覚しなくてはならない。質問するときの口調も、穏やかさを心がけ、尊大にならないようにすることが大事だ。そのためには自分がしようとしている質問が、ほんとうにグループの役に立つかどうか、有益な学習や事態の打開につながるかどうかをよく考えて、見きわめる必要がある。

・**勇気と裏表のなさ**　質問することが容易ではないこともある。例えば、きびしいフォローアップの質問や、深い反省を求める質問をするときがそうだ。ALコーチには勇気と裏表のなさ、相手の肩書きや専門知識や性格にひるまない度胸、合意がほんとうに形成されているのか、状況がほんとうに明確になっているのかを徹底的に問う意志が必要になる。

・**頃合いを見る感覚**　理想的なタイミングで介入するのが、ALコーチの腕の見せ所だ。介入が早すぎれば、返答に必要なデータを蓄えるだけの経験がグループやメンバーにまだなく、質問をしても、理解を深められない。逆に遅すぎれば、なかなか進展がないことにメンバーの不満が募り、学ぶチャンスも逸する。これもALコーチの経験を積むにつれ、勘所が摑めるようになる。ただし、タイミングは重要だが、介入はいつでも貴重な学習の機会をもたらしうる。

・自信と、手法とメンバーへの信頼　ＡＬコーチは自分の役割に自信を持つと同時に、アクションラーニングの手法とそれによってもたらされるグループの成果への揺るぎない信頼を示すことで、その自信がメンバーに伝わるようにしなくてはいけない。アクションラーニングの手法は間違っていない、その手法を支える理論や原則（6つの構成要素と、基本ルール）は確かなものであるということがＡＬコーチの態度から感じ取れるようにしなくてはならない。グループのメンバーは全員、問題を解決する力を持っており、コーチの仕事は単にメンバーのよさを引き出して、活かすだけ、いい換えるなら、グループを現在から未来へと導くだけであるということを、ＡＬコーチは信じる必要がある。手法とメンバーへの確固たる信頼があれば、不確かな状況を乗り越えやすくなる。

・価値観と人格　ＡＬコーチにはグループを導く特別な権限が与えられているので、自分の個人的な価値観や振る舞いがグループやアクションラーニングの進行にどう影響するかに注意を払わなくてはいけない。コーチがそこにいるだけで、グループはかなり大きな影響を受ける。決定したことでもしていないことでも、コーチはいつでも疑問を差し挟み、それによってグループの考えや行動を変えることができる。それゆえ、ＡＬコーチには身につけるべき資質がいくつもある。寛容、忍耐、率直、誠実、謙虚、公平、熟考といった資質だ。ヘルマン・ヘッセの『東方への旅』に出てくるリーダーのように、ＡＬコーチはグループのメンバーに自分が大きな影響を与え、役立っていることを感じさせないぐらい、巧妙で、気取りがないのがよい。メンバーはＡＬコーチがいなくなって初めて、自分たちがいかにコーチに助けられていたかに気づくだろう。

・**調整力と大局観**　ＡＬコーチにはコーチ役以外にもさまざまな役割を果たすためには、調整のスキルと、細部にとらわれず大局を見る能力が必要になる。それらの役割コーチはグループ内外の数多くの人間と仕事をし、協力関係を維持しなくてはならないので、ＡＬ同時にいくつものことに対処する能力を求められる。

・**話を聴くスキル**　有能なＡＬコーチになるには、優れた聴くスキルを持っていなくてはならない。口にされたことだけでなく、口にされていないことも聴き取れる必要がある。注意深く観察し、こまめにメモを取れば、誰がいつ、誰に、何を、どのようにいったかを見失わない。「積極的傾聴」のためには、一心に相手の言葉に耳を傾ける必要がある。そのように真剣に聴くことで、俯瞰的、全体的に状況を眺められるようになる。問題から距離を置き、あくまでグループの力を引き出すことに専念するのがＡＬコーチの役割である。

・**学習を重んじる**　ＡＬコーチはメンバーを学びへと誘わなくてはいけない。アクションラーニングのセッションでは、話し合われている問題のほうに気を取られやすいが、重点を置くべきはあくまで学習のほうだ。優秀なＡＬコーチは、おとながどのようにものを学ぶかを理解し、学習を生きるすべと考えている。また学習者本人が自分で学ばない限り、何ごとも学べないということもわかっている。[*7]

・グループのメンバーに対する態度　有能なＡＬコーチはメンバーのひとりひとりに敬意を払い、全員のことを気遣っている。メンバーがそれぞれの仕事で成果を上げられるよう、また、その仕事を通じて学べるよう願ってもいる。メンバーの気持ちを理解し、その助けになろうとすることができるというのは、とても重要な能力だ。メンバーが問題に対しても、ほかのメンバーに対しても深い関心と考えを持っていることに気づいてあげなくてはいけない。ＡＬコーチがそういう態度を示すことで、コーチに対するメンバーの信頼が増すとともに、メンバーどうしも互いに心を開きやすくなる。

・自覚と自信　ＡＬコーチは自分の強みと限界を自覚すると同時に、正々堂々とし、簡単にはあきらめないだけの自信を持つ必要がある。ＡＬコーチが謙虚に振る舞えば、学ぶ意欲も能力もあることを示せる。ＡＬコーチはメンバーから信頼され、対立や不信や不満に対処できる人物と思われるようになるのが理想だ。

資料C　質問で率いるリーダーになりたい人のための団体やウェブサイト

国際アクションラーニング機構

資料Ｂで述べたように、質問のスキルを磨きたいリーダーにとって、アクションラーニングはきわめて効果的な手法だ。国際アクションラーニング機構（ＷＩＡＬ）と各国の提携機関は６００人以上のアクションラーニングコーチを認定し、世界じゅうでアクションラーニングのメソッドを使って、リーダーたちが強力な質問のスキルを身につけるのを手伝っている。ＷＩＡＬには、１日コースと２日コースの「質問で率いるリーダー」のための講習会がある。アクションラーニングや質問のスキルの講習に関する詳しい情報はＷＩＡＬのホームページ（www.wial.org）で得られる。

インクワイリ・インスティチュート

インクワイリ・インスティチュートには、リーダーや管理職向けの質問と熟考のスキルを鍛えるためのトレーニングプログラムが数多くある。そのプログラムの多くは、マリリー・アダムスによって考案された「質問思考」という手法にもとづくものだ。この手法はベストセラーになったアダムスの著書『〈増補改訂版〉すべては「前向き質問」でうまくいく――質問思考の技術』（鈴木義幸監修、中西真雄美訳、ディスカヴァー・トゥエンティワン、２０２４年）でも紹介されている。また同じアダムスの『質問を変え、人生を変えるワークブック――質問思考を使って自分の考え方をコントロールしよう』（Change Your Questions, Change Your Life Workbook: Master Your Mindset Using Question Thinking、未訳）も参考になる。どちらの本も、リーダーのマインドセットがもたらす影響と、学習型のマインドセットと判定型のマインドセットのそれぞれからどういう種類の質問が生まれるかについて論じている。どちらの本でも「選択の地図」という手法を使って、マインドセットを判定型から学習型へ切り替えるためのスキルが紹介されている。インクワイリ・インスティチュートについての詳しい情報はホームページ（www.InquiryInstitute.com）で得ることができる。

リーディング・ウィズ・クエスチョンズ・アカデミー／ペイスOD

リーディング・ウィズ・クエスチョンズ・アカデミー／ペイスODでは『Leading with Questions』にもとづいた2日間のワークショップが提供されている。これは体験学習や事例研究、ビデオ学習、対話学習を組み合わせたワークショップだ。ホームページは、www.pace-od.com。

ブログ「質問で率いる」（LeadingWithQuestions.com）

質問をテーマにした数あるブログの中で、有益な情報の多さでも、楽しさでも傑出しているのが、ボブ・ティードのブログだ。記事はすべて無料で読める。すでに10年以上続いており、190カ国に読者を持つ。週2回、ボブが「質問で率いる」スキルを磨くための助言を投稿している。世界各国の500人以上のリーダーもゲスト投稿者として名を連ね、それぞれの知見や経験を披露している。投稿数は1000以上にのぼり、すべて、LeadingWithQuestions.com で読むことができる。

原注

『世界最高の質問術』第３版のための序文

1. Daudelin, M. W. (1996). "Learning from Experience through reflection." *Organizational Dynamics*, 24(3), 36-48.
2. Johansen, T., Specht, T., & Kleive, H. (2020). *Leadership for Sustainability - Powered by Questions.* Aarhus, Denmark: MacMann Berg Press.

第１章　リーダーがこんなに強力なツールを使わないのはもったいない

1. Cohen, G. (2009). *Just Ask Leadership: Why Great Managers Always Ask the Right Questions.* New York: McGraw-Hill.
2. Mittelstaedt, R. E. (2005). *Will Your Next Mistake Be Fatal?: Avoiding a Chain of Mistakes That Can Destroy Your Organization* (p. 101). Upper Saddle River, NJ: Prentice Hall.
3. Janis, I. L. (1971). "Groupthink." *Psychology Today*, 5(6), 43–44, 46, 74-76.
4. 同上 , 76.
5. Collins, J. (2001). *Good to Great* (p. 88). New York: HarperBusiness.〔ジム・コリンズ『ビジョナリー・カンパニー②　飛躍の法則』山岡洋一訳、日経 BP 社、2001 年〕
6. Finkelstein, S. (2003). *Why Smart Executives Fail: And What You Can Learn from Their Mistakes* (p. 200). New York: Portfolio.〔シドニー・フィンケルシュタイン『名経営者が、なぜ失敗するのか？』橋口寛監訳、酒井泰介訳、日経 BP 社、2004 年〕
7. Finkelstein, S. (2004, Spring). "Zombie Businesses: How to Learn from Their Mistakes." *Leader to Leader* (32), 25–31.
8. Tichy, N. M., with Cardwell, N. (2002). *The Cycle of Leadership: How Great Leaders Teach Their Companies to Win* (p. 64). New York: HarperBusiness.〔ノール・M・ティシー、ナンシー・カードウェル『リーダーシップ・サイクル――教育する組織をつくるリーダー』一條和生訳、東洋経済新報社、2004 年〕
9. 同上 , 60.
10. 同上
11. Parker, M. (2001, December). "Breakthrough Leadership." *Harvard Business Review*, 37.
12. Oakley, E., & Krug, D. (1991). *Enlightened Leadership*. New York: Simon & Schuster.
13. Kotter, J. P. (1998, Fall). "Winning at Change." *Leader to Leader* (10), 27–33.
14. Drucker, P.F., with Maciariello, J.A. (2004). *The Daily Drucker*. New York: HarperBusiness.〔P.F.ドラッカー著、ジョゼフ・A・マチャレロ編『ドラッカー 365 の金

言』上田惇生訳、ダイヤモンド社、2005年〕
15. Kaye, B., & Winkle Giulioni, J. (2019). *Help Them Grow or Watch Them Go* (2nd ed.). Oakland: Berrett-Koehler Publishers, Inc.〔ビバリー・ケイ、ジュリー・ウィンクル・ジュリオーニ『会話からはじまるキャリア開発――成長を支援するか、辞めていくのを傍観するか』佐野シヴァリエ有香訳、ヒューマンバリュー、2020年〕
16. Collins, *Good to Great*, 75.〔ジム・コリンズ『ビジョナリー・カンパニー② 飛躍の法則』山岡洋一訳、日経BP社、2001年〕
17. Crowley, J. (2004). "Enlightened Leadership in the U.S. Navy." Retrieved from https://www.studypool.com/discuss/6356634/leadership-and-abrashoff-what-is-his-style.
18. Abrashoff, D. M. (2002). *It's Your Ship: Management Techniques from the Best Damn Ship in the Navy*. New York: Warner Books.〔マイケル・アブラショフ『アメリカ海軍に学ぶ「最強のチーム」のつくり方――一人ひとりの能力を100%高めるマネジメント術』吉越浩一郎訳、三笠書房、2015年〕
19. 同上, 33.
20. Tichy, *The Cycle of Leadership*, 61.〔ノール・M・ティシー、ナンシー・カードウェル『リーダーシップ・サイクル――教育する組織をつくるリーダー』一條和生訳、東洋経済新報社、2004年〕
21. 同上
22. Chance, J. (2021, August 23). "Four Reasons Great Leaders Ask More Questions." *Leading with Questions* (blog). https://leadingwithquestions.com/leadership/four-reasons-great-leaders-ask-more-questions/.
23. Goldsmith, M. (1996). "Ask, Learn, Follow Up, and Grow." In F. Hesselbein, M. Goldsmith, & R. Beckhard (Eds.), *The Leader of the Future: New Visions, Strategies, and Practices for the Next Era* (pp. 227-237). San Francisco: Jossey-Bass.〔フランシス・ヘッセルバイン、マーシャル・ゴールドスミス、リチャード・ベカード編『未来組織のリーダー――ビジョン・戦略・実践の革新』田代正美訳、ダイヤモンド社、1998年〕
24. 同上, 231.
25. Athitakis, M. (2013, October 14). "Asking Questions Is an Essential Part of Effective Leadership. Are You Asking the Right Ones?" *Leading with Questions* (blog). https://leadingwithquestions.com/latest-news/asking-questions-is-an-essential-part-of-effective-leadership-are-you-asking-the-right-ones/.

第２章　問う文化はいいことずくめ

1. Goldberg, M. (1998). *The Art of the Question: A Guide to Short-Term Question-Centered*

Therapy. New York: Wiley.

2. Tichy, N. M., with Cardwell, N. (2002). *The Cycle of Leadership: How Great Leaders Teach Their Companies to Win* (p. 61). New York: HarperBusiness.〔ノール・M・ティシー、ナンシー・カードウェル『リーダーシップ・サイクル――教育する組織をつくるリーダー』一條和生訳、東洋経済新報社、2004年〕
3. Block, P. (2003, May). "Strategies of Consent." Handout at 2003 ASTD Conference, Atlanta.
4. Welch, J., with Welch, S. (2005). *Winning*. New York: HarperBusiness.〔ジャック・ウェルチ、スージー・ウェルチ『ウィニング　勝利の経営』斎藤聖美訳、日本経済新聞社、2005年〕
5. Kouzes, J., & Posner, B. (2012). *The Leadership Challenge* (5th ed., p. 83). San Francisco: Jossey-Bass.〔ジェームズ・M・クーゼス、バリー・Z・ポズナー『リーダーシップ・チャレンジ［原書第五版］』関美和訳、海と月社、2014年〕
6. Adams, M. (2022). *Change Your Questions, Change Your Life: 12 Powerful Tools for Leadership, Coaching, and Results* (4th ed.). Oakland: Berrett-Koehler.〔マリリー・G・アダムス『＜増補改訂版＞すべては「前向き質問」でうまくいく――質問思考の技術』鈴木義幸監修、中西真雄美訳、ディスカヴァー・トゥエンティワン、2024年〕
7. Goldberg, *The Art of the Question*, 8-9.
8. Adams, *Change Your Questions, Change Your Life*.〔マリリー・G・アダムス『＜増補改訂版＞すべては「前向き質問」でうまくいく――質問思考の技術』鈴木義幸監修、中西真雄美訳、ディスカヴァー・トゥエンティワン、2024年〕
9. Coffman, V., Gregersen, H. B., & Dyer, J. H. (2002, August). "Lockheed Martin Chairman and CEO Vance Coffman on Achieving Mission Success." *Academy of Management Executive*, 16(3), 31–41.
10. Mitroff, I. (1998). *Smart Thinking for Crazy Times: The Art of Solving the Right Problems*. San Francisco: Berrett-Koehler.
11. Block, P. (2002). *The Answer to How Is Yes*. San Francisco: Berrett-Koehler.〔ピーター・ブロック『YESの言葉から始めよう！――いつも「HOW（どうやって）？」と言ってしまうあなたへ』藤井清美訳、ダイヤモンド社、2002年〕
12. Vaill, P. (1996). *Learning as a Way of Being: Strategies for Survival in a World of Permanent White Water*. San Francisco: Jossey-Bass.
13. Wheatley, M. (2009). *Turning to One Another: Simple Conversations to Restore Hope to the Future* (expanded 2nd ed.). San Francisco: Berrett-Koehler.〔マーガレット・J・ウィートリー『「対話」がはじまるとき――互いの信頼を生み出す12の問いかけ』浦谷計子訳、英治出版、2011年〕

14. Blanchard, K., & Hodges P. (2003). *The Servant Leader*. Nashville, TN: J. Countryman.
15. Wheatley, *Turning to One Another*.〔マーガレット・J・ウィートリー『「対話」がはじまるとき――互いの信頼を生み出す 12 の問いかけ』浦谷計子訳、英治出版、2011 年〕
16. Goldberg, *The Art of the Question*.
17. Vaill, *Learning as a Way of Being*.
18. Goldberg, *The Art of the Question*.
19. Winkle Giulioni, J. (2015, September 14). "22 Leaders Share: 'The Value of Questions in Their Life and Leadership'." *Leading with Questions* (blog). https://leadingwithquestions.com/leadership/22-leaders-share-what-is-the-value-of-questions-in-your-lifeleadership/.
20. Badaracco, J. L. (2002). *Leading Quietly*. Boston: Harvard Business School Press.〔ジョセフ・L・バダラッコ『静かなリーダーシップ』高木晴夫監修、夏里尚子訳、翔泳社、2002 年〕
21. 同上 , 172.
22. Dilworth, R. L. (1998). "Action Learning in a Nutshell." *Performance Improvement Quarterly*, 11(1), 28-43.
23. Koulopoulos, T. (2018, October 11). "Harvard Study Reveals One Word Is the Secret to Being Likable and Emotionally Intelligent." *Leading with Questions* (blog). https://leadingwithquestions.com/personal-growth/harvard-study-reveals-one-word-is-the-secret-to-being-likable-and-emotionally-intelligent-2/.
24. Morris, J. (1991). "Minding Our Ps and Qs." In M. Pedler (Ed.), *Action Learning in Practice* (2nd ed.). Aldershot, England: Gower.
25. Collins, J. (2001). *Good to Great* (p. 88). New York: HarperBusiness.〔ジム・コリンズ『ビジョナリー・カンパニー② 飛躍の法則』山岡洋一訳、日経 BP 社、2001 年〕
26. Badaracco, *Leading Quietly*.〔ジョセフ・L・バダラッコ『静かなリーダーシップ』高木晴夫監修、夏里尚子訳、翔泳社、2002 年〕
27. Caplan, J. (2006, October 2). "Google's Chief Looks Ahead." *Time*. Retrieved from https://time.com/archive/6903822/googles-chief-looks-ahead/.

第 3 章　質問するのがむずかしいのはなぜか

1. Semler, R. (1993). *Maverick*. New York: Warner Books.〔リカルド・セムラー『セムラーイズム』岡本豊訳、新潮社、1994 年〕
2. Chernoff, S. (2019, August 5). "Why Should Leaders Ask Questions?" *Leading with Questions* (blog). https://leadingwithquestions.com/leadership/why-should-leaders-ask-questions-2/.
3. Goldberg, M. (1998). *The Art of the Question: A Guide to Short-Term Question-Centered*

Therapy (p. 9). New York: Wiley.
4. Block, P. (2003, May). "Strategies of Consent." Handout at 2003 ASTD Conference, Atlanta.
5. Bianco-Mathis, V., Nabors, L., & Roman, C. (2002). *Leading from the Inside Out*. Thousand Oaks, CA: Sage.
6. Stanier, M. (2022, July 25). "How to Tame Your Inner Advice Monster." *Leading with Questions* (blog). https://leadingwithquestions.com/leadership/how-to-tame-your-inner-advice-monster/.
7. Revans, R. (1982). *The Origins and Growth of Action Learning*. Bromley, England: Chartwell-Bratt.
8. Heifetz, R., & Linsky, M. (2002). *Leadership on the Line*. Boston: Harvard Business School Press.〔ロナルド・A・ハイフェッツ、マーティ・リンスキー『最前線のリーダーシップ——危機を乗り越える技術』竹中平蔵監訳、ハーバード・MIT卒業生翻訳チーム訳、ファーストプレス、2007年〕
9. Goldberg, *The Art of the Question*.
10. Nadler, G., & Chandon, W. (2004). *Smart Questions: Learn to Ask the Right Questions for Powerful Results*. San Francisco: Jossey-Bass.
11. Yankelovich, D. (1999). *The Magic of Dialogue: Transforming Conflict into Cooperation*. New York: Simon & Schuster.〔ダニエル・ヤンケロビッチ『人を動かす対話の魔術』山口峻宏訳、徳間書店、2001年〕
12. Finkelstein, S. (2003). *Why Smart Executives Fail: And What You Can Learn from Their Mistakes* (p. 200). New York: Portfolio.〔シドニー・フィンケルシュタイン『名経営者が、なぜ失敗するのか?』橋口寛監訳、酒井泰介訳、日経BP社、2004年〕
13. Heifetz & Linsky, *Leadership on the Line*.〔ロナルド・A・ハイフェッツ、マーティ・リンスキー『最前線のリーダーシップ——危機を乗り越える技術』竹中平蔵監訳、ハーバード・MIT卒業生翻訳チーム訳、ファーストプレス、2007年〕
14. Morris, J. (1991) "Minding Our Ps and Qs." In M. Pedler (Ed.), *Action Learning in Practice* (2nd ed.). Aldershot, England: Gower.

第4章　いい質問をせよ

1. Kouzes, J., & Posner, B. (2012). *The Leadership Challenge* (5th ed., p. 83). San Francisco: Jossey-Bass.〔ジェームズ・M・クーゼス、バリー・Z・ポズナー『リーダーシップ・チャレンジ［原書第五版］』関美和訳、海と月社、2014年〕
2. Marquet, L. (2019, July 1). "Let Them Say 'Yes!'." *Leading with Questions* (blog). https://leadingwithquestions.com/leadership/let-them-say-yes/.

3. Goldberg, M. (1998). *The Art of the Question: A Guide to Short-Term Question-Centered Therapy* (p. 9). New York: Wiley.
4. Revans, R. (1982). *The Origins and Growth of Action Learning*. Bromley, England: Chartwell-Bratt.
5. Spitzer, Q., & Evans, R. (1997). "The New Business Leader: Socrates with a Baton." *Strategy & Leadership*, 25(5), 32-38.
6. All Einstein quotes are from http://www.alberteinsteinsite.com/quotes/einsteinquotes.html.
7. Biehl, B. (2018, September 24). "Ten of Bobb Biehl's All-Time Favorite Questions." *Leading with Questions* (blog). https://leadingwithquestions.com/leadership/ask-profound-questionsget-profound-answers-2/.
8. Senge, P., Kleiner, A., Roberts, C., Ross, R., Roth, G., & Smith, B. (1999). *The Dance of Change: The Challenges to Sustaining Momentum in Learning Organizations*. New York: Doubleday/Currency.〔ピーター・センゲ他『フィールドブック　学習する組織「10の変革課題」――なぜ全社改革は失敗するのか？』柴田昌治、スコラ・コンサルト監訳、牧野元三訳、日本経済新聞社、2004年〕

第５章　質問の技法

1. Adams, M. (2022). *Change Your Questions, Change Your Life: 12 Powerful Tools for Leadership, Coaching, and Results* (4th ed.). Oakland: Berrett-Koehler.〔マリリー・G・アダムス『<増補改訂版>すべては「前向き質問」でうまくいく――質問思考の技術』鈴木義幸監修、中西真雄美訳、ディスカヴァー・トゥエンティワン、2024年〕All subsequent chapter references to Adams refer to this book.
2. Cooperrider, D., & Whitney, D. (2012). *Appreciative Inquiry*. Champaign, IL: Stipes Press.〔デビッド・L・クーパーライダー、ダイアナ・ウィットニー『AI「最高の瞬間」を引きだす組織開発――未来志向の"問いかけ"が会社を救う』本間正人監訳、市瀬博基訳、PHPエディターズ・グループ、2006年〕
3. Whitney, D., Cooperrider, D., Trosten-Bloom, A., & Kaplin, B. (2002). *Encyclopedia of Positive Questions*. Euclid, OH: Lakeshore Communications.
4. Cooper, I., (2018, May 17). "Ask Questions to Give Praise and Build Rapport." *Leading with Questions* (blog). https://leadingwithquestions.com/personal-growth/ask-questions-to-give-praise-and-build-rapport/.
5. Kouzes, J., & Posner, B. (2012). *The Leadership Challenge* (5th ed.). San Francisco: Jossey-Bass.〔ジェームズ・M・クーゼス、バリー・Z・ポズナー『リーダーシップ・チャレンジ［原書第五版］』関美和訳、海と月社、2014年〕

6. Dillon, J. T. (1988). *Questioning and Teaching*. New York: Teachers College Press.
7. Leeds, D. (2000). *The 7 Powers of Questions*. New York: Perigee Books. 〔ドロシー・リーズ『質問　7つの力』桜田直美訳、ディスカヴァー・トゥエンティワン、2018年〕
8. Hesselbein, F. (2005, Winter). "The Leaders We Need." *Leader to Leader* (35), 4-5.
9. Goldsmith, M. (1996). "Ask, Learn, Follow Up, and Grow." In F. Hesselbein, M. Goldsmith, & R. Beckhard (Eds.), *The Leader of the Future: New Visions, Strategies, and Practices for the Next Era* (pp. 227-237). San Francisco: Jossey-Bass. 〔フランシス・ヘッセルバイン、マーシャル・ゴールドスミス、リチャード・ベカード編『未来組織のリーダー――ビジョン・戦略・実践の革新』田代正美訳、ダイヤモンド社、1998年〕

第6章　質問する文化を築け

1. Clemens, J., & Mayer, D. (1987). *The Classic Touch: Lessons in Leadership from Homer to Hemingway*. Homewood, IL: Dow Jones-Irwin. 〔ジョン・K. クレメンス、ダグラス・F. メーヤー『英雄たちの遺言――古典に学ぶリーダーの条件』叶谷渥子訳、メディアファクトリー、1990年〕
2. Heimbold, C. (1999). "Attributes and Formation of Good Leaders." *Vital Speeches of the Day*, 65(6), 179–181.
3. Schein, E. (2004). *Organizational Culture and Leadership* (3rd ed.). San Francisco: Jossey-Bass.
4. Wheatley, M. (2009). *Turning to One Another: Simple Conversations to Restore Hope to the Future* (expanded 2nd ed.). San Francisco: Berrett-Koehler. 〔マーガレット・J・ウィートリー『「対話」がはじまるとき――互いの信頼を生み出す12の問いかけ』浦谷計子訳、英治出版、2011年〕
5. Marriott, J. W. (2018, December 10). "What Do You Think?" *Leading with Questions* (blog). https://leadingwithquestions.com/leadership/what-do-you-think/.
6. Hayzlett, J. (2021, August 26). "12 Questions Thriving Leaders Ask Their Team." *Leading with Questions* (blog). https://leadingwithquestions.com/leadership/12-questions-thriving-leaders-ask-their-team/.
7. Isaacs, W. N. (1993, Autumn). "Taking Flight: Dialogue, Collective Thinking, and Organizational Learning." *Organizational Dynamics*, 22(2), 24-39.
8. Wheatley, *Turning to One Another*. 〔マーガレット・J・ウィートリー『「対話」がはじまるとき――互いの信頼を生み出す12の問いかけ』浦谷計子訳、英治出版、2011年〕
9. Kouzes, J., & Posner, B. (2012). *The Leadership Challenge* (5th ed.). San Francisco: Jossey-Bass. 〔ジェームズ・M・クーゼス、バリー・Z・ポズナー『リーダーシップ・チャレンジ

〔原書第五版〕』関美和訳、海と月社、2014 年〕
10. Collins, J. (2001). *Good to Great* (p. 88). New York: HarperBusiness.〔ジム・コリンズ『ビジョナリー・カンパニー② 飛躍の法則』山岡洋一訳、日経 BP 社、2001 年〕
11. Wheatley, *Turning to One Another*.〔マーガレット・J・ウィートリー『「対話」がはじまるとき――互いの信頼を生み出す 12 の問いかけ』浦谷計子訳、英治出版、2011 年〕
12. Clarke-Epstein, C. (2006). *78 Important Questions Every Leader Should Ask and Answer*. New York: AMACOM.〔C. クラーク・エプスタイン『戦略的質問 78』コーチ・エィ監修、金井真弓訳、ディスカヴァー・トゥエンティワン、2005 年〕
13. Cohen, G. (2009). *Just Ask Leadership: Why Great Managers Always Ask the Right Questions*. New York: McGraw-Hill.
14. Schein, *Organizational Culture and Leadership*.

第７章　質問を使って、部下を率いる

1. Sobel, A., & Panas, J. (2012). *Power Questions*. Hoboken, NJ: Wiley.〔アンドリュー・ソーベル、ジェロルド・パナス『パワー・クエスチョン――空気を一変させ、相手を動かす質問の技術』矢沢聖子訳、阪急コミュニケーションズ、2013 年〕
2. Block, P. (2003, May). "Strategies of Consent." Handout at 2003 ASTD Conference, Atlanta.
3. Whitney, D., Cooperrider, D., Trosten-Bloom, A., & Kaplin, B. (2002). *Encyclopedia of Positive Questions*. Euclid, OH: Lakeshore Communications.
4. Rogers, C. (1961). *On Becoming a Person*. Boston: Houghton Mifflin.〔C. R. ロジャーズ『ロジャーズが語る自己実現の道　ロジャーズ主要著作集・3』諸富祥彦、末武康弘、保坂亨訳、岩崎学術出版社、2005 年〕
5. Carkhuff, R. (1969). *Helping and Human Relations*. Amherst, MA: HRD Press.
6. Bianco-Mathis, V., Nabors, L., & Roman, C. (2002). *Leading from the Inside Out*. Thousand Oaks, CA: Sage.
7. Mezirow, J. (1991). *Transformative Dimensions of Adult Learning*. San Francisco: Jossey-Bass.〔ジャック・メジロー『おとなの学びと変容――変容的学習とは何か』金澤睦、三輪建二監訳、鳳書房、2012 年〕
8. Whitney et al., *Encyclopedia of Positive Questions*.
9. Champy, J. (2000, Summer). "The Residue of Leadership: Why Ambition Matters." *Leader to Leader* (17), 14–19.
10. Schein, E. (2004). *Organizational Culture and Leadership* (3rd ed.). San Francisco: Jossey-Bass.
11. Bass, B. (1985). *Leadership and Performance Beyond Expectations*. New York: Free Press.

12. Kaye, B., & Winkle Giulioni, J. (2013, April 22). "Hindsight." *Leading with Questions* (blog). https://leadingwithquestions.com/latest-news/hindsight/.
13. Goldberg, M. (1998). *The Art of the Question: A Guide to Short-Term Question-Centered Therapy*. New York: Wiley.
14. Vaill, P. (1996). *Learning as a Way of Being: Strategies for Survival in a World of Permanent White Water*. San Francisco: Jossey-Bass.
15. Hamel, G. (2003). "A New Way of Seeing the World." *Executive Excellence*, 20(2), 16–17.
16. Bossidy, L., & Charan, R. (2002). *Execution: The Discipline of Getting Things Done*. New York: Crown Business.〔ラリー・ボシディ、ラム・チャラン、チャールズ・バーク『経営は「実行」——明日から結果を出すための鉄則』高遠裕子訳、日本経済新聞社、2003年〕
17. Hesselbein, F. (2005, Winter). "The Leaders We Need." *Leader to Leader* (35), 5.
18. Clarke-Epstein, C. (2006). *78 Important Questions Every Leader Should Ask and Answer* (p. 211). New York: AMACOM.〔C.クラーク・エプスタイン『戦略的質問78』コーチ・エィ監修、金井真弓訳、ディスカヴァー・トゥエンティワン、2005年〕
19. Goldberg, M. (1998). "The Spirit and Discipline of Organizational Inquiry." *Manchester Review*, 3 (3), 1–7.
20. Leeds, D. (2000). *The 7 Powers of Questions*. New York: Perigee Books.〔ドロシー・リーズ『質問　7つの力』桜田直美訳、ディスカヴァー・トゥエンティワン、2018年〕
21. Clarke-Epstein, *78 Important Questions Every Leader Should Ask and Answer*.〔C.クラーク・エプスタイン『戦略的質問78』コーチ・エィ監修、金井真弓訳、ディスカヴァー・トゥエンティワン、2005年〕
22. Goldsmith, M., Lyons, L. S., McArthur, S., Eds. (2012). *Coaching for Leadership* (3rd ed.). San Francisco: Pfeiffer.〔マーシャル・ゴールドスミス、ローレンス・S・ライアンズ、サラ・マッカーサー編著『リーダーシップ・マスター——世界最高峰のコーチ陣による31の教え』久野正人監訳、中村安子、夏井幸子訳、英治出版、2013年〕
23. Clifton, J., & Harter, J. (2020, August 20). "Five Questions for Onboarding." *Leading with Questions* (blog). https://leadingwithquestions.com/leadership/five-questions-for-onboarding/.
24. Clarke-Epstein, *78 Important Questions Every Leader Should Ask and Answer*.〔C.クラーク・エプスタイン『戦略的質問78』コーチ・エィ監修、金井真弓訳、ディスカヴァー・トゥエンティワン、2005年〕
25. Kaye, B., & Jordan-Evans, S. (2021, December 6). "Love 'Em or Lose 'Em." *Leading with Questions* (blog). https://leadingwithquestions.com/leadership/love-em-or-lose-em-2/.
26. Vaill, *Learning as a Way of Being*.

第８章　質問でチームを築く

1. Senge, P. (2006). *The Fifth Discipline* (Revised and updated). New York: Doubleday/Currency.〔ピーター・M・センゲ『学習する組織――システム思考で未来を創造する』枝廣淳子、小田理一郎、中小路佳代子訳、英治出版、2011 年〕
2. Peters, T. (1996). *Liberation Management*. New York: Alfred A. Knopf.〔トム・ピーターズ『自由奔放のマネジメント　上・下』大前研一監訳、小木曽昭元訳、ダイヤモンド社、1994 年〕
3. Wheatley, M. (2009). *Turning to One Another: Simple Conversations to Restore Hope to the Future* (expanded 2nd ed.). San Francisco: Berrett-Koehler.〔マーガレット・J・ウィートリー『「対話」がはじまるとき――互いの信頼を生み出す 12 の問いかけ』浦谷計子訳、英治出版、2011 年〕
4. Bianco-Mathis, V., Nabors, L., & Roman, C. (2002). *Leading from the Inside Out*. Thousand Oaks, CA: Sage.
5. Whitmore, J. (2002). *Coaching for Performance: GROWing People, Performance and Purpose* (3rd ed.). London: Nicholas Brealey.
6. Lencioni, P. M. (2003, Summer). "The Trouble with Teamwork." *Leader to Leader* (29), 35–40.
7. Mill, J. S. (1998). *On Liberty and Other Essays*. Oxford, UK: Oxford University Press. (Original work published 1859.)〔ジョン・スチュアート・ミル『自由論』斉藤悦則訳、光文社古典新訳文庫、2012 年〕
8. Axelrod, R. H., Axelrod, E. M., Beedon, J., & Jacobs, R. W. (2005, Spring). "Creating Dynamic, Energy-Producing Meetings." *Leader to Leader* (36), 53-58.
9. Wheatley, *Turning to One Another*.〔マーガレット・J・ウィートリー『「対話」がはじまるとき――互いの信頼を生み出す 12 の問いかけ』浦谷計子訳、英治出版、2011 年〕
10. Axelrod et al., “Creating Dynamic, Energy-Producing Meetings."
11. Levi, D. (2010). *Group Dynamics for Teams*. Thousand Oaks, CA: Sage.
12. Ury, W. (1993). *Getting Past No: Negotiating Your Way from Confrontation to Cooperation*. New York: Bantam Books.
13. Pegg, M. (2019, October 21). "P is for Asking Positive Questions That Can Lead to Positive Results." *Leading with Questions* (blog). https://leadingwithquestions.com/leadership/p-is-for-asking-positive-questions-that-can-lead-to-positive-results/.
14. Digiovanna, J. (2022, June 9). "Stop Talking Start Asking." *Leading with Questions* (blog). https://leadingwithquestions.com/leadership/stop-talking-start-asking/.

第９章　質問の力で、問題を解決する

1. Merchant, N. (2010). *The New How*. Sebastopol, CA: O'Reilly.
2. Heifetz, R., & Laurie, D. (1997). "The Work of Leadership." *Harvard Business Review*, 75(1), 124–134.
3. Merchant, *The New How*.
4. Cooperrider, D., & Whitney, D. (2012). *Appreciative Inquiry*. Champaign, IL: Stipes Press.〔デビッド・L・クーパーライダー、ダイアナ・ウィットニー『AI「最高の瞬間」を引きだす組織開発――未来志向の“問いかけ”が会社を救う』本間正人監訳、市瀬博基訳、PHPエディターズ・グループ、2006年〕
5. Burger, E. B., & Starbird, M. (2012). *The 5 Elements of Effective Thinking*. Princeton, NJ: Princeton University Press.〔エドワード・B・バーガー，マイケル・スターバード『限界を突破する５つのセオリー――人生の大逆転を生むスマート思考術』中里京子訳、新潮社、2013年〕
6. Johansen, T., Specht, T., & Kleive, H. (2020). *Leadership for Sustainability - Powered by Questions*. Aarhus, Denmark: MacMann Berg Press.
7. Daudelin, M. W. (1996). "Learning from Experience through reflection." *Organizational Dynamics*, 24(3), 36–48.
8. Miller, M. (2022, November 10). "Ask, Don't Tell - Part Two." *Leading with Questions* (blog). https://leadingwithquestions.com/leadership/check-the-mirror-2-2-2/.
9. Bianco-Mathis, V., Nabors, L., & Roman, C. (2002). *Leading from the Inside Out*. Thousand Oaks, CA: Sage.
10. Ury, W. (2007). *Getting Past No: Negotiating in Difficult Situations*. New York: Random House.
11. Marquardt, M., & Yeo, R. (2012). *Breakthrough Problem Solving with Action Learning*. Palo Alto, CA: Stanford University Press.

第10章　質問を駆使し、戦略を立て、変化を生み出す

1. Adams, M. (2022). *Change Your Questions, Change Your Life: 12 Powerful Tools for Leadership, Coaching, and Results* (4th ed.). Oakland: Berrett-Koehler.〔マリリー・G・アダムス『＜増補改訂版＞すべては「前向き質問」でうまくいく――質問思考の技術』鈴木義幸監修、中西真雄美訳、ディスカヴァー・トゥエンティワン、2024年〕
2. Hymowitz, C. (2004, December 28). "Some Tips from CEOs To Help You to Make A Fresh Start in 2005." *Wall Street Journal*, B1.

3. Tiede, B. (2021, May 24). "Would You Like to Know How the Walt Disney World Textile Services Lowered Their Annual Employee Turnover Rate from 85% to Less Than 10%?" *Leading with Questions* (blog). https://leadingwithquestions.com/leadership/would-you-like-to-know-how-the-walt-disney-world-textile-services-lowered-their-annual-employee-turnover-rate-from-85-to-less-than-10-2-2/.
4. Hammer, M. (2001). *The Agenda: What Every Business Must Do to Dominate the Decade*. New York: Crown Business.〔マイケル・ハマー『カスタマーエコノミー革命——顧客中心の経済が始まった』福嶋俊造訳、ダイヤモンド社、2002年〕
5. Drucker, P. F., with Maciariello, J. A. (2004). *The Daily Drucker* (p. 367). New York: Harper Business.〔P.F.ドラッカー著、ジョゼフ・A・マチャレロ編『ドラッカー365の金言』上田惇生訳、ダイヤモンド社、2005年〕
6. Clarke-Epstein, C. (2006). *78 Important Questions Every Leader Should Ask and Answer*. New York: AMACOM.〔C. クラーク・エプスタイン『戦略的質問78』コーチ・エィ監修、金井真弓訳、ディスカヴァー・トゥエンティワン、2005年〕
7. Leeds, D. (1987). *Smart Questions: The Essential Strategy for Successful Managers*. New York: McGraw-Hill.
8. Bell, C., & Bell, B. (2003). *Magnetic Service: Secrets for Creating Passionately Devoted Customers*. San Francisco: Berrett-Koehler.
9. Manville, B. (2001, Spring). "Learning in the New Economy." *Leader to Leader* (20), 36–45.
10. Harbison, J. R., & Pekar, P., Jr. (1998, second quarter). "Institutionalizing Alliance Skills: Secrets of Repeatable Success." *strategy+business*. Available online with registration: https://www.strategy-business.com/article/15893.
11. Tischler, L. (2001, December). "Seven Strategies for Successful Alliances." *Fast Company*. Retrieved from https://www.fastcompany.com/64778/seven-strategies-successful-alliances.
12. Austin, J. E. (1998, Spring). "The Invisible Side of Leadership." *Leader to Leader* (8), 38-46.
13. Blanchard, K., & Stoner, J. (2011). *Full Steam Ahead!* (2nd ed.). San Francisco: Berrett-Koehler.〔ケン・ブランチャード、ジェシー・リン・ストーナー『ザ・ビジョン［新版］——やる気を高め、結果を上げる「求心力」のつくり方』田辺希久子訳、ダイヤモンド社、2020年〕
14. Hesselbein, F., Goldsmith, M., & Beckhard, R., Eds. (1996). *The Leader of the Future: New Visions, Strategies, and Practices for the Next Era.* San Francisco: Jossey-Bass.〔フランシス・ヘッセルバイン、マーシャル・ゴールドスミス、リチャード・ベカード編『未来組織のリーダー——ビジョン・戦略・実践の革新』田代正美訳、ダイヤモンド社、1998年〕
15. Goldberg, M. (1998). *The Art of the Question: A Guide to Short-Term Question-Centered*

Therapy. New York: Wiley.

16. Miller, M. (2022, November 10). "Ask, Don't Tell - Part Two." *Leading with Questions* (blog). https://leadingwithquestions.com/leadership/check-the-mirror-2-2-2/.
17. Kotter, J. P. (1998, Fall) "Winning at Change (p. 27). " *Leader to Leader* (10), 27-33.
18. Blohowiak, D. (2000). "Question Your Way to the Top!" *Productive Leader* (121), 1-3.
19. Goldberg, *The Art of the Question.*
20. Kanter, R. M. (1999, Summer). "The Enduring Skills of Change Leaders." *Leader to Leader* (13), 15-22.
21. Hesselbein, F. (2003, Winter). "Finding the Right Questions." *Leader to Leader* (27), 4-6.
22. Berger, W. (2015, January 26). "Should Mission Statements Be Mission Questions?" *Leading with Questions* (blog). https://leadingwithquestions.com/leadership/should-mission-statements-be-mission-questions/.

終章　質問するリーダーになる

1. Kotter, J. P., & Cohen, D. S. (2002). *The Heart of Change*. Boston: Harvard Business School Press.〔ジョン・P・コッター、ダン・S・コーエン『ジョン・コッターの企業変革ノート』高遠裕子訳、日経 BP 社、2003 年〕
2. Adams, M. (2022). *Change Your Questions, Change Your Life: 12 Powerful Tools for Leadership, Coaching, and Results* (4th ed.). Oakland: Berrett-Koehler.〔マリリー・G・アダムス『<増補改訂版>すべては「前向き質問」でうまくいく――質問思考の技術』鈴木義幸監修、中西真雄美訳、ディスカヴァー・トゥエンティワン、2024 年〕
3. Kouzes, J., & Posner, B. (2012). *The Leadership Challenge* (5th ed., p. 83). San Francisco: Jossey-Bass.〔ジェームズ・M・クーゼス、バリー・Z・ポズナー『リーダーシップ・チャレンジ［原書第五版］』関美和訳、海と月社、2014 年〕
4. Zuboff, S. (1989). *In the Age of the Smart Machine: The Future of Work and Power*. New York: Basic Books.
5. Schein, E. (2011). *Helping: How to Offer, Give, and Receive Help*. San Francisco: Berrett-Koehler.〔エドガー・H・シャイン『人を助けるとはどういうことか――本当の「協力関係」をつくる 7 つの原則』金井壽宏監訳、金井真弓訳、英治出版、2009 年〕
6. Sloane, P. (2007). *The Innovative Leader*. London: Kogan Page.〔ポール・スローン『ポール・スローンの結果を出せるリーダーのイノベーション思考法』若林暁子訳、北辰堂、2012 年〕

資料B　アクションラーニング

1. Marquardt, M., Banks, S., Cauwelier, P., & Ng, C. S. (2018). *Optimizing the Power of Action Learning* (3rd ed.). Boston: Nicholas Brealey.〔マイケル J. マーコード『実践アクションラーニング入門——問題解決と組織学習がリーダーを育てる』清宮普美代、堀本麻由子訳、ダイヤモンド社、2004 年〕

2. Dilworth, R. L. (1996). "Action Learning: Bridging Academic and Workplace Domains." *Employee Counselling Today,* 8(6), 45–53.

3. Revans, R. (1982). *The Origins and Growth of Action Learning*. Bromley, England: Chartwell-Bratt.

4. Dilworth, R. L. (1998). "Action Learning in a Nutshell." *Performance Improvement Quarterly*, 11(1), 28-43.

5. Mumford, A. (1995). "Managers Developing Others Through Action Learning." *Industrial and Commercial Training*, 27(2), 19–27.

6. McNulty, N., & Canty, G. (1995). "Proof of the Pudding." *Journal of Management Development*, 14(1), 53–66.

7. Boud, D., Keogh, R., & Walker, D., Eds. (1985). *Reflection: Turning Experience into Learning*. London: Kogan Page.

本書の感想をぜひお寄せ下さい

黒輪篤嗣（くろわ・あつし）

翻訳家。上智大学文学部哲学科卒業。ノンフィクションの翻訳を幅広く手がける。主な訳書に『世界を変えた８つの企業』（東洋経済新報社）、『問いこそが答えだ！　正しく問う力が仕事と人生の視界を開く』（光文社）、『哲学の技法　世界の見方を変える思想の歴史』（河出書房新社）、『宇宙の覇者　ベゾスvsマスク』（新潮社）などがある。

世界最高《せかいさいこう》の質問術《しつもんじゅつ》

一流《いちりゅう》のビジネスリーダー45人《にん》が実践《じっせん》する人《ひと》を動《うご》かす「問《と》いかけ」の極意《ごくい》

発　行　2025年4月15日

著　者　マイケル・J・マーコード
　　　　ボブ・ティード

訳　者　黒輪篤嗣《くろわあつし》

発行者　佐藤隆信
発行所　株式会社新潮社
〒162-8711　東京都新宿区矢来町71
電話　編集部　03-3266-5611
　　　読者係　03-3266-5111
https://www.shinchosha.co.jp

図版製作　クラップス
装　幀　新潮社装幀室
印刷所　株式会社光邦
製本所　加藤製本株式会社

乱丁・落丁本は、ご面倒ですが小社読者係宛お送り下さい。
送料小社負担にてお取替えいたします。
価格はカバーに表示してあります。
ISBN978-4-10-507451-7 C0030

マイケル・J・マーコード
ジョージ・ワシントン大学名誉教授。リーダーシップ、グローバルチーム、アクションラーニングをテーマにした27冊の著書がある。

ボブ・ティード
190カ国以上のリーダーがフォローするブログ、LeadingWithQuestions.comのCEO。世界的なキリスト教宣教団体であるCruの米国リーダーシップ開発チームのメンバーでもある。『Great Leaders Ask Questions』など5冊の人気書籍の著者。